FAMILLE : TOUTES LES AIDES

Bourses, Allocations, Prestations sociales,
Nouvelle convention chômage

FAMILLE : TOUTES LES AIDES

Bourses, Allocations, Prestations sociales, Nouvelle convention chômage

Par Catherine Doleux
Journaliste spécialiste des questions sociales

Nouvelle édition
2003

PRAT
ÉDITIONS

CHEZ LE MÊME ÉDITEUR

LES CODES POUR TOUS

- Code civil
- Code du travail
- Code pénal

LES GUIDES PRATIQUES POUR TOUS

Argent

- Le conseiller fiscal de votre famille
- Donations : le guide pratique
- Euro : le guide pratique
- Tous vos avantages : comment en profiter ?

Droits et démarches

- 350 modèles de lettres et de contrats
- Agir en justice
- Assurances : le guide pratique
- Automobilistes : le guide pratique
- Bénévolat : le guide pratique
- Le guide de toutes les formalités
- Le guide juridique de l'animal de compagnie
- Patients : faites respecter vos droits !
- Régler tous vos litiges
- Tous vos droits pour gagner, se défendre, réussir
- Victimes : quels sont vos droits ?

Famille

- Adoption : le guide pratique
- Le conseiller juridique de votre famille
- Divorce : le guide pratique
- Le guide familial
- PACS : le guide pratique
- Parents séparés : vos droits et obligations vis-à-vis des enfants
- Pensions alimentaires : faites respecter vos droits !
- Personnes handicapées : le guide pratique
- Successions : le guide pratique

Logement

- Le conseiller pratique du logement
- Construire son logement : le conseiller juridique
- Propriétaires – Locataires : qui paie quoi ?
- Servitudes et mitoyenneté : le guide pratique
- Troubles de voisinage : quels sont vos droits ?

Travail

- 35 heures : le guide pratique
- Chômage : vos nouveaux droits
- Comité d'entreprise : le guide pratique
- Le conseiller pratique du salarié
- Le conseiller quotidien de votre retraite
- Créer son entreprise
- Faire face au licenciement
- Fonctionnaires : le guide pratique
- Le guide de tous les salaires
- Intérim : le guide pratique
- Se défendre aux prud'hommes
- Vos droits aux congés

Tous les codes et guides sont disponibles sur :
www.prat-fr.com

Ont collaboré à cette édition : Isabelle Resmond
Nathalie Dujardin

Si vous désirez recevoir une information sur nos publications, écrivez à :
Éditions Prat, Service Lecteurs - 2, rue Maurice-Hartmann, BP 62, 92133 Issy-les-Moulineaux Cedex

ISBN 2-85890-683-1
ISSN 1272-4955

PRÉSENTATION

Si la plupart d'entre vous semble suffisamment informé sur l'essentiel des allocations familiales, combien connaissent l'ensemble des dispositifs sociaux mis en place par les différents gouvernements pour venir en aide aux familles et promouvoir ainsi une « politique familiale » ?

Peu de personnes sont au courant de ces aides et de leurs conditions d'attribution. Comment alors demander une aide si l'on n'est pas informé ? En effet, dans cette matière (comme dans beaucoup d'autres), il existe une certaine ignorance et un grand nombre d'*a priori*.

Ainsi, par exemple, connaissez-vous toutes les possibilités qui vous sont offertes pour alléger les frais de garde de vos jeunes enfants ? Savez-vous comment sont calculées vos indemnités journalières en cas d'arrêt de travail pour maladie ? Savez-vous tout ce que prend en charge la couverture maladie universelle (CMU) ?

C'est pour donner des réponses à ces questions qu'il nous a semblé utile de mettre à votre disposition un ouvrage qui, fidèle à l'esprit de cette collection, vous présente, dans un langage clair et précis, l'ensemble des allocations, aides, bourses... prévues pour permettre à une famille de se développer harmonieusement, et l'aider, parfois, à passer les moments difficiles.

Pour vous permettre d'accéder rapidement à l'information en rapport avec votre cas, l'auteur a classé cet ensemble par situation : attendre un enfant, élever ses enfants, en cas de maladie... Des encadrés vous signalent, comme pour les autres ouvrages de cette collection, les cas pratiques et les Bon à savoir, des À noter... et des exemples chiffrés. Enfin, vous trouverez, présentées dans cet ouvrage, les dispositions législatives et jurisprudentielles les plus récentes.

Agnès Chambraud
Responsable éditoriale

COMMENT CONSULTER UNE PAGE DE CET OUVRAGE

Comment se déclenche et se déroule le procès ?

Votre assignation doit comprendre trois parties. Vous devez exposer les faits dans la première partie. La seconde partie sera réservée à l'exposé des moyens de droit qui appuient la demande (une loi, un décret, une circulaire, un contrat, le règlement de copropriété de votre immeuble...). Dans la troisième partie, vous devez indiquer vos prétentions, c'est-à-dire ce que vous demandez. Les prétentions peuvent consister en une demande de dommages et intérêts, le versement d'intérêts de retard, l'exécution d'un contrat, etc. Il vous faudra, à cette occasion, chiffrer votre demande. Vous pouvez également demander la condamnation de l'adversaire en vertu de l'article 700 du Nouveau Code de procédure civile, afin de pouvoir obtenir le remboursement d'une partie des frais de justice engagés (les frais d'avocat, par exemple).

En pratique

La procédure par défaut

La procédure est dite par défaut quand l'une des parties n'est pas présente au procès, ou n'est pas représentée par une personne habilitée (un avocat, par exemple) ou encore quand elle s'abstient d'accomplir les actes nécessaires au procès.
Les effets d'un jugement par défaut diffèrent selon que c'est le demandeur ou le défendeur qui ne comparaît pas :
– si le demandeur ne comparaît pas, et qu'il ne peut pas se justifier en invoquant un motif légitime, le défendeur a le droit de demander au juge de trancher le litige (Nouveau Code de procédure civile, art. 468) ;
– si le défendeur ne comparaît pas, le demandeur peut obtenir un jugement contre son adversaire. Toutefois, ce jugement n'est un jugement par défaut que si la décision n'est pas susceptible d'appel et si la citation à comparaître n'a pas pu être remise en mains propres au défendeur ;
– le jugement rendu par défaut peut être uniquement attaqué par voie d'opposition.
De plus, il est à noter que si l'un des plaideurs n'accomplit pas les actes de la procédure, le juge rendra sa décision sur la base des seuls
il dispose (Nouveau Code de procédure civile, art. 469, 1er
deux plaideurs s'abstiennent l'un et l'autre d'accomplir les
tion, le juge peut radier leur affaire.

Avantages

Afin de conserver, par la suite, la possibilité de déposer une demande
« demande additionnelle », si votre préjudice est plus important
estimé au départ, inscrivez à la fin de votre document « sous réserve
Attention : dans un tel cas, si votre adversaire n'est ni présent
demande additionnelle n'est pas recevable. Le magistrat vous
faire dénoncer vos nouvelles demandes par acte d'huissier à votre
réassigner.

Les auteurs vous renseignent :

Des encadrés
De la jurisprudence, des résumés, un point particulier qui éclairera votre lecture

Avantages,

À noter
Des remarques et des recommandations

Inconvénients
Des conseils sur les conséquences de telle ou telle décision...

Attention
Des mises en garde.

À quel tribunal vous adresser

Cependant, le plus souvent, la loi reste silencieuse et le demandeur doit alors déterminer la nature administrative du contrat en fonction de l'un des deux critères suivants :
- le contrat a pour objet de confier au cocontractant une mission de service public (concession de service public de l'eau, par exemple) ;
- ou le contrat comporte une « clause exorbitante de droit commun », c'est-à-dire une disposition ne figurant pas habituellement dans les contrats de droit privé (par exemple, la fixation unilatérale du prix par l'administration).
Dans ces deux hypothèses, il y a au moins une personne publique (une administration, un service public) partie au contrat.

À noter
Le juge administratif n'est jamais compétent pour les litiges intervenus entre particuliers.

• ***La responsabilité***

Pour les dommages causés par l'administration, c'est en principe la juridiction administrative qui est compétente. Toutefois, elle ne l'est pas quand c'est un véhicule administratif qui est la cause du dommage. De même, quand un enfant a subi un préjudice du fait d'un défaut de surveillance d'un maître de l'enseignement public, la juridiction judiciaire sera compétente. Enfin, elle l'est également quand un service public industriel et commercial géré par une personne privée cause un dommage à un usager de ce service.

• ***Les agents de l'administration***

Les fonctionnaires de l'État et des collectivités territoriales doivent porter le litige les opposant à leur administration devant le juge administratif. Il en va de même pour les agents contractuels qui travaillent pour un service public administratif. En revanche, si ces mêmes agents exercent leurs fonctions au sein d'un service public industriel et commercial, la juridiction judiciaire sera compétente.

• ***Les impôts***

La juridiction administrative est, en général, compétente pour les litiges opposant un contribuable à l'administration fiscale. Elle jugera limitativement des affaires relatives à l'impôt sur le revenu, l'impôt sur les sociétés, la taxe foncière, la taxe d'habitation, la taxe professionnelle et la TVA.

Inconvénients
Les questions de compétence sont très complexes. En cas de doute, il est souhaitable de consulter un avocat car, en saisissant une juridiction incompétente, vous risquez de perdre beaucoup de temps dans la résolution de votre litige ou de laisser passer un délai.

Attention
N'hésitez pas à vous renseigner au greffe du tribunal ; le greffier saura souvent vous renseigner pour des questions simples de compétence.

25

COMMENT SE SERVIR DE CET OUVRAGE

FAMILLE : TOUTES LES AIDES vous présente de façon logique, claire et précise, en 9 chapitres, l'ensemble des aides sociales destinées aux familles (en difficultés ou non) en fonction des différentes situations dans lesquelles elles peuvent se trouver :

- *Des aides à chaque moment de la vie* (p. 7) vous permet de connaître les principes généraux qui régissent les prestations sociales et familiales : évaluation des ressources, paiement, fiscalité...

- *Attendre un enfant* (p. 23) fait le point sur les aides à la maternité : congé, prise en charge des frais, allocation pour jeune enfant...

- *Élever ses enfants* (p. 43) vous présente l'ensemble des aides prévues pour vous permettre de pourvoir à l'éducation de vos enfants (hormis l'éducation scolaire) : allocation de garde d'enfant à domicile, allocations familiales, bons-vacances...

- *Les jeunes* (p. 65) est consacré à la description des différentes aides concernant la scolarité et les études supérieures de vos enfants : protection sociale, bourses, allocation logement...

- *En cas de maladie* (p. 83) vous présente la législation applicable quand vous (ou un membre de votre famille) êtes malade : remboursement des frais, arrêt de travail, invalidité...

- *Face au handicap* (p. 127) fait le point sur les différentes aides accordées aux personnes handicapées et à leur famille : allocation d'éducation spéciale, allocation pour adultes handicapés, prestation spécifique dépendance (PSD)...

- *Se retrouver seul* (p. 143) vous présente l'ensemble des aides attribuées aux familles monoparentales : allocation de parent isolé, allocation de soutien familial...

- *Perdre son emploi* (p. 155) recense les différents régimes mis en place pour aider à surmonter une situation de chômage : allocations, protection sociale, formation...

- *Situation précaire* (p. 195) vous permet de connaître les aides accordées aux personnes en grandes difficultés : allocation de solidarité, RMI, CMU...

Une partie Adresses utiles (p. 215) recense les adresses, numéros de téléphone, services Minitel et sites Internet des principaux organismes et associations.

TABLE DES MATIÈRES

DES AIDES À CHAQUE MOMENT DE LA VIE

ATTENDRE UN ENFANT

ÉLEVER SES ENFANTS

LES JEUNES

EN CAS DE MALADIE

FACE AU HANDICAP

SE RETROUVER SEUL

PERDRE SON EMPLOI

SITUATION PRÉCAIRE

DES AIDES À CHAQUE MOMENT DE LA VIE

Les aides à la famille sont nombreuses et les interlocuteurs variables en fonction de la situation. Aussi n'est-il pas toujours facile de se retrouver dans ce maquis d'organismes ni de savoir à quelle porte frapper. Pour faire face aux risques que comporte l'existence (maladie, vieillissement, chômage, difficultés financières...), il existe deux grands systèmes de protection. Le premier repose sur le principe de l'assurance : vous versez des cotisations et percevrez des prestations si le risque se réalise. La Sécurité sociale comme l'assurance chômage fonctionnent ainsi : salarié, vous cotisez et si vous tombez malade, vous percevrez des indemnités journalières de la part de la Sécurité sociale ; si vous perdez votre emploi, des allocations de chômage vous seront versées.
Parmi les plus grands pourvoyeurs d'aides à la famille figurent en bonne place : les caisses d'allocations familiales avec une panoplie de prestations. Si chacune d'elle répond à une surcharge de frais liés à des événements familiaux divers et variés, elles répondent à un ensemble de règles communes.
Lorsque vous vous trouvez dans une situation difficile et qu'aucun organisme d'assurance ne peut venir à votre aide, il reste les prestations d'aide sociale : ce deuxième grand dispositif d'aide, qui repose sur la solidarité nationale, intervient au profit des personnes qui ne peuvent subvenir à leurs besoins.

Pour trouver le thème qui vous intéresse, consultez la table des matières en début de volume ou l'index alphabétique en fin de volume.

LES RÈGLES GÉNÉRALES D'ATTRIBUTION DES PRESTATIONS FAMILIALES

Aujourd'hui, beaucoup de prestations familiales sont accordées sous condition de ressources et sont donc réservées aux ménages disposant de ressources modestes. Seules rescapées de cette logique, les allocations familiales attribuées à toutes les familles ayant au moins deux enfants à charge, la nouvelle allocation forfaitaire destinée aux familles d'au moins 3 enfants dont l'un a moins de 20 ans, l'allocation de soutien familial versée lorsque la charge d'un enfant n'est pas assumée par l'un de ses parents ou par les deux, l'allocation parentale d'éducation, l'allocation d'éducation spéciale et l'allocation de présence parentale.
Dans tous les cas, vous devez, pour avoir droit aux prestations familiales, résider en France et assumer la charge d'un ou plusieurs enfants. Peu importe votre régime de Sécurité sociale : que vous soyez salarié, fonctionnaire, travailleur indépendant, agriculteur, vous avez les mêmes droits.

En pratique

Les prestations et aides de la caisse d'allocations familiales

Les prestations familiales versées par la CAF sont les suivantes :
- l'allocation pour jeune enfant ;
- les allocations familiales ;
- l'allocation forfaitaire (nouveau dispositif entrant en vigueur le 1.07.2003) ;
- le complément familial ;
- l'allocation de logement familial ;
- l'allocation d'éducation spéciale ;
- l'allocation de soutien familial ;
- l'allocation de rentrée scolaire ;
- l'allocation de parent isolé ;
- l'allocation parentale d'éducation ;
- l'allocation d'adoption ;
- l'allocation de présence parentale.

À côté de ces 12 prestations familiales, les caisses d'allocations familiales versent d'autres prestations :
- l'allocation de garde d'enfant à domicile ;
- l'aide familiale à l'emploi d'une assistante maternelle agréée ;
- l'allocation de logement social ;
- le RMI.

VOTRE LIEU DE RÉSIDENCE

Les prestations familiales sont destinées à toute personne, française ou étrangère, résidant de façon habituelle en France. Les personnes de nationalité étrangère doivent être en mesure de justifier de la régularité de leur entrée et de leur séjour en France par la production d'un document officiel tel que la carte de résident ou de séjour temporaire.
Vos enfants, grâce auxquels vous pouvez prétendre aux prestations familiales, doivent également résider en France. Vous conservez, néanmoins, le droit à prestations si le jeune effectue un séjour à l'étranger dans l'une des conditions suivantes :
- séjour provisoire n'excédant pas 3 mois au cours de l'année civile ;
- séjour de plus longue durée si celui-ci est nécessaire pour poursuivre des études, apprendre une langue étrangère ou parfaire une formation professionnelle ;
- séjour d'une durée au plus égale à celle de l'année scolaire, si la famille a sa résidence principale en France dans une zone frontalière, si l'enfant fréquente dans un pays voisin, à proximité de la frontière, un établissement de soins ou un établissement d'enseignement et s'il rejoint sa famille à intervalles rapprochés.

VOS ENFANTS À CHARGE

Les prestations familiales sont dues à la personne qui a la charge effective et permanente d'un ou plusieurs enfants. Elle doit à cet égard assurer d'une manière générale le logement, la nourriture, l'habillement et la responsabilité éducative et affective de cet enfant, l'existence ou non d'un lien de parenté étant sans incidence. Ainsi il peut s'agir de votre enfant légitime, naturel, adopté ou d'un jeune recueilli. Il doit, cependant, répondre à une condition d'âge.
Ainsi sont considérés à charge :
- vos enfants jusqu'à 16 ans dès lors que l'obligation scolaire est respectée ;
- le jeune jusqu'à 20 ans dont le salaire mensuel net, en cas d'activité, ne dépasse pas 55 % du SMIC brut mensuel calculé sur la base de 169 heures, soit 634,85 € depuis le 1er juillet 2002. Cette règle s'applique que le jeune soit au chômage, en apprentissage, à l'école, étudiant ou en stage de formation professionnelle ;
- le jeune, jusqu'à 20 ans, qui donne droit à l'allocation d'éducation spéciale ou se trouve, par suite d'infirmité ou de maladie chronique, dans l'impossibilité constatée de se livrer à une activité professionnelle.

Important : depuis le 1er janvier 2000, les jeunes sont même comptés à charge jusqu'à leurs 21 ans pour l'attribution du complément familial (voir page 46), les aides au logement, la prime de déménagement liée à l'allocation de logement familial ou à l'APL (aide personnalisée au logement) et l'assurance vieillesse gratuite. Cette nouvelle limite d'âge ne concerne que les enfants nés à compter du 1er janvier 1980.

Avantages

Les prestations familiales sont maintenues pour les enfants de moins de 20 ans qui travaillent pendant les vacances scolaires, sous 2 conditions :
– le jeune de moins de 18 ans doit prendre, au moins, un mois de repos complet pendant les vacances d'été ;
– pour tous les jeunes de moins de 20 ans, le salaire que procure l'activité ne doit pas dépasser 55 % du SMIC ; notez toutefois que les gains perçus sont dans ce cas appréciés en moyenne mensuelle sur 6 mois (du 1er octobre au 31 mars et du 1er avril au 30 septembre).

Attention

Si votre enfant perçoit lui-même une prestation familiale ou une allocation logement, il ne peut plus être considéré comme étant à votre charge. Aussi, avant de solliciter pour votre enfant étudiant qui ne vit plus sous votre toit une aide au logement, faites vos comptes ; il peut vous faire perdre le bénéfice de prestations d'un montant plus important.

QUAND VOS RESSOURCES SONT PRISES EN COMPTE

Dans leur grande majorité, les prestations familiales sont accordées à des ménages dont les revenus ne dépassent pas un certain montant. Sont retenues les ressources perçues au cours de l'année civile précédant la période de paiement de la prestation en cause. Or cette période de paiement va du 1er juillet d'une année au 30 juin de l'année suivante. Ainsi, pour les prestations familiales soumises à condition de ressources et attribuées entre le 1er juillet 2002 et le 30 juin 2003, la caisse d'allocations familiales retiendra vos revenus de 2001.
Grosso modo, sont pris en compte vos revenus nets imposables (après abattement des 10 et 20 % pour les salaires par exemple) tels qu'ils apparaissent sur votre avis d'imposition. Mais parce qu'entre l'année de perception des revenus et la date de demande d'une prestation, beaucoup d'événements ont pu se produire entraînant des baisses de revenus (maladie, chômage, invalidité...), il existe une multitude de règles pour prendre en compte finement la situation économique mais également sociale du foyer du demandeur.

À noter

Les règles relatives au plafond de ressources sont applicables à l'ensemble des prestations familiales versées sous conditions de revenus, à l'exception de l'allocation de parent isolé qui obéit à des règles particulières (voir page 145).

➤ Les ressources du foyer

Les ressources prises en compte s'entendent du total des revenus nets catégoriels, c'est-à-dire vos ressources imposables après divers déductions et abattements opérés par la CAF.
Vous déclarerez principalement :
- vos revenus de 2001 et ceux de votre conjoint, concubin ou partenaire

avec lequel vous avez signé un PACS (pour obtenir une prestation entre le 1er juillet 2002 et le 30 juin 2003), y compris les indemnités journalières maladie et maternité versées par la Sécurité sociale (sauf en cas de longue maladie), celles versées au titre des accidents du travail ou des maladies professionnelles, les allocations de chômage, les pensions de retraite ;
- vos revenus soumis au prélèvement libératoire ;
- vos revenus perçus hors de France ou versés par une organisation internationale ;
- les pensions alimentaires que vous avez reçues.
En revanche, il faut exclure : le RMI, les indemnités couvrant des frais d'emploi (partie des titres restaurant prise en charge par l'employeur ou prime de transport...), les prestations familiales, l'allocation pour adulte handicapé, les aides au logement, les revenus des enfants ayant fait l'objet d'une déclaration commune, les bourses d'étude, les indemnités de stage des étudiants, les indemnités journalières en cas de longue maladie, le capital décès et la rente accident du travail versée par la caisse d'assurance maladie, l'indemnité légale ou conventionnelle de licenciement ou de départ en retraite ou en préretraite.

À noter
La prime pour l'emploi, avantage fiscal créé en 2001, n'est pas prise en compte.

➤ Les sommes à déduire

Du total des revenus ainsi déterminé sont ensuite opérées les seules déductions suivantes :
- 762,25 € par an et par enfant de moins de 7 ans au 31 décembre de l'année d'imposition au titre des frais de garde des enfants ;
- les pensions alimentaires pour l'intégralité du montant versé, destinées aux enfants mineurs ou à un ex-conjoint en application d'une décision de justice, la pension versée à un enfant majeur non rattaché au foyer fiscal de l'intéressé dans la limite de 2 826 € et celle versée à un ascendant au titre de l'obligation alimentaire est déductible dans la limite de 3 824 € par an sur les revenus de 2001;
- abattement spécial accordé aux personnes âgées de plus de 65 ans ou invalides.
Si les ressources ne proviennent pas d'une activité salariée et qu'elles ne sont pas encore connues au moment de la demande, il est tenu compte des dernières ressources connues, revalorisées par application du taux d'évolution en moyenne annuelle de l'indice général des prix à la consommation des ménages pour l'année civile de référence.

À noter
En cas de concubinage, avec ou sans signature d'un PACS, il est tenu compte du total des ressources perçues par chacun des concubins durant l'année de référence dans les mêmes conditions que ci-dessus.

➤ Pour tenir compte de situations particulières

En cas de divorce, de séparation légale ou de fait ou de cessation de la vie commune des concubins : pour apprécier la condition de ressources, ne sont retenues que les ressources du conjoint ou du concubin conservant la charge des enfants. Il est tenu compte de cette modification à partir du premier jour du mois civil suivant celui au cours duquel elle survient.

En cas de décès de l'un des conjoints ou concubins : il n'est pas tenu compte de ses ressources perçues avant le décès.

Si vous prenez un congé parental : il n'est pas tenu compte des revenus d'activité professionnelle ni des indemnités de chômage perçues pendant l'année civile de référence par le conjoint ou le concubin qui cesse toute activité professionnelle pour se consacrer à un enfant de moins de 3 ans ou à plusieurs enfants (cette même règle s'applique si vous êtes appelé sous les drapeaux ou en cas d'incarcération).

En cas de cessation de toute activité professionnelle : il sera pratiqué un abattement de 30 % sur le montant des revenus d'activité professionnelle et des allocations de chômage perçus pendant l'année de référence, si vous ou votre conjoint (ou concubin) cessez toute activité professionnelle ou percevez une pension de retraite ou d'invalidité ou une rente accident du travail ou des indemnités journalières en cas d'arrêt maladie supérieur à 6 mois pour une affection de longue durée.

En chômage total ou partiel : lorsque, depuis 2 mois consécutifs, vous ou votre conjoint (ou concubin) vous trouvez en chômage total ou partiel et percevez une allocation, vos revenus d'activité professionnelle perçus pendant l'année civile de référence sont, tant que dure cette situation, affectés d'un abattement de 30 %. Mais, vos revenus ne seront pas du tout pris en compte si vous êtes en chômage depuis au moins 2 mois et n'êtes pas ou plus indemnisé ou encore si vous percevez une allocation de solidarité spécifique ou une allocation d'insertion.

Interruption de travail d'au moins 6 mois : si vous ou votre conjoint ou concubin êtes en arrêt maladie depuis plus de 6 mois, on procède à un abattement de 30 % sur vos revenus d'activité professionnelle et les indemnités de chômage perçus au cours de l'année civile de référence.

Vous percevez le RMI : il ne sera pas tenu compte de vos revenus d'activité professionnelle ni de vos indemnités de chômage perçus durant l'année civile de référence.

L'évaluation forfaitaire des ressources : elle vise à corriger le décalage entre la période de référence des ressources et la période de versement effective des droits. Mais, dans cette hypothèse, la situation du demandeur s'est amé-

liorée : il travaillait pas ou peu pendant l'année de référence et perçoit des revenus plus importants depuis. La CAF évalue forfaitairement les revenus du ménage (sauf si ce dernier perçoit le RMI ou l'allocation pour adulte handicapé) si :
- lors de l'ouverture du droit à prestation, le total des ressources du demandeur ou de son foyer, perçu au cours de l'année de référence, est au plus égal à 812 fois le SMIC horaire en vigueur le 31 décembre de l'année de référence, soit 5 416,04 € le 31 décembre 2002 ;
- la CAF avait procédé à une évaluation forfaitaire lors de l'ouverture du droit et qu'au moment du renouvellement le demandeur ou son ménage n'ont pas eu de revenus pendant l'année de référence.

En pratique

Il est de votre intérêt de tenir votre CAF étroitement informée de tous les événements qui touchent votre vie familiale et professionnelle. C'est la meilleure façon de ne pas passer à côté d'une aide ou de ne pas avoir à rembourser un trop-payé. C'est aussi un bon moyen de ne pas perdre de temps. Il faut savoir que pour cela, vous devez :
– chaque année remplir votre formulaire de déclaration de ressources envoyé par la CAF courant février/mars. C'est un document clé pour recevoir notamment, sans aucune démarche particulière, l'allocation de rentrée scolaire, le complément familial. Même si d'après vos calculs, vous pensez être au-dessus des plafonds prévus, vous aurez peut-être une bonne surprise car vous aurez oublié de pratiquer certains abattements ;
– ne pas oublier de renvoyer un formulaire de déclaration de situation des enfants ; c'est sur cette base que la CAF calcule le nombre d'enfants à charge ;
– signaler toute naissance, tout départ d'un enfant, le début d'une vie maritale (ou sa fin), un mariage ou un divorce. A chacun de ces événements, votre situation sera mise à jour. Il peut en découler des droits nouveaux ;
– à l'occasion d'une grossesse, faire le point avec votre CAF. Beaucoup ignorent encore qu'ils ont droit à des aides pour faire garder le bébé ou pour compenser un arrêt d'activité total ou partiel (à partir d'un deuxième enfant à charge) ;
– informer votre caisse de votre déménagement afin de ne pas retarder le transfert de votre dossier et d'examiner votre droit à une éventuelle aide au logement (en tant que locataire ou accédant à la propriété) ;
– dire très vite à votre CAF que vous avez repris (ou perdu) votre activité professionnelle.

Dans ces deux hypothèses et si vous êtes salarié, la CAF va estimer que vous avez un revenu égal à 12 fois la rémunération mensuelle que vous avez perçue au cours du mois civil précédent l'ouverture du droit ou au cours du mois de mai précédant le renouvellement du droit. Si vous exercez une activité non salariée, vos revenus seront évalués à 2 028 fois le SMIC horaire en vigueur au 1er janvier qui précède l'ouverture ou le renouvellement du droit.

Nouveau ! La procédure d'évaluation forfaitaire des ressources n'est plus applicable depuis le 1er avril 2002 pour l'attribution de l'allocation pour jeune enfant (APJE) et le complément familial :
- aux personnes vivant seule, de moins de 25 ans, qui exerce une activité salariée leur procurant un salaire net fiscal inférieur à 1 085 € par mois depuis le 1er juillet 2002 ou qui exerce une activité non salariée ;
- aux couples dont l'un au moins des membres est âgé de moins de 25 ans et exerce une activité professionnelle. De deux choses l'une : ou aucun des deux membres du couple ne doit être salarié, ou le salaire ou l'addition des deux salaires ne doit pas dépasser 1 627 € par mois depuis le 1er juillet 2002. Les salaires à prendre en considération sont ceux perçus au cours du mois civil précédant l'ouverture du droit à la prestation ou du mois de mai précédant le renouvellement du droit.

QUI PERÇOIT LES PRESTATIONS FAMILIALES ?

A droit aux prestations familiales la personne qui assume la charge effective et permanente de l'enfant. Mais une seule personne peut être titulaire de ce droit, aussi chaque couple doit-il désigner le parent qui recevra les prestations. L'option est valable un an et renouvelée tacitement tant qu'il n'y a pas remise en cause de ce choix par les intéressés ou changement dans la situation familiale. Si aucun choix n'a été fait, les prestations sont versées à la mère. En cas de divorce, de séparation des époux, ou de cessation de la vie commune des concubins, les prestations sont versées au parent chez qui l'enfant vit.
Si, lors d'un divorce, un jugement de garde alternée a été rendu, les parents doivent désigner d'un commun accord celui qui percevra les allocations. À charge pour lui de répartir les montants ainsi perçus... Cela suppose de trouver un terrain d'entente.

Attention

Dans le cas où les enfants donnant droit aux prestations familiales seraient élevés dans des conditions d'alimentation, de logement et d'hygiène manifestement défectueuses, ou lorsque le montant des prestations n'est pas employé dans l'intérêt des jeunes, le juge des enfants peut ordonner que les prestations soient, en tout ou en partie, versées non à l'un ou l'autre des parents, mais à une personne physique ou morale qualifiée, dite tuteur aux prestations familiales.

LE PAIEMENT DES PRESTATIONS FAMILIALES

Ce sont les caisses d'allocations familiales du lieu de résidence habituelle qui paient les prestations pour tous ceux qui relèvent du secteur privé non agricole (salariés, commerçant, artisans ou membres des professions libérales).

Les salariés et exploitants agricoles reçoivent les prestations de la Caisse de la mutualité sociale agricole de leur lieu de résidence habituelle.
Quant aux salariés du secteur public (fonctionnaires et agents, en activité ou en retraite, de l'État, des établissements publics, des entreprises publiques dans lesquelles fonctionnent des régimes spéciaux de Sécurité sociale : EDF, GDF, RATP, SNCF...), ils reçoivent leurs prestations directement par leur employeur en même temps que leur salaire.
Les prestations familiales sont versées mensuellement et à terme échu (sauf prestations donnant lieu à un versement unique comme l'allocation de rentrée scolaire) le cinquième jour du mois suivant celui pour lequel celles-ci sont dues (ou éventuellement le jour ouvré le plus proche si le cinquième jour est un dimanche ou un jour férié). En règle générale, les prestations familiales sont payées soit par virements postaux, soit par virements bancaires.

En pratique

Attention aux négligences

Les prestations sont dues à partir du mois civil suivant celui au cours duquel les conditions d'ouverture sont réunies. Ensuite pour des raisons techniques (traitement du dossier, virement de l'argent...), la somme ne peut être versée qu'un mois plus tard. Aussi la mise en route « normale » du versement des prestations est déjà longue. Mais elle peut également être retardée par vos propres négligences si vous oubliez d'avertir la CAF de certains changements dans votre vie professionnelle ou familiale. Il peut aussi manquer des pièces sans lesquelles le dossier ne peut pas être réglé.

PRESTATIONS ET FISCALITÉ

Les prestations familiales ne sont ni soumises à l'impôt ni à la CSG (contribution sociale généralisée). En revanche, elles subissent le prélèvement de la CRDS (contribution au remboursement de la dette sociale) au taux de 0,50 %. Échappent néanmoins à la CRDS : l'allocation de parent isolé, l'allocation d'éducation spéciale (y compris sa majoration), le RMI, l'allocation aux adultes handicapés, l'AGED (allocation de garde d'enfant à domicile), l'AFEAMA (l'aide à la famille pour l'emploi d'une assistante maternelle agréée) mais pas sa majoration, le prêt à l'amélioration de l'habitat et la prime de déménagement.

À noter

Les montants des prestations familiales seront donnés dans cet ouvrage en net, c'est-à-dire après déduction de la CRDS.

LES PRESTATIONS FAMILIALES PEUVENT ÊTRE SAISIES

Si, en principe, les prestations familiales ne peuvent être saisies, il existe de nombreuses exceptions. Il en est ainsi tout d'abord pour le recouvrement des prestations indûment versées à la suite de manœuvres frauduleuses ou de fausses déclarations du bénéficiaire.

De même, peuvent être saisis, mais dans certaines limites :

- pour le paiement des dettes alimentaires ou l'exécution de la contribution aux charges du mariage et liées à l'entretien des enfants : l'allocation pour jeune enfant, les allocations familiales, le complément familial, l'allocation de rentrée scolaire, l'allocation de soutien familial et l'allocation parentale d'éducation ;
- pour le paiement des frais entraînés par les soins, l'hébergement, l'éducation ou la formation notamment dans les établissements spécialisés d'un enfant handicapé : l'allocation d'éducation spéciale ;
- pour le paiement des cotisations d'assurance volontaire : les prestations familiales sauf l'allocation de logement.

En outre, lorsque par suite d'une erreur, la caisse a versé des sommes indues, elle peut les récupérer par retenues sur les prestations à venir ou par remboursement intégral de la dette en un seul versement si l'allocataire opte pour cette solution. La créance de la CAF (ou de la MSA) peut être réduite ou remise si vous vous trouvez en situation précaire, à condition toutefois qu'il n'y ait pas eu de manœuvre frauduleuse ni fausse déclaration. Les caisses sont autorisées à abandonner la mise en recouvrement des indus de prestations d'un montant inférieur à 16 €.

Des règles particulières s'appliquent également en matière d'allocations de logement : elles pourront être versées directement entre les mains du bailleur ou du prêteur (vous avez acheté votre résidence principale avec un prêt bancaire) si vous avez eu un problème de paiement de loyer ou de mensualité de remboursement du prêt ou si vous vous êtes mis d'accord avec le bailleur ou la banque.

Quoi qu'il en soit, le bénéficiaire de la prestation doit toujours disposer d'un montant minimal après saisie. Ce dernier est calculé à partir des ressources du bénéficiaire auxquelles on ajoute le montant des prestations reçues. De ce montant sont déduites les charges de logement. Le chiffre obtenu est divisé par le nombre de personne composant la famille pour fixer le revenu mensuel pondéré duquel dépend la retenue mensuelle qui peut être effectuée sur le montant des prestations familiales (Décr. du 10.5.1999, JO du 12.5.1999).

Ainsi, peuvent être saisie par tranche de revenus mensuels pondérés :

- 32 € pour une tranche de revenus pondérés inférieure à 211 € ;
- 25 % du montant des prestations familiales pour la tranche de revenus comprise entre 211 et 316 € ;
- 35 % pour la tranche de 317 à 474 € ;
- 45 % pour la tranche de 475 à 633 € ;
- 60 % pour la part de revenus dépassant les 634 €.

En bref

La prescription

Le droit aux prestations se prescrit par 2 ans. Ainsi, si vous n'avez pas demandé des allocations en temps et en heure, vous avez un délai de 2 ans pour demander la prestation et obtenir un rappel des sommes dues. Mais cette rétroactivité ne joue pas pour toutes les prestations car, pour certaines, le droit sera ouvert le mois suivant votre demande sans que puisse être examinée votre situation antérieure à cette date. Il en est ainsi pour l'allocation de garde d'enfant à domicile, l'aide familiale pour l'emploi d'une assistante maternelle agréée, le RMI.
S'agissant de l'allocation de logement, lorsque les conditions d'ouverture du droit sont réunies antérieurement à la demande, il est procédé au versement du rappel correspondant aux 3 mois qui précèdent cette demande.
Cette prescription par 2 ans est également applicable à l'action intentée par la caisse pour recouvrer les sommes versées à tort. En cas de manœuvres frauduleuses ou de fausse déclaration du bénéficiaire, la caisse peut naturellement remonter au-delà. La récupération des sommes indues se fait soit par retenues sur les prestations à venir soit par remboursement intégral de la dette en un seul versement.

En pratique

Difficultés passagères

Si vous traversez une période difficile due à des problèmes financiers ou familiaux, votre CAF peut vous aider. Mais pour cela, vous devez, en principe, percevoir au moins une prestation familiale.
S'il s'agit de difficultés matérielles, votre CAF pourra, en fonction de vos ressources, vous attribuer une aide financière ponctuelle (secours) ou un prêt sans intérêt remboursable sur vos prestations familiales.
Si vous avez besoin d'être aidé à votre domicile, la caisse pourra également intervenir ; pour cela, vous devez être allocataire et rencontrer des difficultés temporaires (maladie d'enfants, grossesse pathologique, surcharge occasionnelle de travail de la mère de famille). Selon le cas, une travailleuse familiale (ou une aide-ménagère) vous apportera le soutien dont vous avez besoin à votre domicile. La durée de l'intervention varie selon la situation de la famille.
Certaines caisses offrent des aides diverses dans certaines situations : par exemple, en cas de naissances ou d'adoptions multiples, en cas de décès, pour faciliter l'insertion des jeunes...
N'hésitez pas à vous renseigner auprès des services d'action sociale de votre caisse, à consulter le Minitel 3615 CAF, ou le site Internet : www.caf.fr.

AU NOM DE LA SOLIDARITÉ NATIONALE : L'AIDE SOCIALE

Parce que l'aide sociale repose sur la solidarité nationale, ses prestations sont réservées aux personnes résidant en France qui éprouvent des difficultés financières ou matérielles (besoin d'une aide ménagère, par exemple). Elle interviendra en dernier recours, c'est-à-dire après avoir fait un bilan des ressources du demandeur, après les prestations accordées par les divers régimes de protection sociale et après l'aide familiale.

LES PRESTATIONS OFFERTES

Les familles ont souvent recours à l'aide sociale lorsqu'un parent âgé perd son indépendance et a besoin soit d'être assisté pour pouvoir continuer à vivre à domicile, soit de vivre en établissement d'accueil pour personnes âgées.
Ainsi, pour faire face aux travaux ménagers et permettre le maintien à domicile, les personnes âgées peuvent avoir recours à l'aide ménagère. L'aide sociale peut participer au coût de ce service, tout comme d'ailleurs aux frais de placement des personnes âgées vivant en établissement.
L'aide sociale à l'hébergement s'adresse aux personnes et aux familles qui connaissent de graves difficultés, notamment économiques, familiales, de logement, de santé ou d'insertion. Afin de leur permettre de recouvrer leur autonomie personnelle et sociale, elles peuvent bénéficier d'un accueil en centre d'hébergement et de réinsertion sociale. Il s'agit, en général, de lieux de vie réunissant des chambres, studios ou petits appartements, des locaux de vie collective, des équipements sanitaires.
L'Aide sociale à l'enfance (ASE) apporte un soutien matériel, psychologique et éducatif aux enfants et à leurs familles lorsqu'ils sont confrontés à des difficultés telles que la maladie, le manque de ressources, l'abandon... L'aide peut revêtir deux formes : une aide matérielle par le biais, par exemple, des travailleuses familiales ou une aide financière. Il s'agit là des principales interventions de l'aide sociale.

TOUT DÉPEND DE VOS RESSOURCES

L'attribution d'une prestation d'aide sociale dépend de votre niveau de ressources. Or, dans l'évaluation de cette dernière, entre en ligne de compte l'aide que peut apporter les obligés alimentaires, c'est-à-dire l'aide que doit apporter au nom de la solidarité familiale :
- les enfants à leurs parents et grands-parents ;
- les parents et grands-parents à leurs enfants et petits-enfants ;

- les gendres et belles-filles envers leurs beau-père et belle-mère et réciproquement ; mais si le conjoint est décédé, l'aide alimentaire n'est due que si des enfants sont nés de l'union.
Ainsi, par exemple, pour établir son montant de participation aux frais d'hébergement d'une personne âgée placée en établissement, l'aide sociale va demander non seulement le montant des revenus de la personne âgée mais également les ressources des enfants et petits-enfants. En fonction de leurs revenus, l'aide sociale peut subordonner sa participation à la contribution des enfants et même à celle des petits-enfants.
Cette mise en œuvre de la solidarité familiale est possible mais pas pour toutes les prestations d'aide sociale ; elle concerne principalement l'aide sociale à l'hébergement des personnes âgées et le placement en centre d'hébergement et de réinsertion sociale.
Par ailleurs, l'aide sociale peut récupérer sur la succession du bénéficiaire les sommes qu'elle a versées. Cette récupération peut s'effectuer, en principe, pour toutes les prestations d'aide sociale mais elle est strictement encadrée pour certaines prestations. Ainsi, les prestations d'aide ménagère, de portage de repas seront récupérées si le montant de la succession dépasse 46 000 €. Par ailleurs, le montant des prestations versées doit atteindre 760 €. En revanche, les sommes versées dans le cadre de l'aide sociale à l'hébergement des personnes âgées sont récupérables au premier euro si la succession représente plus de 46 000 €. En tout état de cause, la récupération n'est pas systématique et la commission de l'aide sociale statut au cas par cas.

LA DEMANDE

Pour obtenir une prestation d'aide sociale aux personnes âgées, vous devez impérativement déposer une demande auprès du centre communal d'action sociale. C'est la commission d'admission qui décide de l'attribution d'une prestation d'aide sociale.
En ce qui concerne l'aide sociale à l'hébergement, le plus souvent l'admission dans un centre se fait en urgence et c'est ce dernier qui se charge des démarches.
Les services de l'aide sociale à l'enfance sont des services à part entière et pour toute demande, il faut s'adresser à eux directement.

Pour trouver le thème qui vous intéresse, consultez la table des matières en début de volume ou l'index alphabétique en fin de volume.

Prestations familiales accordées sous conditions de ressources		
Types d'allocations	**Montant mensuel au 1.1.2003 (1)**	**Pour en savoir plus**
• Allocation pour jeune enfant	158,97 €	p. 38
• Complément familial	144,09 €	p. 46
• Allocation de parent isolé (revenu minimal mensuel garanti)		p. 145
- femme enceinte sans enfant	521,52 €	
- femme seule avec un enfant	695,36 €	
- par enfant en plus	173,84 €	
• Allocation d'adoption	158,97 €	p. 41
• Allocation de rentrée scolaire (2)	253,30 €	p. 48
• Allocation de logement	variable	p. 80
• Aide personnalisée au logement	variable	p. 80
• Allocation aux adultes handicapés	577,92 €	p. 129
- Complément de l'AAH	92,47 €	
• Revenu minimum d'insertion		p. 205

(1) Les prestations familiales sont déterminées en fonction d'un pourcentage appliqué sur une base de calcul mensuel fixée à 347,68 € en 2003. Les montants indiqués sont donnés en net, c'est-à-dire après prélèvement de la contribution au remboursement de la dette sociale (CRDS).
(2) Montant versé en une seule fois pour l'année 2003-2004.

Prestations familiales accordées sans condition de ressources		
Types d'allocations	**Montant mensuel au 1.1.2003 (1)**	**Pour en savoir plus**
Allocations familiales		p. 45
- 2 enfants à charge	110,71 €	
- par enfant à charge en plus	141,84 €	
- majoration pour enfant âgé de 11 à 16 ans	31,14 €	
- majoration pour enfant de plus de 16 ans	55,36 €	
Allocation forfaitaire (à compter du 1er juillet 2003) (2)	70 €	
Allocation parentale d'éducation		p. 55
- pour cessation totale d'activité	495,69 €	
- pour activité à temps partiel :		
• au plus égale à 50 % de la durée du travail	327,76 €	
• comprise entre 50 et 80 % de cette durée	247,86 €	
Allocation de soutien familial		p. 148
- orphelin total (ou assimilé)	103,78 €	
- orphelin de père ou de mère (ou assimilé)	77,84 €	▶

Prestations familiales accordées sans condition de ressources

Types d'allocations	Montant mensuel au 1.1.2003 (1)	Pour en savoir plus
Allocation d'éducation spéciale		p. 123
- par enfant handicapé	111,26 €	
- complément de première catégorie	83,44 €	
- complément de deuxième catégorie	225,99 €	
- complément de troisième catégorie	319,87 €	
- complément de quatrième catégorie	495,69 €	
- complément de cinquième catégorie	633,51 €	
- complément de sixième catégorie	930,06 €	
Allocation de garde d'enfant à domicile (3)	prise en charge des cotisations sociales dans certaines limites	p. 52
Aide à la famille pour l'emploi d'une assistante maternelle	prise en charge des cotisations sociales dans certaines limites	p. 49
- montant de l'aide		
- majoration pour enfant de moins de 3 ans		
• revenus nets imposables ≤ à 80 % du plafond de ressources pour l'ARS (4)	203,17 €	
• revenus nets imposables compris entre 80 et 110 % du plafond de ressources pour l'ARS (4)	160,66 €	
• revenus nets imposables > à 110 % du plafond de ressources pour l'ARS (4)	133,13 €	
- majoration pour enfants de 3 à 6 ans		
• revenus nets imposables ≤ à 80 % du plafond de ressources pour l'ARS (4)	101,60 €	
• revenus nets imposables compris entre 80 et 110 % du plafond de ressources pour l'ARS (4)	80,33 €	
• revenus nets imposables > à 110 % du plafonds de ressources pour l'ARS (4)	66,56 €	
Allocation de présence parentale		
- Couple		
• Pour cessation totale d'activité	809,55 €	p. 127
• Pour activité à temps partiel		
- au plus égal à 50 % de la durée du travail	404,79 €	
- comprise entre 50 et 80 % de cette durée	246,63 €	
- Personne seule		
• Pour cessation totale d'activité	961,34 €	
• Pour activité à temps partiel		
- au plus égal à 50 % de la durée du travail	505,98 €	
- comprise entre 50 et 80 % de cette durée	326,13 €	

(1) Les prestations familiales sont déterminées en fonction d'un pourcentage appliqué sur une base de calcul mensuel fixée à 347,68 € en 2003. Les montants indiqués sont donnés en net, c'est-à-dire après prélèvement de la contribution au remboursement de la dette sociale (CRDS).
(2) Décret
(3) Le droit à l'AGED n'est pas subordonné à une condition de ressources, mais le taux de prise en charge des cotisations par l'AGED et le montant maximal de la prestation peuvent dans certains cas varier selon les ressources du bénéficiaire.
(4) ARS : Allocation de rentrée scolaire.

ATTENDRE UN ENFANT

Vous attendez un enfant : vous allez bénéficier, le temps de votre grossesse, d'un traitement de faveur. En effet, votre protection sociale est renforcée : vos dépenses de soins sont mieux couvertes et une indemnité de repos vous sera versée pendant votre congé de maternité. Sous condition de ressources, vous pouvez même obtenir de la caisse d'allocations familiales l'allocation pour jeune enfant (APJE).
La loi de financement de la Sécurité sociale pour 2002 a par ailleurs créé un congé de paternité : 11 jours pris en charge par la Sécu !

Pour trouver le thème qui vous intéresse, consultez la table des matières en début de volume ou l'index alphabétique en fin de volume.

VOS REVENUS PENDANT LE CONGÉ DE MATERNITÉ

Si vous êtes salariée, vous avez droit, sous certaines conditions, à une période de repos avant et après la naissance dont la durée varie selon vos charges de famille et le nombre d'enfants que vous attendez. Pendant cette période de repos, vous recevrez les indemnités journalières de la Sécurité sociale éventuellement complétées par votre employeur.

LE CONGÉ DE MATERNITÉ

Pour une grossesse simple qui porte le nombre d'enfants à charge du foyer (ou déjà mis au monde et nés viables) à moins de 3, vous avez droit à un congé de maternité de 16 semaines : 6 semaines avant la naissance et 10 semaines après. Si, du fait de la naissance, le nombre d'enfants est porté à 3 ou plus, le congé est égal à 26 semaines : 8 avant l'accouchement, 18 après. Il est, dans cette dernière hypothèse, possible d'augmenter la durée du repos prénatal de 2 semaines, la durée du repos postnatal étant réduite d'autant.
Si vous attendez des jumeaux, votre congé durera 34 semaines : 12 avant l'accouchement, 22 après. Mais vous pouvez choisir d'augmenter la durée de repos prénatal de 4 semaines, celle du repos postnatal sera alors réduite d'autant.

Durée du congé de maternité (1)

Vous avez déjà	Vous attendez	Votre repos prénatal durera (2)	Votre repos postnatal durera (3)
Aucun enfant ou un enfant	Un enfant	6 semaines	10 semaines
2 enfants ou plus (4)	Un enfant	8 semaines	18 semaines
Quel que soit le nombre nombre d'enfants	Des jumeaux Des triplés	12 semaines 24 semaines	22 semaines 22 semaines

(1) Attention ! Il s'agit ici de la durée légale du congé de maternité. Des dispositions plus favorables peuvent être prévues par certaines conventions collectives.
(2) Sur prescription médicale, un repos supplémentaire de deux semaines peut être accordé en période prénatale, en cas de pathologie liée à la grossesse.
(3) En cas d'état pathologique, les durées indiquées ci-dessus peuvent être augmentées de 4 semaines au plus ; elles sont indemnisées au titre de l'assurance maladie.
(4) Enfants à charge du foyer ou déjà mis au monde et nés viables.

À noter

Lorsque le nourrisson doit rester hospitalisé au-delà de la sixième semaine, la mère peut reprendre son activité professionnelle et reporter, à la fin de l'hospitalisation, les droits à congé de maternité qui lui restent.

DEUX SEMAINES EN PLUS EN CAS D'ÉTAT PATHOLOGIQUE

Le repos prénatal peut être augmenté de 2 semaines (c'est-à-dire de 14 jours) au maximum. Mais il faut savoir que cette mesure n'a pas un caractère systématique, loin de là. Cet arrêt supplémentaire n'est accordé que si l'état de santé lié à la grossesse de la future mère, le justifie et fait l'objet d'une prescription médicale. Ce congé peut être prescrit dès le début de la grossesse ; il est indemnisé au taux fixé par l'assurance maternité (voir page 31). Il peut être fractionné, c'est-à-dire que le médecin (ou la sage-femme) peut prescrire par exemple un arrêt d'une semaine à deux moments différents, mais toujours avant le repos prénatal. Attention ! pendant cet arrêt, la future mère peut être contrôlée par un agent de la Sécurité sociale et elle doit respecter les heures de sortie.

En pratique

Les heures de sorties

Pendant les deux semaines d'arrêt en cas d'état pathologique, vous ne pouvez quitter votre domicile que si le médecin traitant l'a autorisé en le mentionnant sur la feuille de soins. Vous devez, en outre, respecter les heures de sorties : de 10 à 12 heures le matin et de 16 à 18 heures l'après-midi.

VOS REVENUS

Vous pourrez percevoir des indemnités de repos de la Sécurité sociale pendant votre congé de maternité si vous êtes salariée et donc assurée sociale mais également chômeuse indemnisée, ou encore si vous percevez une rente ou allocation attribuée en vertu de la législation sur les accidents du travail et maladies professionnelles (à condition que l'invalidité soit au moins égale à 66,66 %) ou une pension d'invalidité.

➤ Les conditions à remplir

Pour percevoir les indemnités, vous devez :
- être inscrite comme assurée sociale depuis au moins 10 mois à la date présumée de l'accouchement (ou à la date d'arrivée de l'enfant au foyer en cas d'adoption) ;

- remplir des conditions minimales de cotisations ou de temps de travail : vous devez soit avoir cotisé sur une rémunération égale à 1 015 fois le SMIC horaire brut (1 015 x 6,83 € = 6 932,45 € au 1.1.2003) dans les 6 mois précédant la date de début de grossesse ou du repos prénatal, soit justifier d'une durée de travail salarié ou assimilé d'au moins 200 heures dans les 3 mois civils ou 90 jours précédant la date de début de grossesse ou de repos maternel ;
- cesser toute activité professionnelle au moins pendant 8 semaines au cours de la période comprise entre 6 semaines avant la date présumée de l'accouchement et 10 semaines après celui-ci. Toute poursuite d'activité salariée ou non salariée fait obstacle au versement des indemnités journalières.

Avantages

Si vous avez perdu la qualité d'assurée sociale, sachez que vos droits aux prestations en espèces perdurent encore au moins pendant 12 mois, (voir page 88 le maintien de droit). Si, à la fin de la période de 12 mois, vous percevez des indemnités de repos, le versement de ces dernières ne sera pas interrompu.

En pratique

Les obligations de la femme enceinte

Durant toute votre grossesse et même après votre accouchement, vous devez vous soumettre à certaines obligations.

• **Formalités**

1 - Déclaration de grossesse

Une déclaration de grossesse doit être effectuée dans les 14 premières semaines de la grossesse auprès de votre caisse primaire d'assurance maladie (CPAM). Concrètement c'est le médecin, lorsque vous passerez le premier examen obligatoire avant la fin du troisième mois de grossesse, qui vous remettra l'imprimé à envoyer à la caisse. Un imprimé devra être également envoyé à la caisse d'allocations familiales du lieu de résidence habituelle de la famille.

2 - Le guide de surveillance médicale de la mère et du nourrisson

Un mois après votre déclaration, la caisse primaire vous adressera le guide de surveillance médicale de la mère et du nourrisson (qui remplace le carnet de maternité). C'est un calendrier personnalisé des examens et contrôles, qui vous suivra toute votre grossesse et sur lequel figurent la date présumée de l'accouchement telle que déterminée par le médecin ainsi que les examens à effectuer avant l'accouchement. La future mère reçoit également un jeu d'étiquettes personnalisées, à coller sur les feuilles de soins après chacun des examens visés ci-dessous.

▶

En pratique

- **Examens**

Vous devez vous soumettre, pour une grossesse évoluant jusqu'à son terme, à sept examens médicaux obligatoires auxquels s'ajoute un examen postnatal. Le premier examen prénatal a lieu avant la fin du 3e mois de grossesse. Les autres examens sont effectués tous les mois à compter du 1er jour du 4e mois jusqu'à l'accouchement.
L'examen postnatal doit être effectué dans les 8 semaines qui suivent l'accouchement.

À noter

Votre enfant devra subir neuf examens au cours de la 1re année, trois examens au cours de la 2e année, un examen tous les 6 mois au cours des 4 années suivantes.

- **Sanctions**

Si les examens médicaux de la mère ou de l'enfant ne sont pas passés dans les délais ou pas passés du tout, l'organisme débiteur des prestations familiales (CAF ou caisse de MSA) doit le signaler au médecin responsable du service départemental de protection maternelle et infantile (PMI).
Le service de la PMI doit alors prendre contact avec la future mère pour que celle-ci puisse fournir toutes justifications nécessaires. Le médecin se prononcera, ensuite, par un avis motivé. Après avoir recueilli cet avis, il appartient à l'organisme débiteur de prestations familiales soit d'estimer qu'aucune sanction n'est à appliquer, soit de décider d'une sanction et d'en informer le parent en lui précisant les voies de recours.
En l'absence de motifs légitimes, l'organisme débiteur réduit d'une somme égale à 16 % de la base mensuelle de calcul des allocations familiales (16 % de 347,68 € depuis le 1.1.2003, soit 55,63 €) pour la première mensualité d'allocations familiales ou d'allocation pour jeune enfant qui suit sa décision.

➤ La durée d'attribution

Les indemnités de repos sont accordées pour tout enfant né viable, même s'il n'est pas né vivant, c'est-à-dire pour tout enfant né à partir du 181e jour de grossesse. Elles sont dues pour toute la période du congé de maternité. Lorsque l'accouchement a lieu avant la date présumée, la période d'indemnisation n'est pas réduite pour autant : la partie du congé prénatal comprise entre la date réelle de l'accouchement et la date présumée est reportée sur le congé postnatal. Attention ! La cessation de l'activité professionnelle après le début du congé prénatal ne permet pas l'obtention d'une prolongation d'autant du repos postnatal légal.

Lorsque l'accouchement a lieu après la date présumée, les indemnités de repos sont versées pendant toute la durée du congé prénatal qui s'en trouvera allongée. La durée du congé postnatal et son indemnisation ne s'en trouvent pas modifiées.
Pendant le congé supplémentaire de 2 semaines pour grossesse pathologique, c'est l'indemnité de repos de l'assurance maternité qui est versée.

À noter
Si l'enfant décède, la mère ne perd pas son droit au solde du congé de maternité.

➤ Le montant de l'indemnité de repos

L'indemnité est calculée à partir de votre rémunération brute des 3 mois précédant l'arrêt de travail, pris dans la limite du plafond mensuel de la Sécurité sociale (2 432 € par mois en 2003) diminué de la CSG (mais pas de la CRDS) et de la part salariale des cotisations obligatoires. Sont visées les cotisations d'assurance maladie, maternité, invalidité, décès, d'assurance veuvage, d'assurance vieillesse, d'assurance chômage, ainsi que les cotisations versées au profit des régimes de retraite complémentaire (ARRCO/AGIRC).
Il suffit ensuite de diviser le chiffre obtenu par 90 pour obtenir le montant de l'indemnité journalière.
Le montant de l'indemnité journalière de repos ne peut, en toute hypothèse, être inférieur à un montant égal à 1/365e du montant minimal des pensions d'invalidité, soit 7,81 € par jour en 2003. Mais il ne peut être supérieur à 1/30 du plafond mensuel de Sécurité sociale, soit 81,07 € en 2003, diminué des cotisations obligatoires appliquées à la profession et de la CSG.

Attention
Les indemnités journalières versées pendant les congés de maternité ou d'adoption sont soumises à l'impôt et subissent, en plus, le prélèvement de la contribution sociale généralisée (CSG) et de la contribution au remboursement de la dette sociale (CRDS). Comme les indemnités journalières sont calculées à partir d'un salaire sur lequel a déjà été prélevées la CSG, l'assurée subit deux fois le même impôt !

➤ Revalorisation

En cas d'augmentation générale des salaires, l'indemnité journalière de repos est revalorisée selon les mêmes modalités que l'indemnité journalière d'assurance maladie (voir page 111). Mais il faut que votre arrêt de travail se prolonge au-delà de 3 mois ; ainsi, pour bénéficier d'une revalorisation, vous deviez être en arrêt maladie avant le congé de maternité.

Avantages
Aucune disposition légale ne prévoit le maintien, par l'employeur, de la rémunération pendant le congé de maternité. Mais de nombreuses conventions collectives garantissent à la salariée, le maintien de tout ou partie de son salaire, sous déduction des indemnités journalières de Sécurité sociale.

À noter

Si vous percevez des allocations de chômage au début de votre congé de maternité, vous conservez votre protection sociale liée à votre dernière activité. En remplissant les conditions nécessaires de durée d'activité ou de versement de cotisations, vous pourrez percevoir les indemnités de repos. Mais attention, les indemnités journalières de maternité ne peuvent se cumuler avec des indemnités de chômage ; le versement de ces dernières sera donc suspendu.

LE CONGÉ DE PATERNITÉ

Institué depuis le 1er janvier 2002, le congé de paternité permet aux pères d'interrompre leur activité pendant 11 jours à l'occasion de la naissance ou de l'adoption de leur enfant. Vous pouvez en bénéficier, que vous soyez salarié, agent de la fonction publique, travailleur indépendant, chômeur indemnisé ou stagiaire de la formation professionnelle (voir le « À noter » ci-dessous).

La durée du congé est au maximum de 11 jours pour une naissance simple et de 18 jours pour des jumeaux, triplés... Il devra être pris dans un délai de 4 mois après la naissance de l'enfant (en cas d'adoption : voir page 41). Pendant ce congé, le père reçoit de la Sécurité sociale la même indemnisation mensuelle que la mère en congé de maternité sous réserve d'en remplir les mêmes conditions d'ouverture de droit (voir page 25).

➤ Pour les salariés

L'indemnité est égale à 80,21 % du salaire brut pris dans la limite du plafond mensuel de la Sécurité sociale, soit 2 432 € par mois en 2003. Le montant maximal de l'indemnité est donc de 65,02 € par jour. Si votre salaire est supérieur au plafond de la Sécurité sociale, sachez que votre employeur n'est absolument pas tenu de compléter l'indemnité versée par la Sécurité sociale. Les partenaires sociaux peuvent naturellement négocier ce type d'avantage et le faire inclure dans un accord ou une convention collective.

Avantages

Les 3 jours prévus par le Code du travail auxquels avaient droit les salariés lors de la naissance de leur enfant ne sont pas remis en cause et s'ajoutent au nouveau congé de paternité. Rappelons que ces 3 jours sont rémunérés par l'employeur.

À noter

Si vous percevez une allocation de chômage, vous ne pourrez pas les cumuler sur une même période avec les indemnités versées par la Sécurité sociale au titre du congé de paternité. Ces dernières ne sont pas non plus cumulables avec l'allocation parentale d'éducation (voir page 55) ni avec l'allocation de présence parentale (voir page 127).

➤ Pour les travailleurs indépendants

L'indemnité forfaitaire versée à la mère pendant le congé de maternité est également versée au père pendant le congé de paternité pendant 11 jours consécutifs (ou 18 jours en cas de naissance multiple). Le congé doit débuter dans les 4 mois qui suivent la naissance ou l'arrivée de l'enfant au foyer (en cas d'adoption). Le parent doit déclarer sur l'honneur avoir cessé l'activité professionnelle pendant le temps de perception de l'indemnité forfaitaire. Une indemnité complémentaire est versée à la conjointe ou au conjoint collaborateurs qui se font effectivement remplacer par un salarié (voir page 36).

MATERNITÉ : VOS DÉPENSES DE SOINS

Tous les examens médicaux obligatoires liés à la grossesse sont pris en charge à 100 %... mais ce n'est pas tout car à partir de votre 6e mois de grossesse, toutes vos dépenses de soins le seront également !

LES CONDITIONS QUE VOUS DEVEZ REMPLIR

Vous bénéficierez d'une prise en charge de vos frais de soins liés à la maternité si :

- vous êtes personnellement assurée sociale et justifiez d'une durée de travail ou du versement d'un minimum de cotisations : ces conditions sont appréciées dans les mêmes conditions que pour l'attribution des prestations en nature de l'assurance maladie (voir page 89) ; en tout cas, sachez que cotiser sur un salaire égal à 60 fois la valeur du SMIC horaire ou travailler 60 heures au cours du mois civil précédent suffit pour vous ouvrir des droits ;
- vous êtes rattaché à un assuré social, votre mari, concubin ou la partenaire avec lequel vous avez signé un PACS ; vous avez alors le statut d'ayant droit ;
- vous êtes à charge de l'un de vos parents, assuré social.

Les autres ayants droit - les ascendants, descendants, collatéraux et alliés jusqu'au 3e degré qui vivent à la charge et sous le toit de l'assuré et se consacrent exclusivement aux travaux du ménage et à l'éducation d'au moins 2 enfants de moins de 14 ans - ne peuvent bénéficier des prestations en nature de l'assurance maternité.

Avantages

L'assurée, qui occupe un travail saisonnier ou discontinu et ne remplit pas les conditions de durée de travail, peut obtenir le bénéfice des prestations d'assurance maternité à condition :

- ***d'avoir occupé un travail salarié ou assimilé pendant au moins 800 heures au cours des 12 mois précédant la date présumée de la conception ;***
- ***ou d'avoir cotisé sur un salaire égal à 2 080 fois la valeur du SMIC au 1er janvier qui précède immédiatement le début de cette période.***

VOS FRAIS DE SOINS

Tous les examens prénataux obligatoires de la grossesse sont pris en charge à 100 %. Par ailleurs, à partir du début du 6e mois de grossesse et jusqu'à votre accouchement, tous vos frais médicaux sont remboursés totalement sur la base du tarif de la Sécurité sociale (voir page 94) à une exception près : les médicaments à vignette bleue (dits de confort). Ils ne sont pris en charge qu'à hauteur de 35 % même si leur prescription est liée à votre grossesse.

En ce qui concerne les échographies, sachez qu'elles ne font pas partie des examens obligatoires. En général, 3 sont réalisées : la première vers la 8e semaine, la deuxième vers la 20e semaine et la troisième au cours du 3e trimestre. Ainsi, celles pratiquées avant le 6e mois sont prises en charge à 70 % si elles sont effectuées par un radiologue libéral et à 80 % si vous les faites réaliser à l'hôpital. Au cours des 4 derniers mois, elles sont prises en charge à 100 %.

Sont également pris en charge à 100 % les investigations en vue du diagnostic de la stérilité et de son traitement (par exemple, au moyen de l'insémination artificielle) et certains actes de biologie médicale. Sont ainsi visés le diagnostic du sexe pour les maladies liées au sexe, le caryotype fœtal en vue du diagnostic prénatal d'anomalies chromosomiques. Pour ce dernier examen, la femme doit être âgée d'au moins 38 ans à la date du prélèvement ou quel que soit son âge si un examen spécial a révélé un risque élevé de trisomie 21.

Enfin, vous avez droit à 8 séances de préparation à l'accouchement couvertes à 100 %.

Attention

Ne vous y trompez pas ! La prise en charge à 100 % s'applique sur une base de remboursement fixée par la Sécurité sociale. Or, votre dépense réelle peut être plus élevée. En effet, un médecin dit de secteur 2 (voir page 98) est tout à fait en droit de vous facturer des honoraires supérieurs aux tarifs de remboursement de la Sécurité sociale. En revanche, un médecin conventionné secteur 1 ne peut le faire. À l'hôpital, vous rencontrez les mêmes différences. Si vous choisissez les consultations publiques, l'intégralité des honoraires sera prise en charge. Si vous consultez le praticien dans le cadre de son secteur privé, celui-ci établira une feuille de soins et pourra pratiquer, s'il a opté pour le secteur 2, des dépassements d'honoraires lesquels peuvent être couverts par vos assurances complémentaires.

VOS FRAIS D'ACCOUCHEMENT

Il convient de distinguer selon que l'accouchement a lieu à l'hôpital public, dans une clinique privée ou encore à domicile.

➤ Accouchement à l'hôpital

Pendant une durée maximale de 12 jours à compter de l'accouchement, les frais de séjour et d'accouchement sont remboursés à 100 % à l'exception des dépenses personnelles (téléphone, TV...). Vous n'avez même pas à faire l'avance des frais de séjour. Ces derniers sont directement réglés par la caisse. Cependant, si vous choisissez d'être suivie par un obstétricien dans le cadre de son secteur privé, le praticien peut vous facturer des dépassements d'honoraires (tout dépend de son option conventionnelle : voir page 98) qui resteront à votre charge ou seront couverts, le cas échéant, par votre mutuelle. Vous ne pourrez pas bénéficier, en principe, du tiers payant en ce qui concerne ces honoraires ; vous devrez avancer l'argent et vous serez ensuite remboursé par la caisse.

➤ Accouchement dans une clinique

Dans une clinique conventionnée, établissement privé à but lucratif qui participe au service public hospitalier, les frais de séjour sont remboursés à 100 % comme à l'hôpital public. En revanche, les honoraires des médecins seront en tout ou partie remboursés en fonction du statut du praticien vis-à-vis de la convention (voir page 98). S'il pratique des dépassements d'honoraires, ils resteront à votre charge, mais seront éventuellement couverts par votre mutuelle. Vous n'aurez pas, en principe, à faire l'avance des frais sauf parfois à payer les honoraires des médecins.
Dans les cliniques agréées non conventionnées, peu nombreuses aujourd'hui, vous serez remboursée de vos frais de séjour à partir du tarif d'autorité. Aussi ne toucherez-vous qu'une somme modique par rapport à la dépense réelle. En matière d'honoraires de médecin, le remboursement dépend une fois encore de la position du praticien vis-à-vis de la convention (voir page 98).

➤ Accouchement à domicile

Vous bénéficiez d'un remboursement forfaitaire identique à celui prévu en cas d'accouchement en établissement, soit 152,45 € pour un accouchement simple et 167 € pour un accouchement gémellaire fait par une sage-femme. S'y ajoute un forfait pharmaceutique.

LES FRAIS POSTNATAUX

Sont remboursés à 100 % :
- l'examen postnatal effectué par un médecin dans les 8 semaines qui suivent l'accouchement ;
- les séances de rééducation abdominale après l'accouchement (10 séances au maximum) sous réserve de l'accord préalable du médecin-conseil de la caisse primaire ;
- les examens obligatoires de surveillance du nourrisson et de l'enfant jusqu'à l'âge de 6 ans.

Sont intégralement pris en charge les frais liés à une éventuelle hospitalisation du nouveau-né durant les 30 premiers jours qui suivent la naissance.

En pratique

Les frais de transport

Ils ne sont remboursables que si le transport sanitaire résulte d'une prescription médicale. Lorsque ces frais sont engagés par la femme enceinte pour se rendre depuis son domicile jusqu'à la maternité pour son accouchement, la prescription sera effectuée a posteriori. Le remboursement s'opère sur la base du mode de transport le moins onéreux compatible avec l'état de la bénéficiaire.

En pratique

Si vous exercez une profession indépendante

Que vous soyez artisan, commerçante ou membre d'une profession libérale, vous avez droit à une allocation forfaitaire de repos maternel et à des indemnités journalières et bien sur à des prestations en nature.

- **Les prestations en nature**

Les examens prénataux et post-nataux obligatoires sont pris en charge à 100 % du tarif de responsabilité de la Sécurité sociale. Il en est de même pour tous les examens et soins pratiqués pendant les 4 derniers mois de grossesse et de l'hospitalisation dans le cadre de l'accouchement. Pour tous les autres actes, c'est le taux de prise en charge en vigueur pour la maladie qui est appliqué.

- **Les prestations en espèces**

1/ L'allocation forfaitaire de repos maternel

Elle a pour objet de compenser partiellement la diminution d'activité liée à la maternité ou à l'arrivée au foyer d'un enfant. Son montant est égal au plafond mensuel de la Sécurité sociale, soit 2 432 € en 2003. Elle est versée pour moitié à la fin du 7e mois de grossesse et pour moitié après l'accouchement. En cas d'adoption, son montant est réduit de moitié et versé à la date de l'arrivée de l'enfant de la famille.

2/ Les indemnités journalières sont versées sous réserve de deux conditions :

– vous devez cesser toute activité professionnelle pendant au moins 30 jours consécutifs, compris dans la période commençant 30 jours avant la date présumée de l'accouchement et se terminant 30 jours après l'accouchement. Ainsi, par exemple, si la date présumée d'accouchement est fixée le 30 juin et que l'accouchement a lieu le 14 juillet, les 30 jours doivent être pris entre le 1er juin et le 13 août ; si l'accouchement a lieu le 15 juin, les 30 jours doivent être pris entre le 1er juin et le 15 juillet ;

– l'arrêt de travail doit faire l'objet d'un certificat médical attestant de sa durée.

Important ! La période d'indemnisation de 30 jours peut être prolongée, à la demande de l'assurée, par une ou deux périodes de 15 jours consécutifs. Il n'est pas exigé que ces arrêts supplémentaires de 15 jours fassent immédiatement suite à un arrêt de 30 jours, mais ils devront être pris à des dates proches du premier arrêt de 30 jours.

Le montant de l'indemnité journalières est égale à 1/60 du plafond mensuel de la Sécurité sociale, soit 40,53 € en 2003. Les deux périodes de 15 jours supplémentaires sont indemnisées sur la base d'un quart du plafond journalier, soit 20,27 € en 2003.

Pendant le congé de paternité de 11 jours consécutifs (ou 18 jours en cas de naissance multiple), le père exerçant une profession non salariée reçoit une indemnité journalière forfaitaire.

▶

En pratique

Si vous êtes conjointe collaboratrice

Vous percevrez l'allocation de repos maternel comme les femmes assurées à titre personnel (voir ci-dessus).
Si, par ailleurs, vous faites appel à du personnel salarié pour vous faire remplacer dans vos travaux professionnels ou ménagers, l'allocation de repos est complétée par l'indemnité de remplacement. Son montant est proportionnel à la durée et au coût du remplacement.
Pour la percevoir, vous devez interrompre votre activité indépendante au moins pendant une semaine : ces 7 jours doivent se situer dans la période commençant 6 semaines avant la date présumée de l'accouchement et se terminant 10 semaines après (15 semaines en cas de naissance multiple).
Égale au coût réel de remplacement, elle ne peut excéder, depuis le 1er juillet 2002, 1 157 € dans le cas général (578,96 € en cas d'adoption, 1 735,68 € en cas de grossesse pathologique ou 2 314,24 € en cas de naissance multiple).
Elle est versée pour un remplacement égal tout au plus :
- à 14 jours en cas d'adoption ;
- à 28 jours en cas de naissance ;
- à 42 jours en cas de grossesse pathologique,
- à 56 jours en cas de naissance multiple.

Cette allocation est versée pour les pères pendant 11 jours au maximum, cette période devant débuter dans les 4 mois suivant la naissance ou l'arrivée de l'enfant (voir page 31).

Si vous êtes agricultrice

Pendant la période de maternité vous pouvez vous faire remplacer et recevoir, pour compenser vos frais, une allocation dite de remplacement.

• **Conditions à remplir**
Vous devez :
- avoir participé de manière constante aux travaux de l'exploitation ;
- cesser l'activité agricole pendant au moins une semaine comprise dans une période commençant 6 semaines avant la date prévue de l'accouchement et se terminant 10 semaines après celui-ci. Cette limite de 10 semaines est portée à 12 semaines en cas de naissances multiples ou par césarienne et à 14 semaines en cas de naissances multiples par césarienne. Cette période peut être scindée en 2, mais l'une des périodes doit faire au moins 7 jours ;
- être effectivement remplacée, pour les mêmes travaux, par une personne envoyée par un service de remplacement agréé par la caisse de MSA. Toutefois, si le recours à un tel service est impossible, il est possible d'engager un salarié.

▶

En pratique

Attention : si vous exercez, de plus, une activité salariée à titre principal, elle ne doit pas dépasser 60 % de la durée légale du travail pendant les 12 mois précédant la grossesse. En cas de dépassement de cette limite, vous ne pouvez prétendre au bénéfice de l'allocation.

- **Durée de versement**

Dans le cas d'un accouchement, l'agricultrice peut bénéficier de l'allocation pendant 16 semaines au maximum. En cas d'état pathologique résultant de la grossesse, la durée maximale augmente de 2 semaines. Ces deux semaines peuvent être prises avant ou après l'accouchement. Deux semaines supplémentaires sont accordées en cas de naissances multiples ou de césariennes. Elles doivent être prises après l'accouchement. En cas d'adoption, la durée maximale d'attribution de la prestation est de 8 semaines.

- **Le montant**

En cas d'embauche directe d'un salarié, l'allocation ne peut excéder le salaire conventionnel (par référence à la convention collective) correspondant à la qualification mentionnée dans le contrat de travail. En cas de recours à un service de remplacement conventionné, l'allocation est limitée à un prix de journée lequel est défini au niveau de chaque département.

À noter

L'imprimé de demande, fourni par l'organisme assureur doit être retourné 20 jours au moins avant la date prévue pour la cessation d'activité.

L'ALLOCATION POUR JEUNE ENFANT

L'arrivée d'un enfant dans la famille engendre des frais : du matériel aux vêtements nécessaires au nouveau-né en passant par l'aménagement de sa chambre ou même le réaménagement de la maison, la note peut atteindre des sommes coquettes. Pour répondre à cette situation, les caisses d'allocations familiales attribuent l'allocation pour jeune enfant (APJE) dont le montant mensuel maximum est de 158,97 € au 1er janvier 2003.

Il existe, en réalité, une allocation pour jeune enfant dite courte versée du 4e mois de grossesse au 3e mois de l'enfant, et une APJE dite longue versée du 4e mois de l'enfant à ses 3 ans. Toutes deux sont soumises à condition de ressources. Ainsi, si vous attendez un bébé et que vos revenus sont modestes, l'allocation pour jeune enfant vous sera versée du 4e mois de votre grossesse jusqu'aux 3 ans de votre enfant, au plus tard.

LES CONDITIONS À REMPLIR

Vous devez déclarer la grossesse avant la fin de la 14e semaine (voir page 27) et vous soumettre à tous les examens obligatoires. Après la naissance, le droit à l'APJE est subordonné à l'établissement de 3 certificats de santé de l'enfant : le premier établi dans les 8 jours de la naissance, le deuxième au cours des 9e ou 10e mois et le troisième au cours des 24 ou 25e mois de l'enfant. En outre, vos revenus ne doivent pas dépasser des montants « plafonds » qui varient selon le nombre d'enfants que vous avez à charge. Ce plafond est majoré lorsque chaque membre du couple dispose d'un revenu professionnel ou lorsque la charge du ou des enfants est assumée par une seule personne. Les montants des plafonds donnés dans le tableau ci-contre correspondent aux revenus nets catégoriels. Il s'agit à peu de chose prés de vos revenus nets imposables (pour plus de précisions : voir page 11).

Plafond de ressources applicables du 1.7.2002 au 30.6.2003 Revenus de 2001		
Nombre d'enfants	**Ménage ayant un revenu**	**Personne seule ou ménage ayant deux revenus**
1 enfant	17 318 €	22 886 €
2 enfants	20 782 €	26 350 €
3 enfants	24 938 €	30 506 €
4 enfants	29 094 €	34 662 €
Par enfant en plus	4 156 €	4 156 €

Le droit à l'APJE est examiné pour une période de 12 mois débutant au 1er juillet de chaque année en fonction de la situation de la famille à cette date. En cas de modification de la situation de famille au cours d'une période de paiement, le droit à l'allocation pour jeune enfant est réexaminé : s'il y a diminution du nombre d'enfants à charge, au 1er jour du mois civil au cours duquel est intervenue la modification ; s'il y a augmentation du nombre d'enfants à charge au 1er jour du mois civil suivant la modification.

LE MONTANT

Le montant net de l'APJE est de 158,97 € par mois depuis le 1er janvier 2003 (45,95 % de la base mensuelle de calcul des allocations familiales). Il n'est versé qu'une seule allocation par famille sauf en cas de naissances multiples.
Ainsi, si vous attendez des jumeaux ou des triplés, vous ne recevrez qu'une APJE le temps de votre grossesse. En revanche, dès la naissance la CAF vous versera un rappel des sommes dues et non versées pendant votre grossesse (ce rappel doit être effectué même si l'enfant ne naît pas viable ou s'il est mort-né). Vous recevrez ensuite autant d'APJE que d'enfants nés et jusqu'à leurs 3 ans si vous remplissez toujours les conditions.
Si vos revenus dépassent de peu le plafond de ressources, vous pouvez recevoir une APJE réduite, appelée allocation différentielle. Pour cela, il faut que vos ressources annuelles dépassent les plafonds de ressource indiqués ci-dessus d'une somme inférieure à 12 fois le montant mensuel de l'allocation pour jeune enfant, en vigueur au 1er juillet de l'année de référence. Pour calculer le montant de l'APJE à taux réduit, de ce plafond majoré déduisez vos revenus ; vous obtiendrez le montant de l'allocation.

Exemple

Un ménage avec 2 enfants à charge de plus de 3 mois a droit à l'allocation pour jeune enfant ; les deux conjoints travaillent et ont perçu en 2001 des ressources nettes d'un montant de 26 500 €. Les ressources excèdent le plafond applicable à cette catégorie de ménage (soit 26 350 €), mais il est inférieur au montant des ressources maximales permettant l'attribution d'une allocation différentielle, soit : 26 350 + (153,05 x 12) = 28 186,60 € (153,05 € étant le montant mensuel de l'allocation pour jeune enfant au 1.7.2001).
Le montant mensuel de l'allocation différentielle est égal à :
(28 186,60 – 26 500) : 12 = 140,55 €.

En cas de naissance multiple, une allocation différentielle est versée aux ménages ou aux personnes dont les ressources annuelles de l'année de référence dépassent les plafonds indiqués ci-dessus d'une somme inférieure à 12 fois le montant mensuel de l'APJE en vigueur au 1er juillet de l'année de référence, multiplié par le nombre d'enfants nés.

Exemple

Reprenons le même exemple, mais cette fois-ci avec la naissance de jumeaux. Le plafond majoré est de : 26 350 + (153,05 x 24) = 30 023,20 €. La différence avec le revenu passe alors à 3 523,20 €, soit une allocation mensuelle de 293,60 d'APJE et de 146,80 € pour chacun des enfants.

LA DURÉE DE VERSEMENT

Votre droit à l'APJE courte est ouvert à compter du premier jour du mois civil suivant le 3e mois de grossesse jusqu'au dernier jour du mois civil au cours duquel l'enfant atteint l'âge de 3 mois. Le point de départ se calcule en fonction de la date présumée du début de la grossesse telle qu'elle est établie par le médecin lors du premier examen.
Pour une date présumée de conception le 15 janvier, le droit à l'APJE s'ouvrira le 1er mai suivant.
L'APJE longue est attribuée, toujours sous condition de ressources, jusqu'au dernier jour du mois civil précédant celui au cours duquel l'enfant ou le plus jeune des enfants à charge atteint l'âge de 3 ans. Mais l'allocation pour jeune enfant versée au-delà des 3 mois de l'enfant n'est attribuée qu'une seule fois par famille, quel que soit le nombre d'enfants âgés de 3 mois à 3 ans, sauf dans l'hypothèse de naissances multiples.
En effet, vous pouvez cumuler une APJE courte avec une APJE longue, mais ne pouvez en revanche percevoir deux APJE longues pour deux enfants qui ne sont pas jumeaux.

Exemple

M. a à charge un enfant de 18 mois qui lui donne droit à l'APJE. Si une nouvelle grossesse survient, M. pourra recevoir une APJE courte jusqu'au trois mois de l'enfant. Au-delà, elle ne recevra qu'une fois l'APJE jusqu'à ce que son dernier enfant atteigne ses 3 ans, si les conditions de ressources sont toujours remplies.

À noter

En cas de fausse couche ou de décès de l'enfant, le droit à l'APJE s'éteint au premier jour du mois civil suivant celui au cours duquel la fausse couche ou le décès est intervenu.

LE CUMUL AVEC D'AUTRES PRESTATIONS

L'APJE n'est cumulable ni avec le complément familial (voir page 46) ni avec l'allocation parentale d'éducation (voir page 55). Quand le droit à l'une ou l'autre de ces deux prestations est ouvert, le versement de l'APJE s'arrête. Mais attention, les règles sont un peu différentes en cas de nouvelle grossesse. Ainsi, une femme qui perçoit le complément familial et qui est à nouveau enceinte peut percevoir également l'APJE à partir de son 5e mois de grossesse, et ce jusqu'à l'accouchement. Ensuite, l'APJE sera la seule prestation versée jusqu'au 3 ans du plus jeune enfant si la condition de ressources est toujours remplie. De même, une femme qui perçoit l'allocation parentale d'éducation et qui est à nouveau enceinte va, si elle remplit les conditions de ressources, percevoir l'APJE à partir de son 5e mois de grossesse, et ce jusqu'à l'accouchement. Ensuite, l'une ou l'autre des prestations sera versée selon la situation de l'allocataire. L'APE est prioritaire sur l'APJE (sauf en cas de naissance multiple, l'APJE est versée en priorité lorsque son montant est supérieur à celui de l'APE).

En bref

En cas d'adoption

• Le congé d'adoption

Le droit au congé d'adoption est ouvert à la personne salariée qui adopte ou recueille un enfant en vue de son adoption par décision de l'autorité compétente à condition qu'elle respecte la procédure légale. La durée du congé d'adoption est égale à celle du congé postnatal. Ainsi cette durée sera, en cas d'adoption unique, de 10 semaines (ou 18 semaines si le ménage assume déjà la charge de deux enfants ou plus) et, en cas d'adoption multiple, de 22 semaines. Le congé d'adoption peut être pris par la mère ou le père et même partagé en deux parties entre le père et la mère. Le congé des deux parents peut même être simultané. La durée minimale d'un congé est de 11 jours. Lorsque le congé est partagé entre le père et la mère, sa durée est prolongée des 11 jours du congé de paternité (18 jours en cas d'adoption multiple). Cette règle s'applique aux pères adoptants salariés. Pour les pères relevant d'un autre régime de protection sociale (profession libérale, fonctionnaire...), le congé de paternité doit être pris dans les 4 mois qui suivent l'arrivée au foyer de l'enfant. Enfin, pour laisser aux parents le temps de préparer la venue de l'enfant au foyer, le début du congé peut être fixé dans la semaine précédant cette arrivée.

• Les revenus pendant le congé

Les indemnités journalières sont dues pendant la durée du congé d'adoption à condition que vous cessiez tout travail salarié pendant la période d'indemnisation. Tout se passe comme dans le cadre de la maternité.
L'employeur versera, si la convention collective le prévoit, un complément aux indemnités journalières de maternité.

• L'allocation d'adoption

Les conditions d'octroi et notamment le plafond de ressources ainsi que le montant de l'allocation d'adoption sont les mêmes que ceux de l'APJE. Il existe néanmoins des caractéristiques propres. Ainsi, l'allocation d'adoption peut être versée quel que soit l'âge de l'enfant adopté dès lors qu'il a moins de 20 ans. L'allocation est versée mensuellement pendant 21 mois à compter de l'arrivée de l'enfant au foyer. Lorsque l'enfant est âgé de plus de 2 ans et de moins de 16 ans, l'allocation est attribuée pendant une durée d'un an.

En pratique

Affiliation à l'assurance vieillesse

La personne isolée et, pour un couple, l'un ou l'autre de ses membres n'exerçant pas d'activité professionnelle, qui bénéficie de l'allocation pour jeune enfant, est affiliée obligatoirement à l'assurance vieillesse du régime général, sous réserve que ses ressources (ou celles du ménage) soient inférieures au plafond de ressources retenu pour l'attribution de l'allocation de rentrée scolaire (voir page 48). Les cotisations sont prises en charge par la caisse d'allocations familiales. Est toutefois exclu du bénéfice de ces dispositions le conjoint ou concubin, signataire ou non, d'un PACS, dont les revenus propres, provenant de l'exercice d'une activité professionnelle pendant l'année civile de référence, excèdent douze fois la base mensuelle de calcul des allocations familiales en vigueur au 1er juillet de ladite année.

ÉLEVER SES ENFANTS

Les enfants coûtent chers : pour les petits, les frais de garde pèsent lourd dans le budget ; en grandissant, c'est la scolarité et surtout les études supérieures qui font flamber les dépenses de la famille. Aussi différentes prestations viennent-elles à point nommé pour couvrir ces dépenses.

Pour trouver le thème qui vous intéresse, consultez la table des matières en début de volume ou l'index alphabétique en fin de volume.

LES COUPS DE POUCE FINANCIERS

Sachez que la plupart des prestations sont accordées sous condition de ressources.

À PARTIR DE DEUX ENFANTS : LES ALLOCATIONS FAMILIALES

Vous percevez les allocations familiales si vous avez au moins 2 enfants à charge. Vous donnent ce droit le jeune de moins de 16 ans et celui de moins de 20 ans qui ne travaillent pas ou peu (sur la notion d'enfant à charge, voir page 12). Peu importe le montant de vos revenus.

➤ Montant

Plus on a d'enfants, plus le montant des allocations familiales s'élève avec un bond significatif à partir du troisième. L'âge des enfants compte également puisqu'il existe des majorations pour ceux qui atteignent leurs 11 ou 16 ans.

Ce petit coup de pouce est le bienvenu à un moment où les familles doivent faire face à un surcroît de dépenses. Mais son attribution est loin d'être simple. Il faut savoir, en effet, qu'aucune majoration n'est due pour l'aîné d'une famille de deux enfants ou pour l'enfant à charge le plus âgé lorsqu'il ne reste que deux enfants à charge.

Par ailleurs, les allocations familiales cessent d'être versées lorsque les enfants atteignent leur 20e anniversaire. La suppression de cette prestation peut entraîner des difficultés financières surtout pour les familles modestes, les enfants restant, souvent, à charge de leurs parents bien après 20 ans. Afin de corriger les effets de l'arrêt du versement des allocations familiales, il a été institué une nouvelle allocation forfaitaire (voir ci-dessous).

Exemples

- *Mme S. a deux filles : Aline, 16 ans et Manon, 9 ans. Mme S. n'a droit à aucune majoration. Mais quand Manon atteindra 11 ans, elle percevra la majoration pour cette dernière.*
- *Mme T. a trois enfants : Julie, 16 ans, Léa, 11 ans et Paul, 7 ans ; elle se retrouve dans la situation suivante : elle a droit pour Julie et Léa aux majorations pour âge. Quand Julie atteindra ses 20 ans, elle ne sera plus considérée comme enfant à charge et la famille ne comptera plus que deux enfants à charge. Aussi, Mme T. va-t-elle perdre, quand Julie atteindra ses 20 ans, non seulement la majoration pour âge à laquelle cette dernière lui donnait droit, mais également celle de Léa. Mais à partir du 1er juillet 2003, Mme T. pourra prétendre à la nouvelle allocation forfaitaire (voir ci-dessous). En revanche, quand Paul aura 11 ans, une majoration pour âge sera servie.*

Montant des allocations familiales au 1er janvier 2003		
Composition de la famille	**Base de calcul (1)**	**Montant mensuel en euros**
Pour deux enfants	32 %	110,71 €
Pour trois enfants	73 %	252,55 €
Par enfant supplémentaire	41 %	141,84 €
Majorations pour âge : - Par enfant de plus de 11 ans - Par enfant de plus de 16 ans	 9 % 16 %	 31,14 € 55,36 €
(1) en pourcentage de la base mensuelle des allocations familiales.		

➤ Cumul avec d'autres prestations

À partir du moment où vous remplissez les conditions d'attribution, les autres prestations familiales peuvent être cumulées avec les allocations familiales.

➤ Demande

Vous n'avez, en principe, pas à faire de demande particulière. La CAF verse automatiquement les allocations si, naturellement, vous lui avez signalé la naissance ou l'arrivée d'un deuxième enfant.

Bon à savoir

Avec de grands enfants : la nouvelle allocation forfaitaire

Créée par la loi de financement de la sécurité sociale pour 2003, l'allocation forfaitaire concerne 143 700 familles. Pour sa mise en application, des décrets sont attendus. Sachez cependant qu'elle est destinée aux familles assumant la charge d'un nombre minimal d'enfants (vraisemblablement 3) lorsque l'aîné (ou les aînés en cas de naissances multiples) atteint un âge limite qui devrait être fixé à 20 ans. Versée pendant un an, son montant mensuel devrait être de 70 € par enfant.
L'allocation forfaitaire entrera en vigueur à compter du 1er juillet 2003 pour les enfants qui atteindront leur 20e année à partir de cette date.

AVEC TROIS ENFANTS : LE COMPLÉMENT FAMILIAL

Versé sous condition de ressources, le complément familial vient prendre le relais de l'APJE dans les familles qui ont au moins trois enfants à charge de plus de 3 ans. Le montant des ressources à ne pas dépasser est le même que celui fixé pour l'attribution de l'allocation pour jeune enfant (voir page 38).

➤ Le montant

Le montant mensuel net du complément familial est de 144,09 € par mois au 1er janvier 2003 (soit 41,65 % de la base mensuelle de calcul des allocations familiales).

Quel que soit le nombre d'enfants à charge, il n'est versé qu'un complément familial.
Les ménages et personnes qui remplissent les conditions prévues pour l'attribution du complément familial, mais dont les ressources excèdent de peu le plafond, peuvent percevoir un complément différentiel. Il est égal, à la différence entre, d'une part, le plafond annuel de ressources majoré d'un montant égal à 12 fois le montant du complément familial en vigueur au 1er juillet de l'année de référence et, d'autre part, le montant des ressources. Le chiffre obtenu est divisé par 12 pour obtenir un montant mensuel.

Exemple :

Un ménage avec trois enfants de plus de 3 ans a disposé en 2001 d'un revenu de 31 000 €. Les deux époux travaillent. Ce montant excède le plafond prévu pour cette catégorie de ménage qui est de 30 506 €, mais il est inférieur au montant des ressources maximales permettant l'attribution d'une allocation différentielle, soit : 30 506 + (138,79 x 12) = 32 171,48 €, 138,79 € étant le montant du complément familial en vigueur au 1er juillet 2001).
Ce ménage peut donc recevoir un complément familial égal à :
32 171,48 – 31 000 = 1 171,48 €, soit 97,62 € par mois.

➤ Durée de versement

Le complément sera versé tant qu'il y aura au moins trois enfants de plus de 3 ans à charge.

➤ Cumul avec d'autres prestations

Le complément familial ne peut se cumuler avec l'allocation pour jeune enfant, sauf pendant la période d'une nouvelle grossesse (à la naissance de l'enfant, seule l'APJE continue d'être versée). Il ne peut pas non plus se cumuler avec l'allocation parentale d'éducation. En revanche, il ne fait pas obstacle au versement des autres prestations familiales (allocations familiales, allocation de rentrée scolaire).

➤ Demande

Si vous avez régulièrement envoyé votre déclaration de ressources à votre caisse d'allocations familiales et la déclaration de situation de vos enfants s'ils ont plus de 16 ans, vous n'avez pas de souci à vous faire, votre droit au complément familial sera automatiquement examiné.

Avantages

• *La personne isolée bénéficiaire du complément familial (ou, pour un couple, l'un ou l'autre de ses membres n'exerçant pas d'activité professionnelle), est affiliée obligatoirement à l'assurance vieillesse sous réserve que ses ressources soient inférieures au plafond de ressources retenu pour l'allocation de rentrée scolaire (voir page 50). Les cotisations sont prises en charge par le régime des prestations familiales.*

• *Depuis le 1er janvier 2000, les jeunes sont considérés comme à charge jusqu'à leur 21e anniversaire pour l'attribution du complément familial.*

POUR LA RENTRÉE SCOLAIRE

L'allocation de rentrée scolaire est destinée à contribuer aux charges d'habillement ou d'équipement supportées par les parents au moment de la rentrée scolaire pour leurs enfants de 6 à 18 ans.

➤ Conditions à remplir

Pour pouvoir bénéficier de cette allocation, il faut remplir les conditions suivantes :
- avoir un enfant de 6 ans au moins et de 18 ans au plus inscrit dans un établissement scolaire ou sous contrat d'apprentissage ; dans ce dernier cas, les revenus mensuels ne doivent pas dépasser 55 % du SMIC mensuel brut (soit 634,85 € par mois depuis le 1.1.2003). Pour apprécier la condition d'âge, sachez que l'enfant doit avoir 6 ans avant le 1er février de l'année suivant la rentrée scolaire et ne pas atteindre ses 18 ans avant le 15 septembre de l'année en cours ;
- justifier pour l'année civile précédant celle de la rentrée scolaire de ressources inférieures à un plafond. Pour la rentrée 2003, les chiffres ne sont pas connus, mais pour vous donner une idée sachez que, pour la rentrée 2002, les ressources de 2001 ne devaient pas dépasser 16 140 € avec un enfant, somme majorée de 3 725 € par enfant à charge au-delà du premier. Le plafond est revalorisé chaque année au 1er juillet conformément à l'évolution en moyenne annuelle des prix à la consommation hors tabac de l'année civile précédente. Pour les conditions d'appréciation des ressources : voir page 12.

Si la famille perçoit des ressources légèrement plus élevées que le plafond de ressources, elle peut prétendre à une allocation de rentrée scolaire à taux réduit, dégressive en fonction des revenus. Pour un enfant, à la rentrée scolaire 2002, l'allocation différentielle a pu être versée aux familles dont les ressources étaient comprises entre 16 140 et 16 390,32 €.

➤ Montant de l'allocation

Le montant de l'allocation de rentrée scolaire a été revu par la loi de financement de la Sécurité sociale pour 2002. Il est désormais fixé à 73,22 % de la base de calcul des allocations familiales. Aussi son montant sera de 254,57 € pour la rentrée scolaire 2003. L'allocation est versée en une seule fois au moment de la rentrée scolaire.
Les bénéficiaires peuvent, par ailleurs, obtenir sous certaines conditions, une bourse de collège (voir page 71).

POUR ALLÉGER LES FRAIS DE GARDE

Pour les familles qui ont un ou plusieurs enfants de moins de 6 ans à faire garder, se pose la question du choix du mode de garde et bien sûr de son coût. Des aides des caisses d'allocations familiales mais également des réductions d'impôt viennent réduire les frais.

L'AIDE À LA FAMILLE POUR L'EMPLOI D'UNE ASSISTANTE MATERNELLE AGRÉÉE (AFEAMA)

Une aide est attribuée aux parents qui confient leur enfant âgé de moins de 6 ans à une assistante maternelle agréée par la Direction de l'action sociale de l'enfance et de la santé.

Cette aide, dénommée « Aide à la famille pour l'emploi d'une assistante maternelle agréée » (AFEAMA), consiste en une exonération des charges salariales et patronales dues pour l'emploi de l'assistante maternelle. Les cotisations sont versées directement à l'URSSAF par les caisses d'allocations familiales (ou les caisses de Mutualité sociale agricole si vous dépendez du régime agricole). Vous recevrez, en outre, une allocation trimestrielle dont le montant dépend de l'âge de l'enfant gardé et varie, depuis le 1er janvier 2001, en fonction du revenu net imposable. Ce nouveau dispositif réduit l'inégalité de l'effort financier des familles qu'elles recourent à une assistance maternelle ou à une crèche. Ni l'aide proprement dite ni sa majoration ne sont imposables.

➤ Conditions d'attribution

Pour pouvoir bénéficier de l'aide et de sa majoration, plusieurs conditions doivent être remplies :

- l'assistante maternelle doit être agréée et déclarée auprès de l'URSSAF ; elle doit de surcroît être indépendante. L'AFEAMA ne peut être versée à une assistante maternelle travaillant dans une crèche familiale ;
- l'enfant confié à l'assistante maternelle doit être âgé de moins de 6 ans ;
- la rémunération versée à l'assistante maternelle ne doit pas excéder, par enfant et par jour de garde, 5 fois la valeur horaire du SMIC en vigueur à la date de l'emploi (soit 34,15 € depuis le 1.1.2002). Si la rémunération de l'assistante maternelle excède ce plafond, l'aide n'est pas attribuée.

À noter

Les parents versent à l'assistante maternelle, en plus de la rémunération, une indemnité d'entretien destinée à couvrir les différents frais engagés par la nourrice. C'est à vous et à la salariée d'en évaluer le montant. Sachez cependant qu'elle correspond souvent à une heure de SMIC par jour. Elle n'est pas due lorsque l'enfant est absent.

➤ Montant de l'aide

Le montant de l'aide est égal aux cotisations patronales et salariales de Sécurité sociale, de retraite complémentaire (IRCEM) et d'assurance chômage, ainsi qu'à la contribution sociale généralisée. Ce montant est versé directement à l'URSSAF ; vous n'avez donc pas, en principe, à faire l'avance des cotisations. Simultanément les caisses versent une prime dont le montant mensuel varie en fonction des revenus nets imposables de la famille et l'âge de l'enfant. La majoration est modulée selon que les revenus sont inférieurs ou égaux à 80 % du plafond de ressources à respecter pour avoir droit à l'allocation de rentrée scolaire (voir page 48), compris entre 80 et 110 % de ce même plafond ou supérieurs à 110 %.
Ainsi, pour un enfant de moins de 3 ans, la majoration (après prélèvement de la CRDS) de l'AFEAMA est égale à :
- 203,17 € si les revenus nets imposables sont inférieurs ou égaux à 80 % du plafond de ressources applicable pour l'attribution de l'allocation de rentrée scolaire (ARS) ;
- 160,66 € si les revenus nets imposables sont compris entre 80 et 110 % du plafond de ressources applicable pour l'attribution de l'allocation de rentrée scolaire (ARS) ;
- 133,13 € si les revenus nets imposables sont supérieurs à 110 % du plafond de ressources applicable pour l'attribution de l'allocation de rentrée scolaire (ARS).

Pour un enfant entre 3 et 6 ans, la majoration de l'AFEAMA est égale à :
- 101,60 € si les revenus nets imposables sont inférieurs ou égaux à 80 % du plafond de ressources applicable pour l'attribution de l'allocation de rentrée scolaire (ARS) ;
- 80,33 € si les revenus nets imposables sont compris entre 80 et 110 % du plafond de ressources applicable pour l'attribution de l'allocation de rentrée scolaire (ARS) ;
- 66,56 € si les revenus nets imposables sont supérieurs à 110 % du plafond de ressources applicable pour l'attribution de l'allocation de rentrée scolaire (ARS).

Important ! Le montant de la majoration de l'AFEAMA ne peut excéder 85 % du salaire net de l'assistante maternelle.
Par ailleurs, l'AFEAMA n'est plus cumulable avec l'allocation parentale d'éducation à taux plein, sauf en cas de reprise d'activité, alors que l'enfant est âgé de 18 à 30 mois.

➤ Formalités

Dans les 8 jours suivant l'embauche, vous devez déclarer l'emploi de l'assistante maternelle à l'URSSAF. Cet organisme vous fera parvenir un formulaire comportant 2 feuillets :

En bref

Et si vous choisissez la crèche

Il existe 3 grands types de crèches :

- Les crèches collectives, publiques ou privées. Elles sont placées sous le contrôle du service départemental de la protection maternelle et infantile (PMI). Ces structures accueillent des enfants de 2 mois et demi à 3 ans ;
- Les crèches familiales : l'enfant est accueilli au domicile d'une assistante maternelle, salariée de la crèche. Au moins une demi-journée dans la semaine, les enfants sont regroupés dans les locaux de la crèche où ils connaissent la vie collective ;
- Les crèches parentales : ce sont, en général, de petites structures d'accueil collectif créées par des parents regroupés en association.

Pour financer ce mode de garde, vous ne recevrez pas directement une prestation de la CAF. Il n'en demeure pas moins que la CAF participe au financement de la structure, mais sous forme de subventions qui viennent réduire le coût final supporté par les familles.
La participation des familles est fixée selon un barème national établi en fonction de la composition de la famille. Les taux de participation de la famille s'appliquent sur le montant de ses revenus nets catégoriels (voir page 11).

Montant de la participation de la famille

Type d'accueil	Nombre d'enfants à charge			
	1 enfant	2 enfants	3 enfants	4 enfants
Accueil collectif (1)				
• taux mensuel	12 %	10 %	7,50 %	6,60 %
• taux journalier	0,6 %	0,5 %	0,38 %	0,33 %
Accueil familial (2)				
• taux mensuel	10 %	8,33 %	6,25 %	5,55 %
• taux journalier	0,5 %	0,42 %	0,31 %	0,27 %

(1) Crèche collective, crèche parentale.
(2) Crèche familiale.

- l'un, de couleur bleue, est à retourner à la caisse d'allocations familiales (ou à la caisse de la Mutualité sociale agricole si vous dépendez du régime agricole) et constitue la demande d'aide ;

- l'autre, de couleur verte, est à retourner à l'URSSAF pour l'immatriculation en qualité d'employeur.

Chaque trimestre, l'URSSAF vous enverra une déclaration nominative trimestrielle (DNT), qui doit être remplie puis renvoyée, sans règlement, à la caisse d'allocations familiales (ou à la CMSA) au moins 10 jours avant la date d'exigibilité des cotisations.

La CAF ou la CMSA calcule elle-même le montant des cotisations dues pour l'emploi de l'assistante maternelle, puis les verse directement à l'URSSAF. Dans le même temps, elle verse la majoration au bénéficiaire de l'AFEAMA.

➤ Durée de versement

Vous aurez droit à l'AFEAMA à compter du premier jour du trimestre civil au cours duquel la demande est faite. Ainsi, une demande déposée au cours d'un trimestre donne droit à l'AFEAMA pour la totalité du trimestre. Elle n'est plus due à partir du premier jour du trimestre civil au cours duquel l'une des conditions cesse d'être remplie (conditions de charge d'enfant, de résidence de l'allocataire, d'âge de l'enfant, d'emploi d'une assistante maternelle).

En ce qui concerne la majoration, elle est due pour chacun des mois au cours desquels les conditions de bénéfice de l'AFEAMA sont remplies. Vous y aurez droit à compter du premier jour du mois au cours duquel les conditions sont remplies, la fin du droit se situant le dernier jour du mois au cours duquel l'une des conditions cesse d'être remplie.

Exemple

Une demande d'AFEAMA et de majoration est déposée le 17 mai pour un emploi d'assistante maternelle démarrant ce même jour : le droit à l'AFEAMA est ouvert pour la totalité du 2ᵉ trimestre civil, le droit à sa majoration n'est ouvert que pour les mois de mai et juin mais pas pour avril.

L'ALLOCATION DE GARDE D'ENFANT À DOMICILE

Faire garder ses enfants à domicile est une solution confortable mais onéreuse. Vous pouvez faire baisser la note grâce à une aide de la caisse d'allocations familiales et à une réduction d'impôt (voir encadré page 59). L'aide de la CAF, appelée allocation de garde d'enfant à domicile (AGED), consiste en une prise en charge d'une fraction des cotisations sociales obligatoires patronales et salariales, dues sur le salaire de l'employée, dans la limite d'un montant trimestriel. Cette allocation est réservée aux parents qui travaillent et qui font garder leurs enfants de moins de 6 ans à la maison.

➤ Les conditions à remplir

Pour bénéficier de l'AGED, vous devez :

- faire garder votre enfant de moins de 6 ans à votre domicile. La garde doit être assurée par une personne que vous salariez et qui peut être une employée de maison ou une personne de la famille sous réserve cependant qu'elle ne soit ni le conjoint ni un enfant ;
- déclarer l'emploi à l'URSSAF ;
- acquitter chaque trimestre à l'URSSAF la part des cotisations non prises en charge par les caisses d'allocations familiales ou de Mutualité sociale agricole ;
- exercer une activité professionnelle minimale : cette condition doit être remplie par chaque membre du couple ou la personne seule.

➤ L'appréciation de l'activité minimale

Sachez qu'un salarié remplira la condition minimale d'activité si son emploi lui procure un revenu trimestriel au moins égal à 3 fois la base mensuelle de calcul des allocations familiales en vigueur au début de ce trimestre, soit 1 043,04 € par trimestre en 2003 (347,68 € x 3).

Attention ! cette condition doit être remplie par chacun des membres du couple.

L'activité professionnelle est justifiée soit par la production des bulletins de salaire, soit par un certificat du ou des employeurs indiquant votre rémunération nette. Ces justificatifs sont fournis au moment de la demande d'AGED et ultérieurement au moins une fois par an.

Les stagiaires d'une formation professionnelle rémunérée peuvent prétendre à l'AGED sur présentation des bulletins de paie ou de rémunération, sous réserve que les autres conditions de cette allocation, notamment le montant de la rémunération, soient remplies.

Pour les non-salariés, la condition relative à l'activité professionnelle minimale sera remplie si vous êtes affilié au régime d'assurance vieillesse de votre profession au 1er jour du mois au cours duquel vous avez employé une personne à domicile et si vous avez versé le dernier terme de cotisations d'assurance vieillesse exigible.

L'activité professionnelle est justifiée au moment de la demande d'AGED et ensuite une fois par an par une attestation de la caisse de retraite précisant l'affiliation au 1er jour du mois au cours duquel a été employée une personne à domicile et une attestation du versement du dernier terme des cotisations.

Important : pour l'appréciation de la condition d'activité professionnelle minimale de chaque membre du couple ou de la personne seule, sont assimilées à l'activité professionnelle :

- les périodes de perception d'indemnités journalières de maladie, maternité, repos pour adoption, accident du travail,
- les périodes de chômage donnant lieu à versement d'indemnités,
- les périodes de formation professionnelle rémunérée.

Ces situations doivent procurer un revenu trimestriel d'au moins 1 043,04 € au 1er janvier 2003.

Inconvénient

Vous n'aurez pas droit à l'AGED si vous accueillez une jeune fille au pair étrangère car il n'existe pas de contrat de travail entre la stagiaire et la famille.

➤ Le montant de l'aide

Le montant de l'aide varie en fonction des ressources des parents et de l'âge des enfants gardés. Une seule allocation est due par famille quel que soit le nombre d'enfants de moins de 6 ans gardés à domicile et le nombre de personnes employées.

L'AGED consiste en la prise en charge d'une partie des cotisations patronales et salariales d'origine légale ou conventionnelle imposées par la loi (cotisations d'assurances sociales, d'allocations familiales, de retraite complémentaire IRCEM, de chômage, CSG) et de la participation au développement de la formation professionnelle dues pour l'emploi de la personne assurant la garde de l'enfant. Cette prise en charge s'effectue dans la limite d'un montant maximum trimestriel, réduit de moitié lorsque l'allocation est due au titre d'un enfant âgé de 3 à 6 ans ou en cas de cumul avec une allocation parentale d'éducation à taux partiel (voir page 57).

Pour la garde d'un enfant de moins de 3 ans, si les revenus nets de 2001 de la famille sont supérieurs à 34 744 €, le montant de l'AGED est égal à 50 % du montant des cotisations sociales dû pris dans la limite de 1 032 € par trimestre, depuis le 1er juillet 2002. Si les ressources de 2001 sont inférieures ou égales à 34 744 €, le montant de l'AGED est égal à 75 % des cotisations retenues dans la limite de 1 548 € par trimestre, depuis le 1er juillet 2002.

Pour la garde d'un enfant de 3 à 6 ans, peu importent les ressources de la famille, dans tous les cas de figure, le taux de prise en charge des cotisations sociales est égal à 50 % dans la limite trimestrielle de 516 €, depuis le 1er juillet 2002. Sachez que c'est le même montant qui est attribué aux familles bénéficiaires d'une allocation parentale d'éducation à taux partiel, et cela quel que soit l'âge de l'enfant.

Important : si au cours de la période de paiement de l'allocation, intervient une modification de votre situation familiale ou professionnelle (chômage, divorce, séparation, décès, interruption de travail de plus de 6 mois due à la maladie), signalez-le à la caisse d'allocations familiales. Il en sera tenu compte.

➤ Paiement

Grâce au système du tiers payant, vous n'aurez pas à verser, à hauteur du montant de l'allocation, les cotisations sociales dues pour l'emploi de la personne assurant la garde de l'enfant. Les cotisations sociales sont

versées directement par les caisses d'allocations familiales ou de Mutualité sociale agricole à l'URSSAF.
Si vous ne renvoyez pas la déclaration nominative trimestrielle (DNT) dans le délai de 10 jours prévu, le système de tiers payant est momentanément suspendu. Vous devez alors calculer les cotisations dues, et renvoyer la DNT à l'URSSAF accompagnée du paiement des cotisations. La caisse d'allocations familiales vous remboursera les cotisations versées dans la limite du taux de prise en charge et du montant maximum trimestriel applicables à la situation.
Le système de tiers payant reprendra dès lors que l'URSSAF aura eu confirmation par la caisse du droit à l'AGED au titre du trimestre civil suivant.

› Démarches

La demande d'AGED peut être déposée soit auprès de la CAF ou de la caisse de MSA, soit auprès de l'URSSAF par le biais de la déclaration unique « emplois familiaux ».
Toute demande déposée entre le premier jour du mois du trimestre civil et le dernier jour du troisième mois de ce trimestre ouvre droit à l'AGED pour la totalité du trimestre lorsque l'ensemble des autres conditions de droit sont remplies.
Son versement cessera à compter du premier jour du trimestre suivant celui au cours duquel l'une des conditions cesse d'être remplie. Ainsi, par exemple, lorsqu'un enfant atteint l'âge limite de 3 ans en février, le droit cesse au 1er avril suivant, le 1er trimestre (janvier, février, mars) étant dû en totalité.

› Cumul avec d'autres prestations

L'AGED est cumulable notamment avec :
- l'allocation parentale d'éducation uniquement si elle est versée à taux partiel (voir page ci-avant) ;
- l'allocation pour jeune enfant ;
- l'aide à la famille pour l'emploi d'une assistante maternelle agréée pour un même enfant confié, par exemple, successivement à une assistante maternelle agréée puis à une garde à domicile.

En revanche, l'AGED n'est pas cumulable avec, pour une même aide à domicile, l'exonération des cotisations de Sécurité sociale dont peuvent bénéficier les familles qui ont à charge un enfant handicapé donnant droit à l'un des compléments d'allocation d'éducation spéciale (voir page 124).

L'ALLOCATION PARENTALE D'ÉDUCATION

Au lieu de reprendre votre activité et de vous confronter aux difficiles et onéreux problèmes de garde, vous pouvez choisir le congé parental grâce auquel vous vous absenterez totalement ou partiellement de l'entreprise jusqu'aux 3 ans de l'enfant (en cas d'adoption, le congé est de 3 ans maximum à compter de l'arrivée de l'enfant). Pour compenser en partie le manque à gagner lié à la perte de salaire, vous pouvez obtenir, sous certaines conditions, l'allocation parentale d'éducation (APE). Sachez que, pour en bénéficiez, il ne faut pas nécessairement interrompre une activité professionnelle : vous pouvez même y prétendre si au début de votre grossesse vous ne travailliez pas !

➤ Conditions d'attribution

Pour pouvoir bénéficier de l'APE, il faut se retrouver dans l'une des deux situations suivantes :
- avoir deux enfants à charge et avoir eu une activité professionnelle pendant 2 ans dans les 5 ans qui précèdent soit la naissance, soit l'adoption du deuxième enfant, soit la demande de l'allocation ;
- avoir au moins 3 enfants à charge et avoir eu une activité professionnelle pendant 2 ans dans les 10 ans qui précèdent soit la naissance ou l'adoption du troisième enfant ou plus, soit la demande d'allocations.

Attention

Qu'elle soit comprise dans une période de 5 ans ou de 10 ans, l'activité professionnelle de 2 ans doit avoir été suffisante pour valider au moins 8 trimestres d'assurance vieillesse. Rappelons que, dans le régime général, pour valider un trimestre d'assurance vieillesse, il suffit d'avoir cotisé sur la base de 200 fois la valeur horaire du SMIC. Il ne peut être validé plus de 4 trimestres par année.

Par ailleurs, sont assimilées à de l'activité professionnelle, les périodes de perception :
- d'indemnités journalières de maladie, maternité, accidents du travail (60 jours d'indemnités = 1 trimestre travaillé) ;
- d'indemnités journalières de repos pour adoption (1 trimestre par enfant adopté) ;
- de l'allocation de remplacement pour maternité pour les agricultrices et les non-salariés (1 trimestre par enfant).

En outre, sont assimilées à de l'activité professionnelle, mais uniquement pour l'ouverture du droit à l'APE pour un 2e enfant, les périodes de chômage indemnisé, validées au titre de l'assurance vieillesse, ainsi que les périodes de formation professionnelle rémunérée.

➤ Le montant de l'APE

Une allocation à taux plein est versée en cas de cessation totale de travail. Son montant net est égal à 493,22 € par mois au 1er janvier 2003. Elle ne vous sera attribuée que si vous n'exercez plus d'activité professionnelle à la naissance, l'adoption ou l'accueil de votre enfant de moins de 3 ans à votre foyer et que la venue de l'enfant porte le nombre d'enfants à charge de la famille à 2 ou plus.

Une allocation à taux partiel est versée en cas d'activité à temps partiel. Son montant net varie selon la durée de l'activité exercée :
- 326,13 € par mois au 1.1.2003 pour une durée de travail égal au plus à un mi-temps ;

- 246,63 € par mois au 1.1.2003 si la durée est supérieure à un mi-temps mais inférieure à 4/5ᵉ de la durée du travail.

Les durées maximales de travail à respecter sont dorénavant les suivantes :
- pour une durée de travail de 32 heures par semaine : le mi-temps ne doit pas excéder 16 heures par semaine (70 heures par mois) et un 4/5ᵉ de temps, 26 heures par semaine (112 h/mois) ;
- pour une durée de travail de 35 heures par semaine : le mi-temps ne doit pas excéder 18 heures (76 heures par mois) et pour un 4/5ᵉ, 28 heures par semaine (122 heures par mois).

À noter

Compte tenu de la diversité des durées de travail applicables, pour une demande d'APE à taux partiel, vous devez fournir à votre CAF une copie de votre contrat de travail à temps partiel et une attestation de votre employeur indiquant le quotité de travail que vous exercez.

Attention

Le bénéfice de l'allocation parentale d'éducation (APE) à taux partiel ne concerne pas, en principe, les salariés payés au forfait et non rémunérés sur la base de la durée légale du travail comme, par exemple, les assistantes maternelles ou les journalistes pigistes. Cette position de la CNAF a néanmoins été condamnée par les juges de la Cour de cassation dans un arrêt du 26 octobre 2000. La circulaire de la CNAF prévoyant ces dispositions a même été annulée par le conseil d'État dans un arrêt du 26 novembre 2001. La position de l'institution a donc toutes les chances d'être prochainement revue.

➤ Cumul

Vous ne pouvez pas prétendre à l'APE à taux plein si vous percevez :
- des indemnités journalières de maternité, de repos (adoption), de maladie ou d'accident du travail ;
- l'allocation de remplacement pour maternité pour les agricultrices et les non-salariés ;
- les allocations de chômage. Le versement de ces allocations reprendra, s'il y a lieu, à la date d'interruption du versement de l'APE, et ce jusqu'à l'expiration des droits ;
- un avantage de vieillesse ou d'invalidité (non compris les avantages de réversion) ;
- l'allocation aux adultes handicapés.

Une APE à taux partiel, qui implique l'exercice d'une activité professionnelle à temps partiel, est cumulable avec les 3 premières catégories de revenu de remplacement mentionnées ci-dessus, perçues au titre de l'activité à temps partiel que le bénéficiaire exerce ou a exercée.

À taux plein ou à taux partiel, l'allocation parentale d'éducation n'est pas cumulable avec l'APJE, sauf en cas de nouvelle grossesse, jusqu'à la naissance de l'enfant. Enfin, elle n'est cumulable ni avec l'allocation d'adoption ni avec le complément familial ni enfin avec l'AFEAMA sauf en cas de reprise d'activité.

À noter

Le cumul de 2 APE à taux plein par les 2 membres d'un couple est impossible. En revanche, si les 2 membres du couple exercent une activité professionnelle ou poursuivent une formation professionnelle rémunérée à temps partiel, une APE à taux partiel peut être attribuée à chacun d'eux, sous réserve que l'un et l'autre remplissent les conditions de bénéfice de cette prestation. Le montant cumulé de ces 2 allocations à taux partiel ne peut toutefois excéder celui de l'allocation à taux plein.

➤ Durée de versement

L'APE, à taux plein ou à taux partiel, est versée jusqu'au 3e anniversaire de l'enfant pour lequel la prestation est demandée (en cas d'adoption : voir ci-dessous). En cas de naissances multiples d'au moins 3 enfants, elle est versée jusqu'au 6e anniversaire des enfants.
L'APE est versée à compter du 1er jour du mois civil suivant :
- soit la naissance, l'accueil ou l'adoption,
- soit la fin du congé de maternité ou d'adoption,
- soit l'arrêt de la perception de l'un des revenus de remplacement visés ci-dessus,
- soit la cessation de l'activité professionnelle pour le bénéfice de l'APE à taux plein,
- soit l'exercice d'une activité à temps partiel pour le bénéfice de l'APE à taux partiel.
Vous aurez droit à l'APE jusqu'au premier jour du mois civil au cours duquel :
- l'enfant atteint son 3e anniversaire (6e anniversaire s'il s'agit de triplés ou plus) ;
- toute autre condition de droit cesse d'être remplie.
Depuis le 1er janvier 2001, l'APE à taux fixe peut se cumuler pendant 2 mois avec un revenu d'activité lorsque le bénéficiaire reprend une activité alors que l'enfant a au moins 18 mois mais moins de 30 mois (moins de 60 mois en cas de naissances multiples). Le droit à l'APE à taux plein ne sera pas rouvert à l'issue de la période de cumul sauf en cas de changement de situation familiale. Mais, lorsque le bénéficiaire de cette mesure poursuit l'exercice d'une activité professionnelle à temps partiel, un droit à APE à taux partiel peut être ouvert pour 6 mois sur la base du taux d'activité exercée le mois de la reprise.

➤ En cas de naissances rapprochées

Si un nouvel enfant arrive alors que vous percevez déjà une APE pour un enfant né précédemment, le versement de l'APE se poursuit jusqu'à son terme (3e anniversaire de l'enfant). À compter de cette date, l'APE pour l'enfant naît après peut être versée si les conditions sont remplies (jusqu'au 3e anniversaire du nouvel enfant).

Avantage

Les CAF adressent systématiquement aux personnes qui attendent leur 2e enfant ou plus un imprimé de demande d'APE.

En pratique

Faites vos comptes en intégrant la réduction d'impôt

• **Réduction pour frais de garde**

Si vos enfants de moins de 7 ans au 31 décembre de l'année d'imposition sont gardés à l'extérieur de votre domicile, vous avez droit à une réduction d'impôt égale à 25 % des sommes versées dans la limite de 2 300 € par enfant. Les frais de garde feront baisser la note d'impôt tout au plus de 575 € par enfant. Vous êtes dans cette situation si vous confiez votre enfant à une assistante maternelle agréée, à une crèche, à un centre de loisirs ou à un système de garderie scolaire en dehors des heures de classe. Pour bénéficier de cet avantage fiscal, vos enfants doivent être considérés fiscalement à votre charge et les conditions suivantes remplies :

- si vous vivez seul, vous devez disposer de revenus professionnels ;
- si vous êtes marié, il faut que chaque conjoint exerce un emploi au moins à mi-temps, ou ne puisse exercer une activité professionnelle du fait d'une longue maladie, d'une infirmité ou de la poursuite d'études dans l'enseignement supérieur.

La réduction de 25 % s'applique sur le montant des dépenses que vous avez réellement supportées. Si, par exemple, vous confiez votre enfant à une assistante maternelle agréée et percevez de la CAF l'aide à l'emploi d'une assistante maternelle agréée, déduisez des sommes déboursées le montant de cette prestation.

Si votre enfant est confié dans la journée à une crèche ou à une assistante maternelle et que vous employez une salariée pour aller le chercher et attendre votre retour du travail, vous pouvez cumuler la réduction d'impôt pour l'emploi d'une aide à domicile et la réduction pour frais de garde.

À noter

Donnent également droit à la réduction d'impôt pour frais de garde de jeunes enfants, les sommes versées, à compter du 1er janvier 2002, aux personnes et établissements situés dans un autre État membre de l'Union européenne à condition toutefois qu'ils soient soumis à une réglementation équivalente à celle appliquée en France. Cette extension introduite par la loi de finances rectificative pour 2002 devrait bénéficier essentiellement aux contribuables résidant, en France, près d'une frontière mais également aux salariés détachés à l'étranger qui ont gardé leur domicile fiscal en France.

• **Réduction d'impôt pour un emploi à domicile**

Les familles employant une aide à domicile ont droit à une réduction d'impôt égale à 50 % des dépenses engagées prises en compte dans la limite de 7 400 € pour l'imposition des revenus de 2002, ce qui représente

En pratique

une réduction d'impôt maximum de 3 700 €. À compter de l'imposition des revenus de 2003, les dépenses engagées seront retenues dans la limite de 10 000 € ; la réduction d'impôt maximale atteindra donc 5 000 €. Pour cela, l'aide à domicile doit être déclarée et accomplir des tâches ménagères ou familiales : heures de ménage, garde d'enfant, garde malade, aide au devoir...

Pour déterminer le montant de la réduction, vous devez prendre en compte le montant des salaires versés et des cotisations sociales qui restent à votre charge (les cotisations couvertes par l'AGED n'étant naturellement pas prises en compte).

Passer par une association agréée pour obtenir une aide à domicile, ne vous empêche pas de bénéficier de la réduction d'impôt. Le montant de la réduction se fera alors à partir du montant des factures de la prestation.

En pratique

L'allocation parentale d'éducation en cas d'adoption d'un enfant de plus de 2 ans et de moins de 16 ans

Si vous êtes dans cette situation, sachez que vous pouvez bénéficier de l'APE pendant un an au maximum (versement de 12 mensualités) à compter de son arrivée au foyer. Vous devez remplir les conditions d'ouverture de droit à la prestation (avoir au moins 2 enfants à charge et avoir exercé une activité professionnelle antérieure).

Si vous adoptez ou accueillez en vue d'adoption simultanément au moins trois enfants, vous pourrez bénéficier de l'APE pendant 3 ans à condition que chacun des enfants soit âgé de moins de 16 ans. Le parent qui demande le bénéfice de l'allocation doit par ailleurs répondre aux autres conditions de droit à la prestation (activité professionnelle antérieure notamment).

Ne pas confondre congé parental d'éducation et allocation parentale d'éducation

Votre employeur ne peut pas refuser de vous accorder un congé parental d'éducation non rémunéré pour élever votre bébé à partir du moment où vous totalisez une année d'ancienneté dans l'entreprise (condition appréciée à la date de naissance de l'enfant). Vous pouvez choisir de cesser complètement votre travail ou de l'exercer à temps partiel. Mais le fait de bénéficier d'un congé parental ne signifie pas que vous allez automatiquement percevoir l'allocation parentale d'éducation versée par les caisses d'allocations familiales. Encore faut-il que vous réunissiez les conditions exigées pour avoir droit à cette allocation. Par exemple, s'il s'agit de votre premier enfant, le droit du travail vous permet de prendre un congé parental après une année d'ancienneté. En revanche, la réglementation sur les prestations familiales ne vous donne la possibilité de demander l'APE qu'à partir du deuxième enfant à charge.

DES AIDES POUR LES LOISIRS

La CAF, en dehors des prestations familiales, accorde des aides notamment pour vous permettre de partir en vacances, de participer à la garde de vos enfants en dehors des périodes scolaires. Ce sont des subventions accordées par les services d'action sociale des caisses d'allocations familiales. Par conséquent, chaque CAF a un budget propre qu'elle gère et le conseil d'administration définit la nature des aides, les conditions d'attribution et leur montant. Leur politique d'action sociale est adaptée en fonction des besoins et des spécificités locales.
Les CAF participent ainsi au fonctionnement des structures d'accueil périscolaires (avant et après l'école) et des centres de loisirs qui accueillent les enfants les mercredis et pendant les petites et grandes vacances. La participation financière des parents est généralement établie selon un barème de ressources.
En ce qui concerne les aides apportées par les CAF pour les loisirs et les vacances, il existe une condition à remplir commune à toutes les CAF : il faut percevoir une prestation de la caisse.

DES BONS-VACANCES

Les CAF apportent une aide financière avec les bons-vacances. Leur montant est déterminé selon le quotient familial, la taille de la famille et le type de séjour choisi.

➤ Conditions à remplir

Les conditions à remplir, pour bénéficier de cette aide, varient d'une caisse à l'autre. Néanmoins, il faut, en principe :
- avoir des ressources inférieures à un plafond fixé chaque année ;
- avoir bénéficié d'une prestation familiale au cours du mois de décembre de l'année précédente.

Attention
Certaines CAF distribuent des bons-vacances pour tous les membres de la famille, d'autres uniquement pour les enfants. Contactez votre CAF qui est seule en mesure de vous dire les conditions qu'elle applique pour l'attribution de cet avantage.

➤ Pour quels types de vacances

Si vous partez en centre ou village familial de vacances, ou si les enfants partent en colonie ou en camp pour adolescents par exemple, vous fournirez le ou les bons-vacances à l'organisateur du séjour. Celui-ci déduira de la facturation le montant de l'aide accordée par la CAF et se fera ensuite rembourser par celle-ci. Si vous choisissez de louer un gîte rural (ou si vous prenez une location ou partez en camping), vous devez en principe remplir vos bons-vacances à votre retour et les renvoyer à votre CAF accompagné du contrat de location. La caisse vous versera directement le montant de l'aide qui ne peut être supérieur à la dépense.

OCCUPER LE TEMPS LIBRE DES JEUNES

Certaines CAF accordent des aides pour les activités de loisirs des jeunes (en principe entre 13 et 20 ans) pendant les petites vacances scolaires et les temps libres (par exemple, le mercredi). Sont concernés les enfant de familles aux ressources modestes. Les « tickets-loisirs » ou « passeports-loisirs » fonctionnent un peu sur le même principe que les bons-vacances. Grâce à eux, le jeune obtient une réduction sur le tarif de l'activité choisie parmi un réseau local d'activités sportives ou culturelles. Les conditions d'attribution varient selon les CAF.

À noter

Depuis 1998, les CAF proposent aux communes un nouveau contrat « Temps libres ». C'est un dispositif de partenariat visant des périodes de loisirs des jeunes de 6 à 16 ans. Les CAF vont ainsi aider les communes à développer leur politique en faveur des loisirs et des vacances des enfants et des adolescents (notamment création de nouveaux services de loisir collectifs et soutien des initiatives locales, qu'ils soient gérés par la commune ou des associations).

En bref

Les cumuls interdits

L'allocation pour jeune enfant ne peut pas se cumuler avec :
- l'APE (sauf pendant une nouvelle grossesse) ;
- le complément familial (sauf pendant une nouvelle grossesse ; ce dernier est alors versé jusqu'à la naissance de l'enfant, puis l'APJE est versée prioritairement).

Une APJE versée pour un enfant de plus de 3 mois n'est pas cumulable avec une autre APJE versée pour un enfant de plus de 3 mois (sauf naissances multiples).

Le complément familial n'est pas cumulable avec :
- un autre complément familial (un seul est versé par famille) ;
- l'APE ;
- l'APJE accordée au titre d'un autre enfant, sauf pendant la période de grossesse (après la naissance, l'APJE est versée prioritairement).

En résumé

L'allocation parentale d'éducation à taux plein ne peut pas se cumuler avec :
- l'APJE (sauf pendant une nouvelle grossesse) ;
- l'allocation d'adoption ;
- le complément familial ;
- une pension d'invalidité et de retraite ;
- des indemnités journalières de maladie, de maternité ou d'adoption, d'accident du travail ;
- l'AFEAMA ;
- des allocations de chômage (celles-ci peuvent reprendre à la fin de l'APE) ;
- une autre APE.

En revanche, l'APE à taux plein peut se cumuler, depuis le 1er janvier 2001, avec un revenu d'activité pendant 2 mois lorsque le bénéficiaire reprend une activité alors que l'enfant a au moins 18 mois mais moins de 30 mois (60 mois en cas de naissances multiples).

L'allocation de garde d'enfant à domicile (AGED) ne peut pas se cumuler avec :
- une autre AGED (une seule AGED est versée par famille, quel que soit le nombre d'enfants gardés) ;
- l'APE (sauf pour le trimestre de cessation ou de reprise d'activité). Possibilité également de recevoir une AGED à taux réduit avec une APE à taux partiel.

À noter : cette liste n'est donnée qu'à titre indicatif.

LES JEUNES

Le budget consacré aux enfants a tendance à grandir au même rythme que leur croissance. Et quand le jeune est dans l'enseignement supérieur, aux frais scolaires peuvent s'ajouter le coût d'un hébergement, de l'inscription dans un établissement d'enseignement et celui de la couverture sociale.

Pour trouver le thème qui vous intéresse, consultez la table des matières en début de volume ou l'index alphabétique en fin de volume.

LA PROTECTION SOCIALE DES ÉTUDIANTS

Jusqu'à 16 ans, l'enfant qui ne travaille pas et dont les parents dépendent du régime général est rattaché à son père ou à sa mère, assuré social. Aucune formalité particulière n'est à effectuer dès lors que le parent qui « prend en charge » la protection sociale de ses enfants est connu de la caisse primaire ; mais après ?

VOS ENFANTS DE MOINS DE 20 ANS

Si vous relevez du régime général, vos enfants de 16 à 20 ans bénéficient de votre sécurité sociale tant qu'ils sont encore scolarisés (ou s'ils sont dans l'impossibilité de travailler par suite d'une infirmité ou d'une maladie chronique : ils sont alors vos ayants droit et à ce titre leurs dépenses de soins sont remboursées par la Sécurité sociale. Il suffit, pour obtenir cette couverture sociale, de présenter un certificat de scolarité.
S'ils ne fréquentent plus d'établissement scolaire ni ne travaillent, pendant 4 ans encore ils pourront prétendre aux prestations en nature de l'assurance maladie (voir page 88). Toutefois, si le jeune est à votre charge et vit sous votre toit depuis au moins un an, il gardera son statut d'ayant droit sans limitation de durée.

➤ À partir de la majorité

Votre enfant majeur non étudiant (pour les étudiants : voir ci-dessous) qui dépend de vous pour sa protection sociale peut demander à être identifié de façon autonome et à bénéficier ainsi à titre personnel du remboursement des prestations en nature de l'assurance maladie-maternité. Pour obtenir cette qualité d'ayant droit autonome, la demande doit être effectuée par l'intéressé auprès de la caisse d'assurance maladie.

Bon à savoir

La carte violette d'assuré social a été remplacée par la carte Vitale, laquelle est désormais individuelle. Ainsi tous les membres de la famille de plus de 16 ans doit en posséder une. Si vous ne l'avez pas reçue, contactez votre caisse d'assurance maladie.

VOTRE ENFANT EST EN APPRENTISSAGE

Parce qu'il est en apprentissage, votre enfant reçoit un salaire et de ce fait paie des cotisations. En tant qu'assuré social, il a droit aux prestations de Sécurité sociale : il obtiendra le remboursement de ses frais de soins, mais recevra également des indemnités journalières en cas de maladie s'il a versé un minimum de cotisations (voir page 109). Mais, lorsque son activité professionnelle est insuffisante pour lui donner droit à une protection sociale, il gardera sa qualité d'ayant droit jusqu'à 18 ans.

Avantage

Les heures de formation dispensées par des centres de formation des apprentis sont assimilées à du temps de travail.

VOTRE ENFANT EST ÉTUDIANT

Si vous êtes salarié et relevez du régime général, votre enfant étudiant est votre ayant droit. Mais, dès son entrée dans l'enseignement supérieur (établissement agréé ou classe préparatoire aux concours d'entrée aux grandes écoles), il a l'obligation de s'inscrire auprès d'une mutuelle étudiante car, à 18 ans, il devient ayant droit majeur autonome. Il recevra alors, personnellement, le remboursement de ses dépenses de santé par l'intermédiaire de la mutuelle étudiante qu'il aura choisie comme centre payeur. Cette option devra être faite avant même ses 18 ans, s'il atteint l'âge de la majorité au cours de l'année universitaire ; mais, ce n'est qu'à partir de ses 18 ans que le système se mettra en place et qu'il recevra, en propre, ses remboursements.

➤ Cotisations obligatoires à partir de 20 ans

Dès l'année des 20 ans, la sécurité sociale étudiante devient obligatoire. Doivent s'y affilier en début d'année tous les étudiants d'au moins 20 ans ainsi que ceux qui auront 20 ans avant le 30 septembre de l'année suivante (pour la rentrée 2003 : tous les jeunes qui ont 20 ans avant le 30.9.2004 sont concernés). Les jeunes peuvent relever de la sécurité sociale étudiante au maximum jusqu'à leurs 28 ans. Le montant annuel de la cotisation était de 174 € pour l'année scolaire 2002-2003.

Avantage

Il existe deux mutuelles étudiantes qui servent de bureau payeur : la Mutuelle des Étudiants (LMDE) et l'Union nationale des sociétés étudiantes mutualistes régionales (USEM) qui regroupe 8 mutuelles étudiantes qui couvrent le territoire national.

➤ Des exonérations possibles

Le jeune n'aura pas besoin de s'affilier au régime étudiant s'il a, au cours de l'année universitaire, une activité professionnelle suffisamment importante pour lui ouvrir des droits aux prestations en nature ; son activité professionnelle doit représenter au moins 60 heures par mois ou son salaire brut mensuel 60 fois le SMIC horaire (soit 409,80 € au 1.7.2002). Si, au cours de l'année, l'activité salariée devient trop faible pour ouvrir des droits au jeune, ce dernier pourra solliciter la couverture sociale des étudiants.

De même, si l'étudiant est marié ou vit en concubinage avec un assuré social (non étudiant), il n'aura pas besoin de s'affilier au régime étudiant.

Enfin, les titulaires d'une bourse de l'enseignement supérieur attribuée sur critères sociaux ne paient pas la cotisation de sécurité sociale (voir page 77).

Avantage

Si l'étudiant atteint ses 28 ans en cours de l'année universitaire, il obtiendra le remboursement de ses frais de soins pendant les 12 mois qui suivent le jour anniversaire. Cette limite d'âge peut, par ailleurs, être reculée pour tenir compte de situations particulières telles que les études spécialisées (médecine, par exemple), l'interruption des études causée par la maladie, la maternité, ou en cas d'infirmité permanente.

À noter

La sécurité sociale étudiante ne prend en charge que partiellement les dépenses de santé. En souscrivant une garantie complémentaire auprès d'une mutuelle ou d'une compagnie d'assurances, le jeune peut obtenir une meilleure prise en charge de ses dépenses. D'ailleurs, les mutuelles étudiantes par l'intermédiaire desquelles le jeune recevra les prises en charge de ses frais de soins proposent des contrats d'assurance complémentaire. Toutefois, avant de souscrire un contrat auprès d'une mutuelle étudiante, vérifiez que la garantie qui couvre la famille n'est pas plus avantageuse.

EN CAS DE PROBLÈMES DE SANTÉ

Les jeunes connaissant des retards scolaires ayant pour origine des problèmes de santé bénéficient du rattachement à la Sécurité sociale de l'un de leurs parents jusqu'à la fin de l'année scolaire au cours de laquelle ils atteindront 21 ans à condition qu'ils ne bénéficient pas à titre personnel d'un régime de protection sociale pour les prestations en nature de l'assurance maladie-maternité. Ainsi, pendant l'année de leurs 20 ans, ils échappent au versement de la cotisation de la sécurité sociale étudiante.

À noter

Vous aurez à prouver que le problème de santé est responsable du retard scolaire. En effet, le recul de la limite d'âge ne peut être accordé qu'après avis du service du contrôle médical.

NI ÉTUDIANT NI SALARIÉ

Toute personne vivant avec un assuré depuis plus d'un an a la qualité d'ayant droit à condition d'être à sa charge effective et permanente. Cette règle permet à votre enfant, quel que soit son âge, sorti du système scolaire et sans activité professionnelle, de bénéficier d'une prise en charge de ses frais de soins par votre intermédiaire dès lors qu'il vit sous votre toit. Ce dispositif protecteur sera remis en cause s'il ne vit plus avec vous. À compter du moment où il ne remplira plus les conditions nécessaires pour être votre ayant droit et s'il ne peut avoir la qualité d'assuré social, il continuera pendant 4 ans (voir page 88) à obtenir le remboursement de ses frais de soins.

Inconvénient

L'inscription comme demandeur d'emploi ne donne en soi aucun droit à protection sociale.

DES AIDES POUR ÉTUDIER

La première piste est l'allocation de rentrée scolaire attribuée par la caisse d'allocations familiales aux familles ayant un enfant de 6 à 18 ans et disposant de revenus modestes (voir page 48). Cette allocation versée en une seule fois au moment de la rentrée, peut être complétée par des bourses en faveur des collégiens et lycéens. Les étudiants ont également droit aux bourses de l'enseignement supérieur. Quoi qu'il en soit, l'attribution de ces aides répond à la même logique : les charges de famille sont prises en compte et à chaque composition de famille correspond un plafond de ressources à ne pas dépasser et un montant de bourses.

VOTRE ENFANT EST AU COLLÈGE

Les bourses nationales de collèges, auxquelles vous pouvez prétendre si votre enfant fréquente une classe comprise entre la sixième et la troisième, sont attribuées sous conditions de ressources, pour chaque enfant à charge. Peu importe son âge, mais il doit être inscrit dans un collège d'enseignement public ou privé sous contrat avec l'État ou un établissement privé hors contrat avec l'État mais habilité par le recteur d'académie.

À noter

Les élèves inscrits dans une classe de niveau collège du centre national d'enseignement à distance peuvent également bénéficier des bourses de collèges.

➤ Conditions à remplir

La famille ne doit pas disposer de ressources annuelles dépassant des plafonds qui varient selon le nombre d'enfants à charge (voir tableau ci-après).

Les ressources prises en compte sont celles correspondant à l'avis d'impôt sur le revenu de l'avant-dernière année précédant la rentrée scolaire au titre de laquelle la demande de bourse est formulée ; ainsi, pour l'année scolaire 2003-2004, c'est le revenu de 2001 qui est à déclarer.

Mais, en cas de chute de revenus de la famille, les services de l'académie sont autorisés à prendre en compte les revenus de l'année en cours.

Les plafonds de ressources applicables pour la rentrée 2003-2004 ne sont pas encore parus, mais leur montant varie peu d'une année sur l'autre. À titre indicatif, voici ceux qui ont été appliqués pour l'année scolaire 2002-2003.

Plafonds de ressources* pour bénéficier d'une bourse de collège pour l'année scolaire 2002-2003 (1)			
Nombre d'enfants à charge	Plafond de ressources annuel A	Plafond de ressources annuel B	Plafond de ressources annuel C
- 1 enfant	7 981 €	4 316 €	1 521 €
- 2 enfants	9 823 €	5 312 €	1 872 €
- 3 enfants	11 665 €	6 308 €	2 223 €
- 4 enfants	13 507 €	7 304 €	2 574 €
- 5 enfants	15 349 €	8 300 €	2 925 €
- par enfant supplémentaire	1 842 €	996 €	351 €

(1) Le plafond de ressources est majoré, à partir du 1er enfant, de 30 % par enfant à charge (enfants mineurs ou infirmes ainsi que les enfants majeurs célibataires tels qu'ils figurent dans l'avis d'imposition sur le revenu).

* Les ressources de 2000 sont prises en compte.

➤ Le montant des bourses

En fonction du plafond de ressources correspondant à la famille susceptible d'en bénéficier, le montant annuel de la bourse est égal pour chaque enfant à :
- 56,10 € pour le plafond A;
- 179,70 € pour le plafond B ;
- 288,90 € pour le plafond C.

Exemple

La famille L. a 4 enfants dont 2 fréquentent le collège. Seul le père travaille. La famille L. a déclaré des ressources égales à 12 000 € et peut donc prétendre aux bourses correspondant au plafond A pour chacun de leurs enfants collégiens, soit 112,20 €.

➤ Comment l'obtenir

Le dossier de demande de bourse est à retirer auprès du chef d'établissement où est inscrit l'élève et doit lui être retourné dûment complété. Traditionnellement, la date limite de dépôt est fixé à la fin septembre. Le dossier comprend une feuille de renseignements concernant le jeune et sa famille qui doit être accompagnée de l'avis d'imposition sur le revenu du foyer fiscal dont dépend l'élève.
Lorsque ce dernier poursuit sa scolarité dans un autre établissement que celui dont il relevait précédemment, le dossier de bourse est transféré avec le dossier de l'élève.

Versement

Dans les établissements publics, la bourse est versée directement à la famille de l'élève par l'intermédiaire de l'agent comptable du collège après déduction éventuelle des frais de pension ou de demi-pension pour les élèves internes ou demi-pensionnaires. Si votre enfant fréquente un établissement privé, elle sera versée par l'inspecteur d'académie ou, si vous donnez procuration au chef d'établissement, par l'intermédiaire de ce dernier, sous déduction éventuelle des frais de pension ou de demi-pension.
La bourse est payée en trois parts égales pour chacun des trois trimestres scolaires.
En cas d'absences injustifiées et répétées de l'élève, elle peut donner lieu à une retenue.

VOTRE ENFANT EST LYCÉEN

Peu importe le lycée fréquenté : qu'il soit public ou privé sous contrat, professionnel, général ou technologique, vous pouvez obtenir pour votre enfant des bourses nationales d'études de lycée, lesquelles sont attribuées sous condition de ressources. Sont concernés tous les élèves de la seconde à la terminale, y compris les élèves qui fréquentent les sections d'éducation spécialisée, les classes professionnelles de niveau, les classes préparatoires à l'apprentissage ainsi que ceux du Centre national d'enseignement à distance (CNED). Sachez, par ailleurs, que le redoublement ne fait pas obstacle à leur attribution.

Condition à remplir

L'attribution de la bourse dépend de la situation matérielle de la famille. Pour l'année scolaire 2003-2004, vos revenus de 2001 sont pris en considération tels qu'ils figurent sur votre avis d'imposition ou de non-imposition délivré par l'administration fiscale.
Mais votre revenu est rapporté à vos charges de famille : nombre d'enfants, présence de personnes handicapées ou en longue maladie au foyer... Chaque situation donne droit à l'attribution de points de charge (voir page suivante) et à chaque nombre de points de charge correspond un plafond de ressources qui agit comme un couperet. Si vos revenus sont supérieurs à ces plafonds, vous ne pourrez pas prétendre aux bourses. Les plafonds de ressources applicables pour la rentrée 2003 ne sont pas encore parus. Mais, d'une année sur l'autre, les plafonds varient peu. À titre indicatif, vous trouverez page suivante ceux qui ont été appliqués pour l'année scolaire 2002-2003.

Important ! Si, depuis 2001, votre situation financière s'est modifiée, signalez-le aux services de l'Éducation nationale, vos revenus de 2002 pourront alors être retenus.

Bon à savoir

Dans le cas particulier du divorce avec autorité parentale conjointe, sont retenus les revenus de la personne chez qui réside l'enfant et qui le prend en charge fiscalement et, en cas de remariage, ceux du couple reformé prenant en charge fiscalement l'enfant issu d'un premier mariage.

Calculez vos points de charge					
Nombre d'enfants	1	2	3	4	Par enfant en plus
Points de charge	9	10	12	14	+ 3 points

Si vous vous trouvez dans l'une des situations particulières mentionnées ci-dessous, ajoutez les points de charge correspondants :
- candidat boursier déjà scolarisé en second cycle ou y accédant à la rentrée suivante : 2 points ;
- candidat boursier, pupille de la Nation ou justifiant d'une protection particulière : 1 point ;
- père ou mère élevant seul un ou plusieurs enfants : 3 points ;
- père ou mère tous les deux salariés : 1 point ;
- conjoint en longue maladie ou en congé de longue durée : 1 point ;
- enfant au foyer, atteint d'une infirmité permanente et n'ouvrant pas droit à l'allocation d'éducation spéciale : 2 points ;
- ascendant à charge, au foyer, atteint d'une infirmité ou d'une maladie grave : 1 point.

Plafond de ressources pour l'attribution d'une bourse pour l'année scolaire 2002-2003 (maximum des ressources de 2000)	
Total des points de charge	**Plafond de revenus**
9	8 067 €
10	8 963 €
11	9 859 €
12	10 756 €
Par point en plus	+ 896 €

➤ Le montant de la bourse

Le calcul du montant de la bourse se fait en trois étapes :
- déterminez le « quotient familial » : pour le connaître, divisez votre revenu global par le nombre de points de charge ;
- en fonction de la valeur du quotient familial, il vous est attribué un nombre de parts (voir le tableau) ;
- le montant de la bourse est égal au nombre de parts multiplié par la valeur de cette dernière, qui a été fixée pour l'année scolaire 2002-2003 à 39,36 €.

Calculez votre nombre de parts*	
Valeur du quotient familial (Q)	**Nombre de parts de bourse**
Q est compris entre 839 à 896 €	3
Q est compris entre 780 € à 839 €	4
Q est compris entre 712 € à 780 €	5
Q est compris entre 631 € à 712 €	6
Q est compris entre 574 € à 631 €	7
Q est compris entre 486 € à 574 €	8
Q est compris entre 436 € à 486 €	9
Q est inférieur ou égale à moins de 486 €	10

*Il s'agit du nombre de parts de base ; des parts supplémentaires sont accordées dans certaines situations comme la part « agriculteur » par exemple

Des aides complémentaires sont versées ; ainsi des boursiers entrant en classe de seconde générale ou technologique, de première ou de terminale générale, technologique ou professionnelle bénéficient d'une prime de rentrée, versée en une seule fois, dont le montant était de 213,43 € en 2002. Elles ne sont pas attribuées en cas de redoublement.
Les boursiers de première année d'une section industrielle reçoivent en outre une prime d'équipement dont le montant était fixé à 336 € en 2002.

➤ Comment l'obtenir

Vous devez remettre au secrétariat de l'établissement scolaire votre dossier de demande en temps et en heure. Respectez bien la date de clôture des demandes. Pour la connaître, renseignez-vous auprès du secrétariat de l'établissement scolaire.

Bon à savoir

Afin de permettre aux plus méritants des élèves boursiers de collège de poursuivre, dans de bonnes conditions, une scolarité en lycée d'enseignement général, technologique oyu professionnel conduisant au baccalauréat, un complément de bourse des lycées a été mis en place à la rentrée 2000. Le montant annuel du complément est de 762,25 € par an.

En bref

Le fonds social collégien ou lycéen

Ce fonds peut venir en aide à des familles pour des collégiens ou des lycéens, scolarisés dans des établissements publics, confrontées à des difficultés pour assumer les dépenses de scolarité et de vie scolaire. L'aide, accordée par le chef d'établissement, peut être en espèces ou en nature : concours financier direct, prise en charge des frais de demi-pension ou d'internat ou de fournitures diverses...

LES BOURSES POUR ÉTUDIANT

Les bourses de l'enseignement supérieur sur critères sociaux sont destinées à permettre aux jeunes d'entreprendre à la fin de leurs études secondaires des études supérieures auxquelles, sans cette aide, ils auraient été contraints de renoncer en raison de leur situation familiale ou matérielle.

➤ Bourse de premier et deuxième cycle

Les jeunes qui remplissent les conditions requises pour obtenir les bourses, recevront ces dernières pour la durée du premier cycle et au maximum pendant trois ans. Le premier cycle comprend deux années d'enseignement sanctionnées par un diplôme ; mais, en cas d'échec ou de réorientation ne permettant pas d'achever le premier cycle en deux ans, les étudiants remplissant pas ailleurs les critères sociaux pourront obtenir le maintien de l'aide pour une année supplémentaire après vérification de leur assiduité aux travaux dirigés et de leur présence aux examens par le jury. Toutefois, pour ceux qui n'ont obtenu aucune note supérieure à la moyenne lors de la première année d'étude ou après leur réorientation, ce maintien ne pourra être accordé que sur avis du président de l'université ou du chef d'établissement.
Durant le second cycle, la bourse sera attribuée pour une année universitaire. Pour obtenir son renouvellement, l'étudiant doit passer dans l'année supérieure (sauf situations particulières).

➤ Conditions à remplir

Pour prétendre aux bourses, le jeune doit remplir quatre conditions :
- être français ou ressortissant de l'Union européenne (des conditions sont à remplir pour les étudiants d'une autre nationalité) ;
- être âgé de moins de 26 ans au 1er octobre de la rentrée universitaire pour la première demande de bourse. Cette limite d'âge est repoussée de la durée du service militaire et, pour les étudiantes, d'une année par enfant élevé. Elle ne s'applique pas, par ailleurs, aux étudiants handicapés qui ont besoin de l'aide permanente d'une personne pour effectuer les actes de la vie courante ;
- être titulaire du baccalauréat (ou d'un titre officiellement admis comme équivalent ou permettant de suivre des études supérieures) ;
- être inscrit dans un premier ou second cycle d'enseignement supérieur public ou privé mais habilité à recevoir des bourses de l'Éducation nationale.

Ajoutez à cela la condition de ressources. Le plafond de ressources à ne pas dépasser pour pouvoir prétendre à une bourse varie en fonction de votre situation de famille, traduit en nombre de points (voir encadré ci-après). On compare ensuite le total des points obtenus avec le plafond de ressources s'y rapportant. Ainsi, on peut savoir si le droit à une bourse est envisageable, puis connaître son montant.

Pour l'attribution des bourses pour l'année universitaire 2003-2004, vos revenus de 2001 sont pris en compte tels qu'ils figurent sur votre dernier avis d'imposition ou de non-imposition. En principe, car si vos ressources ont depuis lors chuté, vous pouvez demander que les droits à la bourse soient examinés au regard de vos revenus de 2002.

En pratique

Nombre de points par situation

– Père ou mère élevant seul un ou plusieurs enfants : 1 point ;
– Pour chaque enfant à charge étudiant dans l'enseignement supérieur (à l'exclusion du candidat boursier) : 3 points ;
– Pour chaque enfant à charge (à l'exclusion du candidat boursier) : 1 point ;
– Candidat boursier atteint d'une incapacité permanente (non pris en charge à 100 % dans un internat) : 2 points ;
– Candidat boursier souffrant d'un handicap physique nécessitant l'aide permanente d'un tiers : 2 points ;
– Candidat marié dont les ressources du conjoint sont prises en compte : 1 point ;
– Pour chaque enfant à charge du candidat : 1 point ;
– Candidat boursier pupille de la Nation ou bénéficiaire d'une protection particulière : 1 point ;
– Candidat boursier dont le domicile habituel est éloigné de la ville universitaire :
+ de 30 à 249 km : 2 points,
+ de plus de 249 km : 3 points.

➤ Le montant de la bourse

À votre nombre de points de charge et au montant de vos ressources correspond un échelon : il y a 5 échelons auxquels correspondent 5 montants de bourse plus un échelon zéro grâce auquel son bénéficiaire sera exonéré des droits d'inscription et de sécurité sociale étudiante. Les plafonds de ressources ainsi que le montant des bourses applicables pour la rentrée 2003 ne sont pas encore parus. À titre indicatif, voici ceux qui ont été appliqués pour l'année scolaire 2002-2003.

Montant des bourses pour l'année universitaire 2002-2003 :
- 1er échelon : 1 296 €
- 2e échelon : 1 953 €
- 3e échelon : 2 502 €
- 4e échelon : 3 051 €
- 5e échelon : 3 501 €.

Barème de ressources - Année universitaire 2001-2002						
Points de charge	Échelon					
	0	1	2	3	4	5
0	18 620	15 770	12 750	11 260	9 790	8 360
1	20 690	17 530	14 160	12 510	10 880	9 260
2	22 760	19 290	15 570	13 770	11 980	10 200
3	24 830	21 040	16 990	15 010	13 060	11 130
4	26 900	22 790	18 410	16 270	14 150	12 060
5	28 960	24 530	19 820	17 520	15 250	12 970
6	31 030	26 280	21 240	18 770	16 340	13 900
7	33 100	28 030	22 660	20 030	17 420	14 830
8	35 170	29 790	24 070	21 280	18 510	15 760
9	37 230	31 530	25 490	22 530	19 600	16 690
10	39 300	33 290	26 910	23 800	20 690	17 620
11	41 380	35 040	28 320	25 050	21 780	18 550
12	43 440	36 790	29 740	26 300	22 870	19 480
13	45 510	38 560	31 150	27 560	23 970	20 390
14	47 560	40 310	32 570	28 810	25 070	21 320
15	49 650	42 060	33 990	30 070	26 150	22 270
16	51 710	43 800	35 410	31 320	27 250	23 210
17	53 770	45 560	36 810	32 560	28 330	24 130

Avantage

Si vous reprenez vos études après une maternité, vous pouvez bénéficier d'une aide supplémentaire de 270 €. En outre, les étudiants boursiers de la région parisienne mais également de certaines villes de province peuvent bénéficier d'une aide supplémentaire pour leurs frais de transport. Renseignez-vous auprès du CROUS !

➤ Comment l'obtenir

Les demandes de bourses pour les étudiants transitent par le Minitel ou Internet à l'aide du dossier social étudiant. Les inscriptions sont ouvertes entre le 15 janvier et le 30 avril précédant la rentrée universitaire. Toutefois, en cas de changement durable et notable de la situation de l'étudiant (mariage, divorce) ou de sa famille (chômage, retraite, maladie...) la demande de bourse pourra être examinée après la date limite de dépôt de dossier.

Afin de prendre en compte les situations de précarité qui pourraient naître en cours d'année, la saisie de la commission académique d'allocation d'études par l'intermédiaire du service social du CROUS est possible en cas de dégradation des conditions de vie de l'étudiant. Une allocation d'étude pourra alors être attribuée au jeune en difficulté.

En pratique

En cas de coup dur

Il existe d'autres pistes pour obtenir un coup de pouce pour ses études. N'hésitez pas à contacter le CROUS qui peut vous orienter et même le centre Info-jeune de votre ville. Une nombreuse documentation vous y attend et vous obtiendrez une foule de renseignements sur ce qui se fait localement.

Bon à savoir

Coup de pouce pour les plus méritants

• **Les bourses sur critères universitaires** sont attribuées aux meilleurs étudiants en 3e cycle universitaire (DEA, DESS) et à ceux qui préparent un concours d'accès à la fonction publique ou le concours de l'agrégation. Le montant de cette bourse est, pour l'année 2002-2003 (le montant pour la rentrée universitaire de 2003 n'est pas encore connu), de :
– 3 456 € pour la bourse de service public ;
– 3 780 € pour la bourse de diplôme de 1re annéee de 3e cycle (DEA, DESS) ;
– 4 077 € pour la bourse d'agrégation.

Attention ! Les étudiants inscrits à la préparation d'un diplôme d'études supérieures spécialisées (DESS) ou d'un master professionnel qui n'ont pu bénéficier d'une bourse sur critère universitaire peuvent prétendre désormais à une bourse sur critères sociaux s'ils en remplissent les conditions (circulaire n° 2002-093 du 24 avril 2002, Bulletin officiel de l'Éducation nationale n° 18 du 2 mai 2002).

• **La bourse de mérite** est attribuée aux étudiants ayant obtenu la mention « très bien » au baccalauréat 2002. Il faut de surcroît que le jeune s'engage à se présenter au concours d'entrée de l'École nationale d'administration ou de l'École nationale de la magistrature, à suivre des études de médecine, littéraire ou de sciences humaines ou à préparer un concours d'entrée dans une grande école scientifique. Ils doivent répondre aux conditions pour percevoir une bourse sur critères sociaux. Son montant est de 6 102 € pour l'année 2002-2003.

Bon à savoir

La bourse d'accès à l'emploi

Nouveau ! Une bourse d'accès à l'emploi a été créée à destination des jeunes de 16 à 25 ans engagés avant le 1er janvier 2003 dans un parcours d'insertion professionnel, et qui bénéficient à ce titre d'un accompagnement. Cette bourse n'est versée que pendant les périodes au cours desquelles le jeune ne reçoit rien et pour une période maximale de 6 mois renouvelable 2 fois (3 fois à titre dérogatoire). Elle est attribuée par le préfet sur demande du jeune. Son montant mensuel (300 € maximum) est déterminé en fonction du nombre de semaines pendant lequel le jeune ne reçoit aucune rémunération ni indemnité.

LE LOGEMENT DES JEUNES

Le jeune, étudiant qui ne travaille pas ou peu ou qui débute dans la vie active, a toutes les chances d'obtenir une aide au logement. Lorsque celui-ci en fera la demande à la caisse d'allocations familiales, celle-ci étudiera d'abord son droit à l'aide personnalisée au logement (APL), laquelle n'est attribuée que si le logement occupé est conventionné (un engagement lie votre propriétaire et l'État, notamment pour la fixation du loyer). Pour le savoir, consultez le bail ou demandez au propriétaire (la plupart des logements HLM sont conventionnés ainsi que certaines résidences universitaires). Si le jeune ne peut prétendre à l'APL, la CAF analysera son droit à l'allocation de logement familial réservée aux demandeurs qui assument la charge d'au moins un enfant et aux jeunes couples mariés depuis moins de 5 ans. Si les conditions ne sont pas remplies, il reste l'allocation de logement social qui est majoritairement attribuée aux jeunes.

LES CONDITIONS À REMPLIR

L'aide personnalisée au logement ou l'allocation de logement sont accordées sous condition de ressources et seulement pour la résidence principale. Le jeune a toutes les chances d'obtenir l'une de ces aides puisque ne sont pas pris en compte les revenus de ses parents mais seulement les siens, et cela quel que soit son statut fiscal. Ainsi, le fait que vous comptiez le jeune à votre charge suite à une demande de rattachement ou que vous déduisiez une pension alimentaire est sans incidence sur les droits de votre enfant.

➤ Appréciation de vos ressources

Les aides au logement sont, en principe, revalorisées au 1er juillet de chaque année et attribuées pour 12 mois. Le calcul des aides au logement versées entre le 1er juillet 2003 et le 30 juin 2004 se fera à partir des revenus de 2002 du jeune tels qu'ils ont été retenus pour établir l'impôt sur le revenu : ainsi sont pris en compte ses salaires, notamment ceux reçus à l'occasion des jobs de vacances, les pensions alimentaires versées par les parents. N'entrent pas en ligne de compte les bourses d'enseignement mais le sont les bourses de recherche, par contre.

Lorsque le jeune n'a aucun revenu à déclarer pour 2002 mais qu'il perçoit un salaire au moment de la demande, ses ressources ne sont plus évaluées fictivement. Sont prises en compte, sous certaines conditions (voir page 69), les ressources réellement perçues.

Pour apprécier les ressources des étudiants, il existe, une règle particulière : pour les étudiants bénéficiaires d'une aide au logement antérieurement au 1er juillet 1999, la rémunération est évaluée fictivement à 4 400 € à partir du 1er janvier 2002. Pour les étudiants nouveaux demandeurs d'une aide au logement à compter du 1er juillet 1999, il convient de faire la distinction entre étudiants boursiers et non boursiers. Pour les premiers, il est retenu un mon-

tant minimal de ressources de 4 400 €, pour les seconds, de 5 500 € à compter du 1er janvier 2003.
Si le jeune est marié ou vit en concubinage en ayant signé ou non un PACS, les ressources de son conjoint ou de son concubin seront prises en compte. Le montant du plancher est alors majoré de 2 000 €. Il s'établira donc à :
- 6 400 € pour un couple d'étudiants boursiers ;
- 7 500 € pour des non-boursiers.

Avantage
Pour prendre en compte un ensemble de situations telles que le chômage, par exemple, des abattements sont pratiqués sur les revenus et même parfois certains d'entre eux ne sont pas pris en considération.

> Confort minimal

Par ailleurs, pour ne pas favoriser le maintien de personnes dans des locaux d'habitation au confort douteux ou trop exigus, les aides au logement ne sont attribuées que pour des logements respectant des normes de salubrité et de surface. C'est ainsi que le logement doit répondre à des normes de décence (Décret 2002-10 du 30 janvier 2002 pris en application de la loi SRU du 13 décembre 2000).
Ainsi le logement doit présenter les principales caractéristiques suivantes : il ne doit pas avoir fait l'objet d'un arrêté d'insalubrité ou de péril ; la toiture, les murs, les peintures, les plafonds, les planchers, les installations électriques et de gaz ne doivent pas présenter de danger pour la sécurité et la santé (notamment absence de plomb et d'amiante) ; l'éclairage et la ventilation doivent être suffisants et sans danger ; il doit y avoir au moins un coin cuisine avec un point d'eau potable froide et chaude ; l'installation de chauffage doit être suffisante et sans danger ; s'il s'agit d'un logement de plusieurs pièces, l'installation sanitaire doit être intérieure au logement et complète, avec douche ou baignoire et W.-C. ; s'il s'agit d'un logement d'une seule pièce, il doit y avoir au moins des W.-C. qui peuvent être extérieurs au logement.

Avantage
Peu importe le type de location : que le local soit loué nu ou meublé, qu'il s'agisse d'une location ou une sous-location, l'aide au logement peut être obtenue.

UN CALCUL COMPLEXE

Le montant de la prestation résulte d'un calcul fort complexe qui tient compte d'un ensemble de critères et notamment du montant du loyer, lequel n'est retenu que dans certaines limites, et de celui des ressources. À partir de ce dernier, est établi le montant du loyer qui doit rester à la charge du jeune : sachez qu'en aucun cas la prestation ne couvrira l'intégralité de la dépense de logement.

Avantage
Sur le 3615 CAF, ou le site Internet www.caf.fr, vous pouvez évaluer le montant de l'aide à laquelle vous pouvez prétendre.

À noter

Pour l'étudiant en résidence universitaire, le montant de l'aide au logement sera calculé à partir d'un montant forfaitaire de loyer établi à 70,84 € pour un célibataire et 109,07 € s'il vit en couple (chiffre applicable à partir du 1.7.2002, jusqu'au 30.6.2003). Si la résidence est conventionnée, il pourra prétendre à l'APL.
S'il n'occupe pas sa chambre en résidence pendant la période d'été, le versement des allocations est interrompu puis repris à la rentrée si le jeune retourne dans le même établissement. S'il en change, il devra faire une nouvelle demande.

QUE FAIRE POUR PERCEVOIR L'AIDE ?

L'aide au logement est due à partir du mois civil suivant celui au cours duquel la demande est déposée. Ainsi, si le jeune entre dans son nouveau logement le 1er octobre 2003, il aura droit à l'allocation, sous réserve de remplir toutes les conditions nécessaires, qu'à partir du mois de novembre. Lorsque toutes les conditions sont réunies avant la demande, l'allocation peut être versée au maximum pour les trois mois antérieurs.
La demande est à déposer auprès de la CAF dans le ressort duquel se trouve le logement du jeune.
Le délai de versement de l'allocation dépend de la complexité du dossier et de l'époque de la demande, mais l'attente est en générale de 3 semaines à un mois et demi.

Attention

Dès lors qu'un jeune perçoit une aide au logement (allocation de logement ou APL), il ne peut plus être considéré comme étant à votre charge au sens des prestations familiales. Ainsi, s'il a moins de 20 ans, le fait qu'il bénéficie d'une aide au logement peut vous priver d'une prestation d'un montant plus important. Avant de faire la demande, faites vos calculs !

Inconvénient

Un jeune qui occupe un logement appartenant à ses parents ou grands-parents, ne peut prétendre à une aide au logement. Cette restriction est applicable même lorsque le bien est occupé en contrepartie du versement d'un loyer.

Nouveau !

Si vous avez fait l'acquisition d'un logement neuf à compter du 9 octobre 2002 pour le louer et bénéficier de l'amortissement Besson, vous pouvez désormais le donner en location à votre enfant ou petit-enfant (ou à un ascendant) sans perdre l'avantage fiscal (loi de finances pour 2003). Pour cela, le locataire ne doit pas être membre de votre foyer fiscal et remplir les conditions exigées. Ainsi vous pouvez déduire des loyers encaissés 8 % du prix du logement pendant les 5 premières années et 2,5 % les 10 suivantes. Moyennant quoi, le logement doit être loué non meublé pendant au moins 9 ans à titre de résidence principale, les loyers et les ressources du locataire ne pas dépasser certains plafonds.

EN CAS DE MALADIE

La maladie engendre des frais de soins pris en charge en tout ou partie par les régimes de Sécurité sociale ; on parle alors de prestations en nature. En cas d'arrêt de travail pour maladie, des indemnités journalières (prestations en espèces) pour compenser la perte de salaire sont versées par la Sécurité sociale. Le terme maladie doit être compris dans un sens large car sont aussi bien visées les maladies proprement dites que les accidents, les interventions chirurgicales, les soins et prothèses dentaires et toute affection pathologique.
Ce chapitre est consacré au régime de protection sociale des salariés et de leur famille.
À noter : *en cas d'accident du travail, l'assuré bénéficie d'un dispositif spécifique, distinct de l'assurance maladie, comprenant des prestations en nature et en espèces plus favorables.*

Pour trouver le thème qui vous intéresse, consultez la table des matières en début de volume ou l'index alphabétique en fin de volume.

QUI BÉNÉFICIE DES PRESTATIONS ?

Bénéficient des prestations de l'assurance maladie le salarié lui-même et certains membres de sa famille appelés les ayants droit.
Si vous cessez de remplir les conditions nécessaires pour être assuré social ou ayant droit, votre protection sociale ne s'interrompt pas brutalement pour autant : pendant 12 mois encore, au moins, vous gardez vos droits à prestations ; c'est ce que la Sécurité sociale appelle le maintien de droit.

ASSURÉS SOCIAUX : QUI ÊTES-VOUS ?

Bénéficient des prestations de la Sécurité sociale, en premier lieu, les salariés. Ils paient des cotisations et ont, de ce fait, le statut d'assuré social. Ils doivent néanmoins travailler ou cotiser suffisamment pour avoir droit aux prestations. Mais sachez qu'il n'est pas toujours utile de payer des cotisations pour être assuré social : le seul fait de percevoir certaines allocations ou d'avoir droit à la couverture maladie universelle (voir page 210) donne ce statut.

➤ Bénéficiaires de certaines allocations

Le seul fait de percevoir l'une des allocations ou prestations citées ci-dessous donne la qualité d'assuré à son bénéficiaire qui peut alors prétendre aux prestations en nature. Il s'agit de la retraite du régime général de Sécurité sociale, de la pension de réversion du régime général de Sécurité sociale, de l'allocation aux adultes handicapés, de l'allocation de parent isolé, de la pension d'invalidité ou de veuf invalide, de la rente d'accident du travail correspondant à une incapacité égale ou supérieure à 66,66 %, de la rente de survivant d'une victime d'accident du travail ou d'une maladie professionnelle, de la pension de veuve de guerre et de la pension militaire d'invalidité correspondant à un taux d'incapacité d'au moins 85 %.

➤ Si vous êtes chômeur

Si vous êtes indemnisé au titre de l'assurance chômage ou du régime de solidarité (allocation spécifique ou d'insertion : voir page 199), vous gardez la qualité d'assuré et vos droits aux prestations pendant toute la durée d'indemnisation. À l'issue de cette période, le droit est maintenu pendant 12 mois. Au-delà de ce délai, seules les prestations en nature sont susceptibles d'être servies à condition, toutefois, que vous soyez toujours à la recherche d'un emploi et inscrit comme tel sur les listes de l'ANPE.
Les chômeurs qui ne peuvent prétendre à une allocation de chômage (l'ac-

tivité professionnelle antérieure étant insuffisante pour donner des droits à l'assurance chômage, par exemple) voient leurs droits aux prestations d'assurance maladie maintenus pendant au moins 12 mois. Ils perdent, en revanche, la qualité d'assuré. Au terme de ce délai de 12 mois, ils peuvent continuer de bénéficier des prestations d'assurance maladie dans certaines conditions (voir page 88).

➤ Si vous êtes préretraité

Les préretraités « à temps plein » ont droit à l'ensemble des prestations en nature de l'assurance maladie. Les salariés en préretraite à temps partiel ont également droit aux prestations en nature. Ils percevront, en outre, en cas d'arrêt de travail pour maladie, des indemnités journalières calculées sur la base de leur salaire correspondant au temps partiel.

LES MEMBRES DE LA FAMILLE PROTÉGÉS

Si vous êtes assuré social, par votre intermédiaire, certains membres de votre famille vont pouvoir obtenir le remboursement de leurs frais de soins.

➤ Votre conjoint

Même si vous êtes séparé de votre conjoint, ce dernier peut obtenir, comme ayant droit, les prestations en nature de l'assurance maladie.

Le conjoint divorcé, lorsqu'il n'est pas lui-même assuré social, voit ses droits aux prestations maintenus jusqu'à ce que le plus jeune de ses enfants atteigne 3 ans et de toute façon pendant 4 ans à compter du jour où la décision de justice est devenue définitive (voir p. 88).

Enfin, la couverture sociale peut être maintenue, sans limitation de temps, si l'époux divorcé a ou a eu à charge au moins 3 enfants. Pour bénéficier de cette dernière mesure, l'époux devait être ayant droit de son conjoint au moment du divorce et doit adresser sa demande dans l'année qui suit.

Les droits du conjoint veuf sont absolument identiques à ceux du conjoint divorcé.

➤ Votre concubin

La personne avec laquelle vous vivez maritalement sera considérée comme votre ayant droit à condition qu'elle se trouve à votre charge effective, totale et permanente et que vous viviez sous le même toit. La preuve en sera apportée par une déclaration sur l'honneur souscrite chaque année auprès de la caisse primaire.

Attention

Le partenaire avec lequel vous avez signé un PACS devient votre ayant droit sans délai s'il n'a pas le statut d'assuré social.

Vos enfants à charge

L'enfant, s'il n'est pas salarié, jusqu'à 16 ans, est rattaché à son père ou à sa mère assuré social.

Le jeune qui poursuit des études est, jusqu'à ses 20 ans, ayant droit de l'un de ses parents. S'il ne fréquente plus d'établissement scolaire ni ne travaille, il pourra prétendre aux prestations en nature de l'assurance maladie pendant 4 ans supplémentaires (voir page 88). Toutefois, si le jeune est à votre charge et vit sous votre toit depuis au moins un an, il gardera son statut d'ayant droit, sans limitation d'âge.

Sachez que l'enfant majeur ayant droit d'un assuré social peut demander à devenir un ayant droit autonome. Il bénéficiera, ainsi à titre personnel, du remboursement des prestations en nature de l'assurance maladie (voir la couverture sociale des jeunes, page 67).

Les parents assurés sociaux désignent d'un commun accord celui d'entre eux auquel les membres de la famille sont rattachés pour le bénéfice des prestations. Cette désignation peut être effectuée à tout moment et ne peut être modifiée qu'au bout d'un an et d'un commun accord entre les parents. À défaut, le rattachement se fait au profit du père. En cas de séparation de fait ou de droit, les enfants sont rattachés à celui des parents qui en a la charge effective et permanente, si ce dernier en fait la demande.

Les autres membres de la famille

D'autres membres de la famille sont considérés comme ayants droit, s'ils vivent sous votre toit et se consacrent exclusivement aux travaux ménagers et à l'éducation d'au moins 2 enfants de moins de 14 ans. Il s'agit des ascendants (parents, grands-parents, arrière-grands-parents), des collatéraux (frères, sœurs, oncles, tantes, neveux et nièces par le sang) et des alliés (conjoints des ascendants ou des collatéraux ou parents proches des conjoints). Pour bénéficier de cette couverture sociale, les intéressés doivent faire une déclaration sur l'honneur.

Les personnes vivant sous votre toit

La personne qui vit sous votre toit depuis au moins 12 mois consécutifs et qui est à votre charge permanente est considérée comme votre ayant droit. Elle ne doit relever d'aucun régime obligatoire de Sécurité sociale. Pour obtenir cette protection, elle doit déclarer être effectivement à charge et produire une attestation sur l'honneur. Pour être valable, cette attestation doit être renouvelée chaque année.

Cette disposition vise plusieurs situations, notamment celle des personnes de même sexe vivant ensemble ou celle des jeunes âgés de plus de 20 ans vivant au foyer de leurs parents et non couverts par le régime étudiant.

Attention

Attention au titre de cette disposition, une seule personne par assuré peut se voir reconnaître la qualité d'ayant droit.

LE MAINTIEN DES DROITS

Lorsque vous cessez de remplir les conditions nécessaires pour être assuré, vous continuez de bénéficier des prestations pendant un an si vous remplissez au moins l'une des conditions suivantes :
- vous avez cotisé sur un salaire mensuel au moins égal à 60 fois le SMIC horaire ;
- vous avez effectué au moins 60 heures de travail salarié ou assimilé au cours d'un mois civil ou de trente jours consécutifs ;
- vous avez cotisé sur trois mois sur un salaire au moins égal à 120 fois la valeur du SMIC horaire ;
- vous avez effectué au moins 120 heures de travail salarié ou assimilé pendant trois mois civils ou trois mois de date à date.

Au delà de cette période d'un an, vous continuerez de bénéficier des prestations pendant au moins les deux années civiles suivantes si vous remplissez l'une des conditions ci-après :
- vous avez cotisé pendant l'année civile sur un salaire au moins égal à 2 030 fois le SMIC horaire ;
- vous avez effectué au moins 1 200 heures de travail salarié ou assimilé au cours de cette même année civile.

À l'issue de cette première période de un ou deux ans, selon le cas, vous bénéficiez d'un maintien de droit de quatre ans.
Si, à la fin de cette période de quatre, cinq ou six ans selon la situation de l'assuré, celui-ci n'exerce pas d'activité, ne bénéficie pas d'un avantage ouvrant droit à la protection sociale et n'a pas la qualité d'ayant droit, il intégrera le régime de la couverture maladie universelle (CMU) (voir page 211).
Lorsque vous cessez d'être ayant droit, vous bénéficiez du maintien de vos droits pendant 4 ans.

Attention

Dans toutes les situations évoquées ci-dessus si, au cours de la période de maintien de droit, la personne remplit à nouveau les conditions pour bénéficier d'un régime de protection sociale obligatoire, le maintien de droit est interrompu.

Important : si vous n'entrez dans aucun des cas de figure énoncés ci-dessus, votre dernier recours pour bénéficier d'une protection sociale est la couverture maladie universelle (voir page 211).

LE REMBOURSEMENT DE VOS FRAIS DE SOINS

En principe, vous n'obtiendrez pas le remboursement total de vos dépenses de santé par la Sécurité sociale. En fonction du type de soins, vous garderez à votre charge une part plus ou moins grande de la facture. Parmi les dépenses de santé « mal remboursées » par la Sécurité sociale figurent les lunettes et les prothèses dentaires.

LES CONDITIONS À REMPLIR

Pour avoir droit à une prise en charge, pendant un an, des dépenses de santé engagées par vous, assuré social, ou un membre de votre famille, vous devez justifier du versement d'un montant minimum de cotisations (ou, à défaut, d'une durée minimale de travail). Mais, le montant exigé étant relativement faible, vous pouvez vous ouvrir des droits avec une activité professionnelle de courte durée ou à temps partiel.

Ainsi, vous devez, à la date des soins mentionnée sur la feuille de soins :

- soit avoir cotisé sur un salaire égal au moins à 60 fois le SMIC au cours du mois civil ou des 30 jours consécutifs précédents ; ou avoir effectué au moins 60 heures de travail salarié ou assimilé au cours du mois civil ou des 30 jours consécutifs précédents ;
- soit avoir cotisé sur un salaire au moins égal à 120 fois la valeur du SMIC au cours des 3 mois civils précédents, ou avoir effectué au moins 120 heures de travail salarié ou assimilé pendant les 3 mois civils ou les 3 mois de date à date précédents.

Vos droits à remboursement seront acquis pour 2 ans si vous avez cotisé sur une rémunération égale à 2 030 fois la valeur du SMIC au cours de l'année civile précédant la date des soins ou si, au cours de cette même période, vous avez effectué 1 200 heures de travail.

LES RÈGLES DE REMBOURSEMENT

Toutes vos dépenses de santé ne sont pas remboursables, loin s'en faut ! En effet, pour être pris en charge, un examen, un acte, un médicament, une prothèse... doit être, en principe, répertorié par la Sécurité sociale. C'est ainsi, par exemple, que tous les actes médicaux et paramédicaux remboursables sont inscrits dans un document appelé la nomenclature générale des actes professionnels. Pour chaque dépense prise en charge, est établi un tarif, lequel, correspond aux honoraires facturés par les professionnels de santé et sert de base de remboursement à la Sécurité sociale. En outre, les dépenses de santé ne sont, en principe, pas prises en charge intégralement par l'assurance maladie. L'assuré en supporte une partie, appelée le ticket modérateur.

Avantage

Par exception, certains actes ne figurant pas sur les différentes nomenclatures ou tarifs peuvent cependant faire l'objet d'un remboursement par assimilation à un acte de même importance inscrit à la nomenclature.

➤ Les tarifs

À chaque acte répertorié par la Sécurité sociale correspond :
- une lettre clé qui caractérise la spécialité du professionnel de santé compétent pour pratiquer l'acte ; il existe 20 lettres clés principales et à chacune d'elles correspond une valeur en euros (voir ci-après) ;
- un coefficient qui varie en fonction de la complexité de l'acte.

En pratique

Des périodes d'inactivité assimilées à du travail

Pour analyser la durée minimale d'activité, certaines périodes « d'inactivité » sont assimilées à du travail.
Ainsi équivaut à 6 fois la valeur du SMIC ou à 6 heures de travail salarié :
– chaque journée indemnisée au titre de la maladie, de la maternité ou de l'invalidité, à l'exclusion des journées indemnisées en application des dispositions sur le maintien des droits (voir page 88) ;
– chaque journée d'interruption de travail pour maladie pendant lesquelles vous n'avez pas perçu d'indemnité journalière de l'assurance maladie ; sont visés les 3 jours du délai de carence (voir page 111) à condition que l'arrêt de travail donne lieu par la suite à l'attribution d'indemnités journalières ; mais également les jours non indemnisés parce que vous avez épuisé vos droits aux indemnités journalières à condition que l'incapacité physique de reprendre ou de continuer le travail soit reconnu par le médecin-conseil ;
– chaque journée indemnisée au titre des accidents du travail, ainsi que chaque journée pendant laquelle vous avez perçu une rente d'accident du travail pour une incapacité permanente d'au moins 66,66 % ;
– chaque journée de stage effectuée dans un établissement de rééducation par le titulaire d'une rente d'accident du travail ;
– chaque journée de détention préventive.

En bref

Le sort particulier des « petits nouveaux »

Si vous êtes un nouvel assuré social (vous débutez votre carrière professionnelle), quel que soit votre âge, vous avez droit automatiquement pendant les trois premiers mois au remboursement de vos frais de soins. À l'issue de ce délai, si vous êtes âgé de moins de 25 ans, vous avez droit, pour une nouvelle période de 3 mois, aux prestations en nature si vous justifiez, depuis l'entrée dans le régime :
– avoir versé des cotisations sur un salaire égal à 60 fois la valeur du SMIC ;
– ou avoir effectué au moins 60 heures de travail salarié ou assimilé.

En pratique

Les principales lettres clés et leur valeur (1)

Actes	Lettre clé	Valeur de la lettre clé
- Médecin généraliste : consultation	C	20 €
- Consultation approfondie (1)	C	23 €
- Visite	V	20 €
- Médecin spécialiste (2)		
• consultation simple	C	23 €
• consultation approfondie	C	26 €
• expertise	C	40 €
- Actes de chirurgie ou de spécialités pratiqués par un médecin	K	1,92 €
- Certains actes chirurgicaux	Kc	2,09 €
- Actes d'écho, de doppler	KE	1,89 €
- Actes pratiqués par un dentiste	D	1,92 €
• Soins conservateurs	SC	2,36 €
• Soins relatifs aux prothèses dentaires	SPR	2,15 €
• Certains actes pratiqués par un dentiste	DC	2,09 €
- Actes pratiqués par un infirmier ou une infirmière	AMI	2,90 €
- Actes pratiqués par un masseur-kinésithérapeute	AMC ou AMK	2,04 €

(1) La consultation annuelle approfondie réservée aux patients atteints d'une ou plusieurs affections de longue durée exonérés du ticket modérateur.
(2) La consultation des médecins spécialistes vient d'être réformée (voir encadré ci-dessous).

Bon à savoir

Réforme de la consultation des médecins spécialistes

L'accord du 10 janvier 2003 signé par l'assurance maladie et des syndicats de médecins libéraux prévoit de créer, à titre transitoire en attendant la prochaine réforme globale de la classification des actes médicaux, trois types de consultations au profit des médecins spécialistes. Ainsi le prix de la consultation simple est passé de 22,87 à 23 € au 1er février 2003. Le deuxième type de consultation dite approfondie, qui reste à définir, sera instauré au plus tard à compter du 31 mars 2003. Son montant sera de 26 € puis porté à 28 € à compter du 1er octobre. Le troisième type, également nouveau, au prix de 40 €, sera facturable par le praticien lorsqu'il a un rôle d'expert. La date de son entrée en vigueur tout comme son contenu ne sont pas encore connus. ▶

À noter: Une majoration forfaitaire pédiatrique des consultations ou des visites a été créée au profit des pédiatres lorsque le petit patient est âgé de moins de 25 mois. Son montant de 5,13 € est pris en charge à 100 % par la sécurité sociale. Un forfait pédiatrique est également accordé aux médecins généralistes qui réalisent les examens de l'enfant du 8e jour, du 9e mois et du 24e mois. Son montant est de 5 €

Les rapports entre la Sécurité sociale et les professionnels de santé sont réglés par des conventions nationales conclues entre les caisses nationales d'assurance maladie et une ou plusieurs organisations syndicales nationales représentatives des praticiens et auxiliaires médicaux. Chaque convention fixe non seulement les obligations réciproques des professionnels de santé et des organismes de Sécurité sociale mais également la valeur des lettres clés revalorisée périodiquement par avenant tarifaire.
Ainsi, d'après la codification de l'acte et la valeur de la lettre clé correspondante, le professionnel de santé établit le montant de ses honoraires à partir duquel la Sécurité sociale fixera le remboursement. Ce tarif est dit de responsabilité.
Un professionnel qui adhère à la convention (et c'est le choix fait par l'écrasante majorité des professionnels) ne peut demander à ses clients des honoraires supérieurs aux tarifs de responsabilité. Cependant, les médecins ont un régime conventionnel particulier (voir page 100).
Si vous choisissez de recourir à un professionnel de santé non conventionné, la Sécurité sociale vous remboursera les dépenses de santé sur la base d'un tarif dit d'autorité. La prise en charge par l'assurance maladie est alors symbolique. Ainsi, par exemple, la consultation d'un généraliste parisien non conventionné est remboursée sur la base de 0,61 € (les tarifs d'autorité sont les mêmes depuis 1960 !).

➤ En principe, le remboursement est partiel

Vous acquitterez, le plus souvent, une facture d'honoraires correspondant au tarif de responsabilité. Mais la Sécurité sociale ne rembourse pas, en principe, la totalité de la facture mais seulement une partie : le taux de prise en charge des dépenses de santé par la Sécurité sociale varie en fonction de la nature de l'acte effectué et de la qualification et spécialité du professionnel de santé qui intervient.

➤ Prise en charge à 100 %

Vous pouvez bénéficier d'une prise en charge totale sur la base du tarif de responsabilité sous certaines conditions.

• *Tout dépend de votre situation*

La prise en charge totale s'appliquera à l'ensemble de vos dépenses de santé si vous êtes titulaire d'une pension civile ou militaire d'invalidité, d'une pension de vieillesse substituée à une pension d'invalidité, d'une pension de veuf ou de veuve d'invalide ou de la pension de réversion qui lui est substituée. Dans ces hypothèses, l'exonération ne s'applique qu'aux dépenses de santé vous concernant et non à celles engagées par votre conjoint ou vos ayants droit. En outre, demeurent exclus du remboursement à 100 % les médicaments à « vignette bleue » qui ne sont remboursés qu'à 35 %, sauf si vous êtes titulaire d'une pension militaire d'invalidité ou grand invalide de guerre.

Soins	Taux de prise en charge
Honoraires médicaux en ville - médecin - chirurgien-dentiste - sage-femme - auxiliaires médicaux (infirmiers, masseurs)	 70 % 70 % 70 % 60 %
Médicaments - irremplaçables, très coûteux - courants, homéopathie, préparation magistrale - à vignette bleue	 100 % 65 % 35 %
Hôpital - consultation externe - hospitalisation : • du 1er au 30e jour • à partir du 31e jour - examens de laboratoires (hors hospitalisation), radiologie	 70 % 80 % 100 % 60 %
Appareillage - petit appareillage, prothèses, orthopédie, lunetterie - grand appareillage	 65 % 100 %

Si vous percevez une rente (ou une allocation) d'accident du travail attribuée pour une incapacité d'au moins 66,66 %, vous bénéficiez pour vous-même, mais également pour chacun de vos ayants droit, d'une prise en charge à 100 % des dépenses de santé sauf pour les médicaments à « vignette bleue ».

Avantage

• *Depuis la loi du 23 décembre 1998, le dépistage des maladies aux conséquences mortelles évitables (cancer du sein, de l'utérus, du côlon) est pris en charge à 100 % qu'il soit effectué dans le cadre d'un programme de la prévention ou individuellement. Il en est de même des soins dispensés en centre ambulatoire contre l'alcoolisme.*

• *Depuis le 1er janvier 2001, les travailleurs indépendants bénéficient des mêmes taux de remboursement que les salariés.*

Attention

Au vu de ses consommations de soins, un assuré, à condition qu'il ne soit pas atteint d'une longue maladie, peut être contrôlé par le médecin du service du contrôle médical de la Sécurité sociale. En tenant compte des éléments recueillis auprès des professionnels de santé qui ont fait des prescription à l'assuré contrôlé, le médecin du contrôle médical va évaluer l'intérêt thérapeutique des soins et traitements dispensés. S'il estime nécessaire de formuler des recommandations sur les soins et traitement appropriés, il convoquera l'assuré qui pourra se faire assister d'un médecin de son choix. Dans le mois qui suit, l'assuré recevra directement ou par l'intermédiaire de son médecin l'en-

semble des recommandations. Certes, cette lettre ne doit pas interrompre le traitement en cours puisqu'il s'agit bien d'une recommandation.

◆ ***Tout dépend de la nature des soins***

Sont pris en charge à 100 % du tarif de responsabilité les frais d'hospitalisation supérieurs à 30 jours, les actes affectés à la nomenclature générale des actes professionnels d'un coefficient supérieur ou égal à 50 (exceptés les prothèses dentaires), les médicaments irremplaçables et particulièrement coûteux, les articles de grand appareillage, les soins infirmiers à domicile dans le cadre d'une chimiothérapie anticancéreuse après entente préalable, les frais d'hébergement dans une unité ou un centre de long séjour ; les soins paramédicaux dispensés dans le cadre d'une action médico-sociale de maintien à domicile, les soins consécutifs aux sévices subis par les mineurs victimes d'agressions sexuelles, les actes de dépistage visant à réduire les risques de maladie aux conséquences mortelles évitables (actes de dépistage individuels ou effectués dans le cadre de programmes de santé publique) et les soins dispensés dans un centre ambulatoire de soins en alcoologie.
La suppression totale de votre participation est également prévue pour les soins relatifs à la maternité : dépenses de santé engagées pendant les 4 derniers mois de la grossesse, à l'exception des médicaments à vignette bleue, les investigations nécessaires au diagnostic de la stérilité et à son traitement, les frais d'hospitalisation des nourrissons lorsqu'elle se produit dans les 30 jours qui suivent la naissance, ainsi que les soins de toute nature qui leur sont dispensés dans un établissement de santé au cours de la période de 30 jours qui suit la naissance.

Bon à savoir

La consultation du dossier médical

Désormais, le patient peut avoir accès directement à son dossier médical ou s'il le souhaite prendre pour intermédiare le médecin de son choix (Loi du 4.3.2002 parue au *JO* du 5.3.2002 ; décret du 29.4.2002, *JO* du 30.4.2002). La demande doit être adressée au professionnel de santé ou à l'établissement hospitalier concerné. La réponse doit être apportée dans les 8 jours (dans les 2 mois lorsque l'information médicale est vieille de 5 ans ou plus).

◆ ***Tout dépend de la maladie***

Si vous êtes atteint de l'une des affections figurant sur la liste des 31 « affections comportant un traitement prolongé et une thérapeutique particulièrement coûteuse » (voir ci-après), vous bénéficiez pour les seuls frais occasionnés par le traitement de cette maladie d'une prise en charge à 100 %. Cette prise en charge s'applique à la totalité des dépenses de santé, y compris aux dépenses correspondant à l'achat de médicaments à « vignette bleue ».

En pratique

Liste des affections ouvrant droit à exonération totale du ticket modérateur

– accident vasculaire cérébral invalidant,
– insuffisance médullaire,
– artériopathie chronique et évolutive avec manifestation clinique ischémique,
– bilharziose compliquée,
– insuffisance cardiaque, troubles du rythme graves, cardiopathie valvulaire grave, cardiopathies congénitales graves,
– maladies chroniques actives du foie et cirrhose,
– déficit immunitaire primitif grave nécessitant un traitement prolongé, infection par le virus de l'immuno-déficience humaine,
– diabètes de type 1 et 2,
– affection neuromusculaire grave dont myopathie,
– épilepsie grave,
– hémoglobinopathie hémolyses,
– hémophilie,
– hypertension artérielle sévère,
– maladies coronaires,
– insuffisance respiratoire chronique grave,
– lèpre,
– maladie de Parkinson,
– maladies métaboliques héréditaires graves,
– mucoviscidose,
– néphropathie chronique grave et syndrome néphrotique pur primitif,
– paraplégie,
– périarthrite noueuse, lupus érythémateux aigu disséminé, sclérodermie généralisée évolutive,
– polyarthrite rhumatoïde évolutive grave,
– psychose, trouble grave de la personnalité, arriération mentale,
– recto-colite hémorragique et maladie de Crohn évolutive,
– sclérose en plaques,
– scoliose structurale évolutive grave jusqu'à maturation rachidienne,
– spondylarthrite ankylosante grave,
– suites de transplantation d'organe,
– tuberculose active,
– tumeur maligne, affection maligne du tissu lymphatique ou hématopoïétique.

Si la maladie ne figure pas dans la liste mentionnée ci-dessus mais qu'elle est reconnue par le contrôle médical comme revêtant une forme particulièrement grave ou invalidante et nécessitant des soins continus d'une durée prévisible supérieure à 6 mois, vous pourrez obtenir, pour une durée maximale de 24 mois, le bénéfice de l'exonération totale du ticket modé-

rateur. Il en sera également ainsi si vous êtes reconnu atteint de plusieurs affections entraînant un état pathologique invalidant.
Pour obtenir cette prise en charge, votre demande doit être accompagnée d'un dossier médical établi par le médecin traitant indiquant le diagnostic précis de l'affection dont vous êtes atteint ainsi qu'un programme thérapeutique précis.
Comme dans le cas précédent, l'exonération ne porte que sur les frais en relation directe avec cette seule affection. L'exonération s'applique en revanche à l'ensemble des frais en relation avec la maladie, y compris aux dépenses relatives à l'achat de médicaments dits « de confort » (médicaments à « vignette bleue »).

LES FORMALITÉS À REMPLIR

Le vent de la simplification administrative souffle avec le développement des nouvelles technologies, et notamment la télétransmission des données. Aussi les relations entre les assurés sociaux et les organismes de Sécurité sociale devraient progressivement s'alléger.

➤ La carte Vitale

La carte violette d'assuré social a été remplacée par la carte Vitale, carte à puce qui porte l'identité de l'assuré social et de ses ayants droit de moins de 15 ans, c'est-à-dire des personnes qu'il a à sa charge, et qui bénéficient par son intermédiaire d'une couverture sociale (enfants, conjoint ou concubin qui ne travaille pas, entre autres). Chaque personne de la famille de plus de 15 ans doit être titulaire d'une carte Vitale.
L'objectif à atteindre avec la carte Vitale est de communiquer électroniquement à la caisse l'acte réalisé par le médecin et le montant des honoraires facturés. Vous serez, à terme, dispensé de l'envoi de la feuille de soins à la caisse et obtiendrez rapidement le remboursement des actes.
Mais, pour que le dispositif soit mis en œuvre, le médecin doit être doté d'un ordinateur, d'un modem pour transmettre les informations à l'ordinateur de la caisse et d'un lecteur de cartes. Plus de 71 % des généralistes et 46 % des spécialistes détiennent un tel équipement. Pour ceux qui ne sont pas encore équipés, vous devez conserver sur vous l'attestation papier qui vous a été adressée en même temps que la carte Vitale. Il vous faut, par ailleurs, continuer à envoyer vos feuilles de soins papier pour obtenir le remboursement de la Sécurité sociale, lorsque vous consultez un médecin qui ne peut pas prendre votre carte Vitale.

À noter

À terme, la carte Vitale comportera un volet santé et, plus précisément, des informations nécessaires aux interventions urgentes (groupe sanguin, allergie) et des éléments facilitant la continuité des soins. Ces mentions ne pourront figurer en mémoire sur la carte Vitale qu'avec l'accord du patient qui aura le droit d'en demander à tout moment rectification et même suppression.

➤ Le paiement des honoraires

Si la prise en charge jumelée de la Sécurité sociale et d'une assurance complémentaire couvre dans de très nombreux cas la totalité de la facture des dépenses de soins, il reste à avancer les frais et à en attendre le remboursement. Heureusement pour les frais d'hospitalisation, l'avance n'est pas à faire (voir page 103). Mais, dans d'autres cas moins connus, vous pouvez échapper au paiement de la facture et bénéficier du système dit du « tiers payant » ou de la dispense d'avance des frais.

• *Chez le pharmacien*

Votre pharmacien a pu adhérer à une convention tiers payant : s'il en est ainsi, vous n'avancerez pas la somme correspondante au montant pris en charge par la Sécurité sociale et ne paierez que le ticket modérateur. Par ailleurs, des conventions ont pu être passées entre les pharmaciens et les mutuelles : généralement la MGEN, les mutuelles étudiantes, celle de la RATP... La liste est souvent affichée sur la porte des pharmacies concernées. Si votre mutuelle fait partie de l'une d'elles, il vous suffit de présenter un justificatif de votre adhésion grâce auquel le pharmacien ne vous réclamera pas la somme correspondant à la prise en charge de l'assurance complémentaire.

Par ailleurs, le tiers payant pharmaceutique se généralise avec le développement de la carte Vitale et l'informatisation des pharmaciens, lesquels sont de plus en plus nombreux à lire les informations contenues dans la mémoire de votre carte Vitale et télétransmettre à votre caisse le contenu de la prescription du médecin (72 % des pharmaciens).

• *Au laboratoire*

Vous bénéficiez d'un tiers payant pour les actes de biologie seulement si vous êtes pris en charge à 100 %. Sont notamment concernés les femmes enceintes pendant les 4 derniers mois de grossesse, les personnes atteintes d'une longue maladie, les titulaires d'une pension d'invalidité.

➤ Entente préalable

Avant d'effectuer un acte médical ou paramédical, une acceptation préalable de la caisse peut être nécessaire. Il en est ainsi pour les actes de la nomenclature générale des actes professionnels dont le coefficient est suivi de la lettre E, ainsi que pour les actes ne figurant pas sur ce document et remboursés par assimilation en matière de prothèse dentaire. Désormais, lorsqu'un accord de l'organisme de Sécurité sociale, préalablement au remboursement d'un acte ou d'un traitement, est requis (hors frais de transport, voir page 107), la caisse dispose d'un délai de quinze jours, à compter de la date de réception par le service médical, pour donner sa réponse. Si l'assuré ne reçoit aucun courrier de la caisse dans ce délai, il peut commencer son traitement.

En cas d'urgence, le praticien peut effectuer l'acte, mais il doit néanmoins demander l'entente en portant la mention « acte d'urgence ».

Une réforme de cette procédure est amorcée depuis la loi de financement de la Sécurité sociale pour 2002. Un accord d'entente préalable est désormais exigé pour des prestations dont la nécessité doit être appréciée au regard d'indications déterminées ou dont le prix est élevé. Un décret fixant les modalités de mise en œuvre est attendu.

LORSQUE VOUS CONSULTEZ UN MÉDECIN

Les honoraires sont, en principe, pris en charge à 70 %. Bien qu'adhérant à la convention médicale, les médecins peuvent, dans certains cas, pratiquer des dépassements d'honoraires c'est-à-dire vous facturer plus que le tarif de responsabilité (tarif qui sert de base de remboursement à la Sécurité sociale). Tout dépend de leur position au regard de la convention ; le médecin peut être : conventionné dit secteur 1, conventionné à honoraires libres ou secteur 2 ou encore non conventionné.

Bon à savoir

Les tarifs de la visite revisités

Un nouveau dispositif entré en vigueur au 1er octobre 2002 vise à limiter les cas de prises en charge des déplacements du médecin au domicile du patient. Ainsi, pour une visite, le médecin peut facturer en plus de la consultation à 20 €, 10 € au titre des frais de déplacement lorsque son patient est dans l'incapacité de se déplacer. En pareille situation, les 30 € d'honoraires seront pris en charge à 70 ou à 100 % selon le cas (voir ci-dessus). Bénéficient de ce dispositif les personnes atteintes de certaines affections de longue durée (comme la sclérose en plaque, la maladie de Parkinson) ou dans l'incapacité de se déplacer, incapacité qui doit être appréciée par le médecin.

À titre exceptionnel, la majoration pourra être facturée et remboursée lorsque le patient se trouvera dans une impossibilité clinique de se déplacer ou dans une zone où il est difficile d'accéder aux soins.

Pour les visites de nuit effectuées entre 20 heures et minuit, la majoration de déplacement est de 38,50 € et entre minuit et 6 heures de 43,50 €. Pour les visites les dimanches et jours fériés, elle est de 22,60 €.

Pour les patients qui peuvent se déplacer mais demandent néanmoins une visite à domicile, le médecin peut facturer des frais de déplacement qui resteront totalement à la charge de l'assuré.

> Médecin conventionné ou non

Si vous consultez un médecin conventionné, il ne pourra, en principe, vous réclamer plus que le tarif sur la base duquel la Sécurité sociale calcule son remboursement. Il restera à votre charge 30 % de la note éventuellement prise en charge par une assurance complémentaire. Cependant, ce médecin peut appliquer un dépassement en cas d'exigences particulières

du malade ; il en sera ainsi pour une visite en dehors des horaires habituels par exemple. La mention « DE » est alors portée sur la feuille de soins. Le praticien doit ainsi informer le patient du montant du dépassement non remboursé et lui en expliquer le motif.
En outre, le médecin conventionné à honoraires libres peut pratiquer des dépassements ; or, le remboursement de la Sécurité sociale se fait toujours sur la base du tarif de responsabilité. Aussi resteront à la charge du patient non seulement le ticket modérateur mais également le montant du dépassement.
Si vous vous adressez à un médecin non conventionné, vous serez remboursé sur la base d'un tarif symbolique dit d'autorité (voir page 92).

➤ Le retour du médecin de famille

Les médecins généralistes conventionnés peuvent adhérer à une option conventionnelle dite « médecin référent ». S'ils choisissent cette option, ils peuvent alors proposer à leurs patients (assurés sociaux ou ayants droit d'au moins 16 ans) un contrat valable un an.

• *Les contraintes du système*

Par ce contrat, vous vous engagez à consulter votre médecin référent en premier lieu. Plus question de vous adresser directement à un médecin spécialiste ni à un autre médecin généraliste sauf raisons exceptionnelles (maladie survenant sur les lieux de vacances ou au cours d'un déplacement). Si vous ne respectez pas ce principe, le service médical de la caisse peut vous demander des explications et vous placer hors de l'option si vos raisons n'ont pas été convaincantes. Cette option conventionnelle a été mise en place pour améliorer la continuité des soins, mais également pour limiter le « nomadisme médical » et du même coup les dépenses de santé, les Français n'hésitant pas à solliciter plusieurs avis médicaux et à multiplier les consultations de spécialistes.

• *Les contreparties*

Le médecin référent envers les patients qui l'ont choisi comme tel s'engage à ne pas facturer de dépassements d'honoraires sauf en cas d'exigences particulières. Ainsi, avec la formule de base d'un contrat d'assurance maladie complémentaire, la totalité de la dépense sera couverte. En outre, vous êtes dispensé d'avance des frais pour la part prise en charge par la Sécurité sociale ; pour la part prise en charge par les assurances complémentaires, le tiers payant sera mis en œuvre mais seulement dans un deuxième temps. Les connaissances du médecin référent feront l'objet d'une évaluation régulière et le praticien devra suivre régulièrement des actions de formation professionnelle ce qui vous garantit, en principe, la qualité des soins. Le praticien doit assurer un suivi médical des patients qui l'ont choisi comme médecin référent. Ce suivi prendra la forme d'un document médical de synthèse, lequel devra être informatisé dans l'année qui suit l'adhésion à l'option. Le document comportera toutes les informations utiles concernant votre santé ; en dépôt chez le médecin, vous en serez, cependant, le propriétaire et pourrez, de ce fait, demander communication de tout ou partie des informations qu'il contient.

◆ ***Liberté de choix***

Chaque médecin généraliste est libre d'adhérer ou non à cette option conventionnelle ; chaque patient est libre de choisir ou non un médecin référent. En cas de choix pour cette option conventionnelle, le médecin et son patient signent un formulaire qui doit être retourné à la caisse primaire.

VOUS AVEZ BESOIN DE MÉDICAMENTS

Un médecin ne peut prescrire un traitement d'une durée supérieure à 6 mois. S'il s'agit de tranquillisants, la prescription ne peut pas aller au-delà de 4 semaines. Le pharmacien, quant à lui, ne peut délivrer des médicaments que pour un traitement d'1 mois au maximum sauf pour les contraceptifs oraux (3 mois). Il existe plusieurs types de produits vendus en pharmacie.

➤ Les médicaments spécialisés

Pour être remboursables, ils doivent être inscrits sur une liste établie par la Sécurité sociale et être prescrits par un médecin, un chirurgien-dentiste ou une sage-femme. Par ailleurs, les médicaments sont en principe remboursés en fonction de leur efficacité thérapeutique ; c'est pourquoi ils ne sont inscrits sur la liste des médicaments remboursables que pour une durée de 5 ans. Le renouvellement de l'inscription sur la liste est toujours possible dès lors que le service médical rendu (SMR) est suffisant compte tenu des nouveaux médicaments du marché. Lorsque le SMR n'est pas considéré comme majeur, le médicament est remboursé à 35 % (Décr. du 27.10.1999, JO du 30.10.1999) comme les médicaments de confort.

Avec un SMR insuffisant, le médicament ne doit plus en principe être remboursé. Les spécialités appartenant à un groupe générique (groupe constitué de deux ou trois médicaments de référence et de médicaments génériques) composé de spécialités de référence inscrites sur la liste des médicaments remboursables sont présumées remplir les conditions de « service médical rendu ».

Certains médicaments spécialisés, reconnus « irremplaçables et particulièrement coûteux », sont remboursés à 100 % (exonération totale du ticket modérateur). Un second groupe de spécialités ouvre droit à un remboursement à 65 % ; leur conditionnement comporte une vignette de couleur blanche. Un dernier groupe est constitué par les médicaments à vignette bleue, prescrits pour le traitement symptomatique d'affections sans caractère de gravité, lesquels sont remboursés à hauteur de 35 %. Même si vous êtes pris en charge à 100 %, les médicaments à vignette bleue vous seront remboursés à 35 % sauf si vous êtes titulaire d'une pension militaire d'invalidité ou de grand invalide de guerre. Les personnes atteintes d'une maladie de longue durée ou assimilée bénéficient également d'une exonération du ticket modérateur pour les médicaments à vignette bleue entrant dans le traitement de cette maladie.

➤ Les médicaments génériques

Parmi les médicaments spécialisés, il existe des produits un peu particuliers appelés les génériques. Il s'agit de copies de médicaments originaux appelés médicaments princeps qui ne sont plus protégés par un brevet d'invention : semblables aux médicaments originaux, ils coûtent environ 30 % moins chers et constituent donc un moyen pour les organismes de Sécurité sociale de faire des économies substantielles. C'est ainsi, par exemple, que les médecins généralistes référents se sont engagés à prescrire des génériques. Si, en principe, le pharmacien doit vous délivrer les médicaments portés sur la prescription médicale par le médecin, il peut, depuis la loi de financement de la Sécurité sociale du 23 décembre 1998 (JO du 27.12.1998), remplacer la spécialité prescrite par un médicament générique appartenant au même groupe. Ce droit de substitution était jusque-là peu utilisé. Pour doper la consommation de médicaments génériques, les médecins peuvent prescrire les médicaments sous leur seule dénomination commune internationale, sans marque. Le pharmacien doit alors délivrer le médicament générique. Il peut néanmoins choisir le médicament princeps s'il n'est pas plus cher que les génériques. Le pharmacien qui ne respectera pas cette règle pourra être sanctionné.

Bon à savoir

Coup de pouce aux génériques

Chaque Français consomme chaque année pour un peu plus de 381 € de médicaments. Leur remboursement constitue 15 % des dépenses remboursées. Sur ce poste budgétaire les pouvoirs publics veulent effectuer des économies. La promotion des médicaments génériques permettrait d'atteindre ce but. Tous les médicaments relevant d'un groupe générique, qu'ils soient princeps ou génériques, pourront être remboursés sur la base d'un tarif unique forfaitaire arrêté par les ministres chargés de la Santé et de la Sécurité sociale. Le patient qui désire un médicament à un prix plus élevé que ce forfait devra prendre en charge le supplément (loi de financement de la Sécurité sociale pour 2003).

➤ Les médicaments non spécialisés et fournitures pharmaceutiques

Il s'agit des produits de droguerie pharmaceutique comme l'alcool ou l'éther, et les préparations magistrales exécutées par le pharmacien conformément à une prescription. Ils sont remboursables à 65 % ; mais, en ce qui concerne les préparations magistrales, seules sont prises en charge celles

à visées thérapeutiques (et non celles à but diététique ou esthétique).
Les fournitures pharmaceutiques telles que les compresses, les seringues, les sondes... sont prises en charge sur la base d'un tarif fixé par arrêté.

Avantage

La caisse nationale d'assurance maladie a décidé de prendre en charge à 100 % le coût du vaccin « rougeole, oreillon, rubéole » pour les enfants de 1 à 13 ans. Le pharmacien délivrera ce vaccin sur présentation d'une ordonnance de médecin indiquant « vaccination ROR – délivrance gratuite ».

LES FRAIS D'OPTIQUE

Le remboursement des lunettes n'est possible que si leur achat réalisé chez un opticien agréé résulte d'une prescription médicale.
Les verres sont pris en charge à hauteur de 65 % du tarif inscrit au TIPS (tarif interministériel des prestations sanitaires). Mais ce dernier est bien loin des prix pratiqués par les opticiens. Aussi une partie importante de la facture risque de rester à votre charge. Que dire alors de la monture pour laquelle vous recevrez de la Sécurité sociale 1,85 € !
Les verres de contact ne sont pris en charge à 65 % que s'ils apportent une correction supérieure à celle des verres ordinaires et pour certaines affections seulement. Autant dire que la prise en charge est rare. Cependant, vous n'avez plus besoin d'effectuer la démarche de l'entente préalable (arr. du 19.2.1999, JO du 23.2.1999).

En pratique

Les lunettes de vos enfants

Les enfants bénéficient, quant à eux, de règles plus favorables. Lorsqu'ils sont âgés de moins de 18 ans la base de remboursement de la monture est de 30,49 €. Les verres sont pris en charge à hauteur de 65 % sur la base d'un tarif qui varie selon le degré de correction. Pour les enfants âgés de moins de 6 ans, plusieurs paires de lunettes peuvent être prises en charge par an.

LES SOINS DENTAIRES

Il existe plusieurs types de soins : les soins conservateurs (traitement des caries), les actes chirurgicaux (extraction d'une dent), la pose de prothèse dentaire (bridges, couronnes...). Tous ces actes peuvent être indifféremment pratiqués par les chirurgiens-dentistes ou les stomatologues (médecin spécialiste en art dentaire). Leurs actes sont pris en charge à 70 % du tarif de responsabilité. Mais voilà, en matière de prothèses dentaires, ils ne sont pas tenus de respecter les tarifs de responsabilité et les factures sont très éloignées de la base de remboursement.
Quel que soit le modèle choisi, vous recevrez de la Sécurité sociale 75,23 €. Mais attention : cette prise en charge n'est possible que si vous avez obtenu

l'accord préalable de la caisse. Aussi, avant d'entreprendre ce type de travaux dentaires, vous devez respecter la procédure de l'entente préalable. Le défaut de réponse de celle-ci à une demande d'accord préalable après l'expiration d'un délai de 15 jours équivaut à un accord (voir page 97).

En pratique

Les dents de vos enfants

- L'assurance maladie prend en charge, à 100 % du tarif conventionnel et après entente préalable, les frais d'orthodontie (traitement pour redresser les dents) des jeunes jusqu'à 16 ans. Attention ! Sur ces types de traitements, les praticiens peuvent pratiquer des dépassements d'honoraires. Aussi n'est-il pas inutile de demander des devis à plusieurs professionnels.
- Les jeunes de 13 à 18 ans peuvent bénéficier chaque année d'un bilan dentaire gratuit chez le chirurgien-dentiste de leur choix (celui-ci sera réglé directement par les caisses d'assurance maladie). Si nécessaire, des radiographies pourront être réalisées (payées également directement par l'assurance maladie au professionnel) et un programme de soins conservateurs (détartrages, plombages...) établi ; tout sera pris en charge à 100 % par l'assurance maladie. La seule condition posée est d'entreprendre ces soins (soins conservateurs et chirurgicaux) dans les 6 mois qui suivent le bilan.
- Les enfants de 6 et 12ans bénéficient d'un examen bucco-dentaire gratuit. il doit être réalisé dans l'année qui suit le 6e et le 12e anniversaire de l'enfant.
- Les scellements des sillons des molaires définitives sont pris en charge à hauteur de 70 % pour les enfants de moins de 14 ans.

VOUS FAITES RÉALISER DES SOINS À L'HÔPITAL

➤ En consultation externe

Le patient qui présente sa carte Vitale n'aura à acquitter que le montant du ticket modérateur correspondant aux actes effectués dans le cadre des consultations externes des hôpitaux. S'il consulte un médecin hospitalier dans le cadre de son secteur privé, ce dernier pourra pratiquer des dépassements d'honoraires dans les mêmes conditions qu'un médecin de ville en fonction de sa position vis-à-vis de la convention médicale (voir page 100).

➤ En cas d'hospitalisation

Vous avez besoin d'être hospitalisé : sachez que vous disposez d'une totale liberté pour choisir l'établissement. Mais attention : vous serez remboursé sur la base du tarif pratiqué par l'établissement privé ou public le plus proche de votre domicile et dans lequel vous êtes susceptible de recevoir des soins appropriés à votre état.

Les frais engagés à l'occasion d'une hospitalisation sont pris en charge par les caisses à 80 % sur la base du tarif de responsabilité applicable, mais vous pouvez obtenir, dans de très nombreux cas, une prise en charge totale.

◆ *Une prise en charge souvent totale*

Les cas de prise en charge à 100 % des frais d'hospitalisation sont excessivement nombreux. Ainsi toute personne peut obtenir l'exonération du ticket modérateur notamment si :
- elle subit une intervention chirurgicale dont la cotation est supérieure à « K 50 » ;
- l'hospitalisation dure plus de 30 jours ;
- l'hospitalisation est en relation avec une affection figurant sur la liste des 31 maladies (voir page 95) ;
- elle a été victime d'un accident du travail ou d'une maladie professionnelle ;
- elle est hospitalisée pour accoucher.

En pratique, vous acquitterez le ticket modérateur si vous êtes hospitalisé pour observation sans intervention chirurgicale sauf si vous êtes atteint d'une longue maladie ou en accident du travail...

◆ *Le forfait hospitalier : difficile d'y échapper*

Tout malade hospitalisé dans un établissement public ou privé pour une durée au moins égale à 24 heures est en principe tenu au paiement du « forfait journalier hospitalier », quel que soit le taux de prise en charge (80 ou 100 %) auquel il peut prétendre par ailleurs.

Au prix de 10,67 €, il s'applique à tous les malades hospitalisés dans le secteur public ou privé y compris les établissements spécialisés tels que les établissements psychiatriques et les établissements médico-sociaux pour handicapés. Les unités ou centres de long séjour publics ou privés à but non lucratif participant au service public hospitalier ou conventionné, les établissements d'hébergement des personnes âgées comportant une section médicale ne sont pas concernés par le forfait.

Attention

Si votre séjour n'est pas pris en charge à 100 %, vous ne paierez pas le forfait hospitalier en plus du ticket modérateur, le montant du forfait s'imputant dessus. Si vous êtes exonéré du paiement du ticket modérateur, vous devez quand même acquitter le forfait journalier.

Il existe certes des cas d'exonération du paiement du forfait hospitalier, mais ils sont excessivement limités. Ainsi, il n'est pas dû par :
- les femmes enceintes hospitalisées pendant les 4 mois qui précèdent l'accouchement ;
- les femmes pendant le séjour lié à l'accouchement ;
- les enfants prématurés hospitalisés dans des services spécialisés ;
- les nourrissons hospitalisés au cours du 1er mois de leur vie ;
- les personnes hospitalisées pour une affection imputable à un accident du travail ou à une maladie professionnelle ;
- les stagiaires des centres de rééducation professionnelle et des centres ou sections de préorientation professionnelle ;

- les enfants et adolescents accueillis dans des établissements sanitaires en raison de leur handicap ou hébergés dans des établissements d'éducation spéciale ou professionnelle, dans les centres de placement familial spécialisés rattachés à ces établissements, ou enfin placés en maison d'accueil spécialisée ;
- les pensionnés militaires d'invalidité : cette exonération vaut même pour une hospitalisation dont l'origine est sans rapport avec l'affection d'origine militaire ;
- les malades admis en hospitalisation à domicile.

◆ ***À l'hôpital public***

En présentant la carte Vitale au bureau des entrées, les frais de séjour pris en charge par la Sécurité sociale seront payés directement par la caisse primaire à l'hôpital. Avec ce système, appelé tiers payant, vous acquitterez le ticket modérateur (sauf exonération) et le forfait journalier hospitalier (voir page 104). Il peut également rester à votre charge des dépassements d'honoraires si vous êtes soigné par un praticien hospitalier dans le cadre de son secteur privé.

◆ ***Dans un établissement privé***

Une convention est en principe conclue entre chaque établissement et la Caisse régionale d'assurance maladie : elle fixe notamment le tarif de responsabilité servant de base de calcul au remboursement des caisses. La prise en charge des frais de séjour et le paiement du forfait hospitalier se font dans les mêmes conditions que l'hôpital public. Par ailleurs, certains actes sont facturés à part, comme les frais d'examens de laboratoire et les honoraires des praticiens (chirurgien, anesthésiste). La prise en charge de ces derniers honoraires dépend de la situation conventionnelle du médecin (voir page 98). Restent également à la charge des malades les suppléments liés à des exigences particulières : le supplément chambre seule, par exemple. Généralement, ces établissements passent une convention de tiers payant avec la caisse d'assurance maladie ; les modalités d'acquittement des dépenses d'hospitalisation se font, alors, en clinique privée comme à l'hôpital public.

À noter

Si l'établissement n'a pas signé de convention avec la caisse régionale d'assurance maladie, c'est cette dernière qui fixe seule le tarif sur la base duquel s'effectuera le remboursement. Dans une telle hypothèse, la CRAM ne peut retenir un tarif inférieur à 75 % de la moyenne des tarifs appliqués dans les établissements privés conventionnés de même catégorie et de la même région.

LES FRAIS DE TRANSPORT

Les frais de transport ne peuvent faire l'objet d'une prise en charge par la Sécurité sociale que dans des cas extrêmement limités et s'ils ont fait l'objet d'une prescription médicale attestant que l'état du malade nécessite effectivement le recours au mode de transport adapté (le médecin est d'ailleurs tenu d'indiquer le moyen de transport le moins onéreux compatible avec l'état du malade). En cas d'urgence, la prescription peut être faite *a posteriori*.

➤ Des cas de prise en charge limités

Peuvent faire l'objet d'une prise en charge :

- les frais de transport liés à une hospitalisation qu'il s'agisse de l'entrée à l'hôpital, du retour au domicile ou du transfert vers un autre établissement ;
- les frais de transport lié à un traitement ou des examens en rapport avec une affection de longue durée ;
- les frais de transport par ambulance lorsque l'état du malade justifie ce moyen de transport (nécessité d'une surveillance constante ou d'un transport allongé) ;
- les frais engagés pour un transport vers un lieu distant de plus de 150 km ;
- les frais de transport effectué en vue d'une expertise, d'un contrôle médical de la caisse ou d'un centre agréé ;
- les frais occasionnés par des transports multiples dans le cadre d'un traitement (au moins 4 déplacements sur une période de 2 mois), chaque transport étant fait vers un lieu distant d'au moins 50 km.

Sauf en cas d'urgence, la demande d'entente préalable est obligatoire pour un transport au-delà de 150 km ou pour les transports liés à une série d'actes vers un lieu distant de plus de 50 km. L'absence de réponse de la caisse dans les 10 jours vaut acceptation de la demande.

En bref

Un bilan de santé gratuit

La Sécurité sociale offre la possibilité de passer gratuitement un examen de santé tous les 5 ans à partir de 16 ans. Cet examen a pour but de déceler les premiers signes d'une affection et de prévenir les maladies les plus graves. Cette facilité n'est pas offerte aux seuls assurés sociaux mais également à leurs ayants droit : conjoint, concubin signataire ou non d'un PACS, enfant...

Le bilan est proposé en priorité à des personnes peu suivies sur le plan médical (chômeurs, RMistes, retraités). Mais l'accès est libre pour tous les assurés. Il suffit de le demander auprès de sa caisse primaire d'assurance maladie. Vous recevrez une convocation dans le centre d'examen le plus proche de votre domicile.

Attention : vis-à-vis de votre employeur, un examen de santé n'est pas une obligation légale ; rien n'oblige votre employeur à autoriser votre absence pour ce motif.

À noter : Lors de l'appel de préparation à la défense, les jeunes devront présenter un certificat, datant de moins de 6 mois, établi par un médecin de leur choix, attestant qu'ils ont subi un examen médical. Faute de quoi, ils seront convoqués par leur caisse primaire d'assurance maladie afin de bénéficier d'un examen de santé gratuit.

➤ Pièces à produire

En cas de transport sanitaire (ambulance ou véhicule sanitaire léger), le remboursement des frais engagés est subordonné à la production d'une facture justificative. En cas de transport non sanitaire, vous devez justifier de la dépense par la facture établie par le chauffeur de taxi ou l'attestation de l'utilisation du véhicule personnel ou encore les titres de transport délivrés par la SNCF ou toute autre entreprise de transport en commun.

➤ Prise en charge

Les frais de transport en ambulance sont remboursés, au taux de 65 % (sauf si vous êtes pris à 100 %), sur la base de la distance séparant le point de prise en charge du malade de l'établissement capable d'apporter les soins appropriés le plus proche.
L'assuré peut être dispensé d'effectuer l'avance des frais lorsque l'entreprise de transport à laquelle il fait appel a préalablement conclu une convention avec la caisse d'assurance maladie.

Avantage

Lorsque l'état de la personne transportée nécessite l'assistance d'un tiers, ou lorsque la personne transportée est âgée de moins de 16 ans, les frais de déplacement de la personne accompagnatrice sont pris en charge dans les mêmes conditions que les frais de déplacement du malade.

Exemples

Des soins effectués dans l'Union européenne

- ***Soins en ville***

Deux arrêts de la Cour de justice des communautés européennes en date du 28 avril 1998 (CJCE, Decker c/ caisse des maladies des employés privés et Kohll c/ Union des caisses de maladie) risquent de remettre en cause le principe selon lequel les dépenses de santé engagées par un assuré français dans un pays de l'Union ne peuvent pas être prises en charge par la Sécurité sociale.
Dans la première affaire, M. Decker, Luxembourgeois, avait acheté une paire de lunettes en Belgique. La caisse du Luxembourg refuse la prise en charge de cette dépense sur le motif qu'une autorisation préalable n'a pas été donnée. La Cour de justice a qualifié cette exigence d'entrave à la libre circulation des marchandises.

Dans la deuxième affaire, M. Kohll demande une autorisation préalable, toujours à la caisse du Luxembourg, pour que sa fille bénéficie d'un traitement d'orthodontie en Allemagne. La caisse oppose un refus sur le motif que les soins ne sont pas urgents et peuvent être effectués au Luxembourg. La Cour considère qu'il y a là une entrave à la liberté de circulation des prestations de service.

La France est concernée par ces deux arrêts car sa législation sociale fonctionne selon les mêmes principes. En transposant cette position à notre droit, vous pourriez, avec une prescription médicale établie en France, acheter des médicaments ou faire effectuer des actes dans un pays de l'Union et obtenir un remboursement de la part de la Sécurité sociale.

• ***Hospitalisation dans l'Union européenne***

Le même raisonnement pouvait-il être appliqué aux soins hospitaliers ? La Cour de justice nous fournit la réponse (CJCE du 12.7.2001, C 157/99 Smits et Peerbooms).

Deux ressortissants néerlandais subissent, l'un en Allemagne, l'autre en Autriche, un traitement à l'hôpital. La caisse d'assurance maladie néerlandaise refuse la prise en charge au motif que les traitements subis à l'étranger ne présentent pas d'avantages par rapport à ceux proposés aux Pays-Bas. Dans ce pays, les soins prodigués dans un établissement non conventionné doivent, par ailleurs, faire l'objet d'une autorisation préalable.

La Cour de justice affirme tout d'abord que les activités médicales relèvent bien de la libre prestation de service. En subordonnant le remboursement des frais d'hospitalisation à une autorisation préalable, la Cour constate qu'il y a bien obstacle à la liberté de circulation des prestations de service. Toutefois, si le système d'autorisation préalable est là pour garantir un équilibre financier et un accès des soins à tous, une entrave à la liberté des prestations de service est justifiée. Il n'en demeure pas moins que le refus de donner l'autorisation préalable de recevoir des soins dans un autre pays de l'Union doit être strictement encadré. Il ne doit intervenir que si un traitement identique ou de même efficacité peut être dispensé au patient, en temps opportun, et dans un établissement conventionné de son pays.

À noter

Une circulaire CNAMTS du 3 mai 2002 précise que les caisses d'assurance maladie peuvent à titre exceptionnel et après avis favorable du contrôle médical procéder au remboursement forfaitaire des soins dispensés hors de France. L'assuré doit néanmoins établir qu'il ne pouvait recevoir sur le territoire français les soins appropriés à son état (Circulaire Cnamts n° CIR-69/2002 du 3 mai 2002).

EN CAS D'ARRÊT DE TRAVAIL : LES INDEMNITÉS JOURNALIÈRES

Votre médecin vous a prescrit un arrêt maladie ; la Sécurité sociale va vous verser des indemnités qui compenseront la perte de votre salaire à condition toutefois de respecter un certain nombre de démarches et d'obligations.
Sachez que ces prestations sont versées à partir du 4e jour d'arrêt du travail, les 3 premiers jours n'étant jamais indemnisés, quelle que soit la durée ultérieure de la maladie ; c'est ce qu'on appelle le « délai de carence ».
Au-delà de ce délai, les indemnités journalières sont dues pour chaque jour compris dans la période de maladie (les dimanches et jours fériés donnent donc lieu à indemnité) et peuvent être servies jusqu'à la fin de la 3e année d'arrêt de travail.
***Important** : pour mettre un coup de frein aux arrêts de travail abusifs, les médecins doivent inscrire le motif de l'arrêt de travail sur le volet du formulaire à envoyer à la caisse.*

LES CONDITIONS À REMPLIR

Pour percevoir les indemnités journalières en cas d'arrêt pour maladie n'excédant pas 6 mois, vous devez :
- soit avoir cotisé sur un salaire au moins égal à 1 015 fois la valeur du SMIC au cours des 6 mois civils précédant l'arrêt de travail ;
- soit avoir effectué au moins 200 heures de travail salarié au cours des 3 mois civils précédant l'arrêt de travail.

Si vous ne remplissez pas l'une de ces conditions, vous ne pouvez prétendre aux indemnités journalières.
Sachez, par ailleurs, que pour recevoir les indemnités journalières pour un arrêt de travail se prolongeant au-delà de 6 mois, vous devez :
- être immatriculé depuis au moins 12 mois au 1er jour d'arrêt de travail ;
- avoir cotisé sur un salaire au moins égal à 2 030 fois la valeur du SMIC horaire au cours des 12 mois civils précédant l'arrêt de travail ; au cours des 6 premiers mois, les cotisations ont dû être calculées sur au moins 1 015 fois la valeur du SMIC ; ou encore avoir effectué au moins 800 heures de travail salarié ou assimilé au cours des 12 mois civils ou des 365 jours précédant l'interruption de travail, dont 200 heures au moins au cours des 3 premiers mois.

Pour analyser la durée minimale d'activité, certaines périodes d'inactivité sont assimilées à du travail (voir page 90).

VOS OBLIGATIONS

L'arrêt de travail doit être prescrit par un médecin lequel doit indiquer le motif. Vous devez ensuite adresser à votre caisse un avis d'arrêt de travail dans

les 2 jours qui suivent la date d'interruption, avec indication de la durée probable de l'incapacité de travail. Si cette lettre d'avis ne lui a pas été adressée, la caisse est fondée à refuser, pour la période durant laquelle son contrôle aura été rendu impossible, le bénéfice des indemnités journalières. Respectez cette même obligation en cas de prolongation d'arrêt de travail.
Auprès de votre employeur, vous devez justifier de votre absence pour maladie. En principe, la convention collective fixe un délai de 48 heures pour prévenir votre employeur et lui adresser le volet 3 de l'avis d'arrêt de travail prescrit par votre médecin. De même, en cas de prolongation de votre arrêt, informez votre employeur. Le non-respect de ces formalités peut entraîner une résiliation de votre contrat de travail.
Vous devez, par ailleurs, vous soigner effectivement et vous conformer au traitement et repos prescrits par le médecin. À ce titre, sachez que vous ne pouvez quitter votre domicile pendant l'arrêt que si le médecin traitant l'a autorisé en le mentionnant sur la feuille de soins. Et même, dans ce cas-là, vous devez respecter les heures de sortie autorisées (de 10 à 12 heures le matin, de 16 à 18 heures l'après-midi).
La caisse primaire peut faire procéder à des contrôles à votre domicile. Si vous n'y êtes pas présent au cours de l'un d'eux, vous serez convoqué dans les jours suivants pour un contrôle médicale à la caisse primaire.
Vous ne devez pas, de surcroît, vous livrer à un quelconque travail, ni pour votre employeur, ni pour votre propre compte (sauf activité reprise dans un but thérapeutique : voir ci-dessous). Signalons cependant l'arrêt récent de la Cour de cassation qui a considéré qu'une activité durant un arrêt de travail pour maladie ne constituait pas forcément une faute justifiant un licenciement. Dans cette affaire, le salarié conducteur dans une entreprise de transport avait remplacé bénévolement et temporairement le gérant d'une station-service (Cour de cassation, chambre sociale du 4 juin 2002, n° 1858).
Enfin, il est possible de quitter son domicile pendant l'arrêt de travail à condition que le médecin prescrive le déplacement dans un but thérapeutique ou pour répondre à des convenances personnelles justifiées et que la caisse vous y autorise.

En pratique

Visite chez son médecin en dehors des heures de sortie autorisées

L'idée selon laquelle l'absence de son domicile justifiée par la visite chez le médecin est un motif légitime qui ne peut entraîner la suppression des indemnités journalières est largement répandue. Et pourtant... la justice a considéré, dans une affaire, que l'assuré malade aurait pu prendre un rendez-vous chez son médecin pendant les heures de sortie autorisées (C. cass., soc., 22.7.1993, n° 2871). L'assuré s'est retrouvé privé de ses indemnités.

LE MONTANT DES INDEMNITÉS JOURNALIÈRES

➤ La moitié de la rémunération pendant les 6 premiers mois d'arrêt

L'indemnité journalière est égale à 50 % de la rémunération du salarié, mais retenue dans la limite du plafond de la Sécurité sociale, lequel est fixé à 2 432 € par mois en 2003. Pour établir le montant de l'indemnité journalière, la caisse calcule le gain journalier à partir des trois derniers mois de salaire, la somme des trois mensualités étant divisée par 90.
L'indemnité journalière d'assurance maladie ne peut être supérieure à 1/720e du montant annuel du plafond de la Sécurité sociale : aussi, ne sera-t-il jamais versé une allocation supérieure à 40,53 € par jour d'arrêt de travail en 2003.

➤ Avec trois enfants à charge

Avec trois enfants à charge, à partir du 31e jour d'arrêt de travail, l'indemnité versée par la Sécurité sociale sera égale à 66,66 % du salaire journalier de base. Le montant de l'indemnité ne pourra être supérieur à 1/540e du plafond annuel de Sécurité sociale, soit 54,04 € par jour en 2003.

➤ Quand la maladie se prolonge au-delà de 6 mois

À compter du 1er jour du septième mois de perception ininterrompue des indemnités journalières, le montant de ces dernières passe à 51,49 % du gain journalier de base et le maximum à 1/700e du plafond annuel de la Sécurité sociale, soit 41,69 € en 2003.
Pour les assurés ayant au moins 3 enfants à charge, l'indemnité journalière est portée à 68,66 % du salaire journalier de base, sans pouvoir être supérieure à 1/525e du plafond annuel de la Sécurité sociale, soit 55,59 € par jour en 2003.

UNE REVALORISATION PÉRIODIQUE

L'indemnité journalière est calculée, quelle que soit la durée de l'arrêt de travail, à partir des salaires perçus avant l'arrêt de travail. Toutefois, si l'arrêt de travail se prolonge au-delà de 3 mois et si, à la suite d'une négociation salariale, tous les salariés de l'entreprise ou de la branche professionnelle bénéficient d'une revalorisation de leur rémunération, les indemnités journalières des salariés en arrêt maladie vont augmenter. En effet, le gain journalier sera revalorisé dans la même proportion que les salaires. Pour prétendre à cet avantage, l'intéressé doit informer lui-même la caisse.

Par ailleurs, périodiquement (en général au mois de janvier) les pouvoirs publics, par arrêté ministériel, revalorisent de façon générale le gain journalier de base ayant servi au calcul des indemnités journalières lorsque l'interruption de travail se prolonge au-delà de 3 mois.

Attention

Les deux types de revalorisation ne se cumulent pas, seule la plus avantageuse sera attribuée. Par ailleurs, le montant revalorisé ne peut en aucune façon dépasser le montant maximum des indemnités.

En pratique

L'effet plafond

Les salariés dont la rémunération est supérieure au plafond de la Sécurité sociale reçoivent le montant maximum des indemnités journalières. Aussi, au mois de janvier, du fait de la revalorisation du plafond de la Sécurité sociale, le montant de ces indemnités augmentera-t-elle automatiquement.

LA DURÉE DE VERSEMENT

Les indemnités journalières de Sécurité sociale sont versées à partir du 4e jour d'arrêt de travail. Les trois premiers jours constituent le délai de carence. Pendant ce laps de temps, la Sécurité sociale ne vous verse rien. En revanche, la plupart des employeurs, en application d'une convention collective, verse une indemnité pour ces journées.

En principe, un assuré est indemnisé, sur une période de 3 ans, d'au maximum 360 jours. Ainsi, à chaque arrêt de travail, votre caisse primaire contrôle le nombre d'indemnités journalières versées au cours des 3 années antérieures. Mais cette règle ne s'applique pas pour les assurés atteints d'une maladie de longue durée, lesquels peuvent, pendant 3 ans au maximum, percevoir des indemnités journalières pour maladie. Si, à ce terme, la reprise de travail est toujours impossible, la pension d'invalidité prendra le relais, ce qui ne vous empêchera pas de reprendre une activité quand votre état de santé vous le permettra.

UNE REPRISE DU TRAVAIL À TEMPS PARTIEL

En principe, une reprise d'activité entraîne automatiquement un arrêt du versement des indemnités journalières. Il existe cependant deux exceptions rendant possible le cumul :

- la reprise d'une activité est de nature à améliorer l'état du malade ;
- le patient a besoin d'une rééducation et d'une réadaptation professionnelle pour retrouver un emploi compatible avec son état de santé.

Le maintien des indemnités journalières d'assurance-maladie est souvent qualifié de « mi-temps thérapeutique ».

En pratique

Quand l'employeur est-il tenu de compléter les indemnités journalières de Sécurité sociale ?

La loi du 19 juillet 1978 relative à la mensualisation le prévoit ; or, elle concerne la quasi-totalité des salariés. En effet, seuls ne peuvent y prétendre les travailleurs à domicile, saisonniers et intermittents et ceux des entreprises publiques. Les travailleurs temporaires ont, eux, un régime spécifique. Toutefois, les conditions imposées par l'accord pour obtenir un complément de l'employeur sont assez dures et le complément accordé de courte durée : l'indemnité complémentaire n'est assurée que pour les salariés justifiant de 3 ans d'ancienneté et pour un arrêt se prolongeant au-delà de 11 jours. Ces conditions remplies, l'employeur s'engage à compléter les indemnités journalières pour assurer aux salariés 90 % de leur salaire brut pendant 30 jours puis les 2/3 de leur rémunération brute pendant les 30 jours suivants. La durée d'indemnisation augmente légèrement avec l'ancienneté. Toutefois, de nombreuses conventions collectives prévoient des dispositifs plus avantageux avec un versement de complément dès le premier jour d'arrêt de travail.

➤ Conditions à remplir

Pour bénéficier du maintien partiel des indemnités journalières, les conditions suivantes doivent être réunies :

- la reprise du travail à temps partiel doit être de nature à favoriser l'amélioration de votre état de santé ; cette reprise du travail doit être prescrite par votre médecin traitant ; elle doit être justifiée par le médecin-conseil de la caisse d'assurance maladie ;
- la reprise du travail à temps partiel doit avoir été précédée par un arrêt de travail à temps complet, quelle qu'en soit la durée, pour lequel vous avez dû être indemnisé.

Toutefois, une reprise totale de travail entre l'arrêt total d'activité et l'indemnisation d'une activité à temps partiel pour motif thérapeutique ne fait pas automatiquement obstacle au cumul des indemnités journalières avec un salaire dès lors que l'impossibilité, médicalement justifiée, de poursuivre l'activité à temps complet est liée à l'affection ayant donné lieu à l'arrêt de travail initial (C. cass., 15.6.1984).

➤ La demande

Pour bénéficier d'un mi-temps thérapeutique, il vous faut tout d'abord obtenir l'accord du médecin-conseil de la caisse primaire qui se prononcera sur la reprise d'activité. Mais la décision de maintenir le versement des indemnités appartient à la caisse.

➤ Durée totale d'indemnisation

Si vous êtes atteint d'une longue maladie, en cas de reprise du travail, l'indemnité journalière peut être versée en tout ou partie au maximum pendant 4 ans.
Si l'arrêt n'est pas lié à une longue maladie, le versement de l'indemnité journalière peut être maintenu pendant 1 an après le 365e jour d'indemnisation.

➤ Montant

Le versement des indemnités est maintenu pour compenser la perte de salaire résultant de votre activité à temps partiel ; mais le montant de ces prestations ne peut, en aucun cas, être supérieur à l'indemnité versée au cours de l'arrêt total d'activité.
En principe, le montant de l'indemnité maintenue ne peut porter le gain total de l'assuré à un chiffre excédant le salaire normal des travailleurs de la même catégorie professionnelle.

En pratique

Ne confondez pas invalidité et inaptitude au travail

Un employeur peut prononcer un licenciement pour inaptitude qui se caractérise par une impossibilité définitive, ou tout au moins durable, d'exécuter les tâches faisant l'objet du contrat de travail. L'inaptitude ne peut être que constatée par le médecin du travail qui connaît tous les postes de l'entreprise et ses aménagements et non pas par le médecin-conseil de la Sécurité sociale qui lui reconnaît l'état d'invalidité.

QUAND LA MALADIE SE PROLONGE : LA PENSION D'INVALIDITÉ

Les arrêts de travail pour cause de maladie se suivent et la reprise de votre activité professionnelle est hypothétique. Votre capacité de travail est réduite, au moins momentanément : la pension d'invalidité va peut-être prendre le relais des indemnités pour maladie, parfois même sans que vous l'ayez voulu ni même souhaité.

LA CAISSE PRIMAIRE PREND LA DÉCISION

Vous avez été victime d'un accident non professionnel ou vous êtes malade et percevez des indemnités journalières de la Sécurité sociale. Sachez que la caisse primaire peut, de sa propre initiative, en vous informant, remplacer les indemnités pour maladie par la pension d'invalidité. Une telle décision ne vous sera pas forcément favorable d'un point de vue financier : les indemnités journalières sont calculées à partir de vos trois derniers salaires mensuels, pas la pension d'invalidité.

Vous vous retrouverez dans cette situation dans deux hypothèses :

- le médecin-conseil de la caisse, à la suite d'une visite de contrôle, estime que votre état de santé est stabilisé et votre capacité de travail réduite : vous relevez alors de l'assurance invalidité. Si, selon vous et surtout votre médecin traitant, vos aptitudes physiques sont susceptibles d'évolution, vous disposez de moyens de contestation (voir encadré p. 119) ;
- vous percevez les indemnités journalières pour maladie depuis trois ans : 6 mois avant cette échéance, vous êtes informé de la fin prochaine du versement. Sans contestation possible, vous recevrez la pension d'invalidité si vous remplissez bien évidemment les conditions nécessaires.

UNE DÉMARCHE QUE VOUS POUVEZ ENTREPRENDRE

Si, avec votre médecin traitant, vous constatez que votre état physique est incompatible avec votre activité professionnelle, il vous est tout à fait possible d'entamer une procédure pour obtenir la pension d'invalidité. Votre praticien établit un certificat médical à envoyer à la caisse primaire d'assurance maladie dont vous dépendez. Commencera alors l'instruction du dossier administratif et médical avec une convocation du médecin-conseil de la Sécurité sociale et, le cas échéant, de votre médecin traitant. Parallèlement, les services administratifs vous feront parvenir un dossier de demande de pension.

Pour un dossier qui ne comporte pas de difficultés particulières, ni de contestations d'ordre médical, entre l'envoi du dossier administratif et le versement de la première mensualité de pension, s'écoulent, en moyenne, 3 mois.

LES CONDITIONS À REMPLIR

➤ Conditions administratives

Vous ne percevrez une pension d'invalidité que si vous avez moins de 60 ans. Il vous faut, par ailleurs, justifier de 12 mois d'immatriculation (vérifiez la date à laquelle vous a été attribué votre numéro d'assuré, elle remonte à votre premier emploi) et d'une durée minimum de travail au cours d'une période donnée. Cette dernière condition est remplie si vous avez effectué 800 heures de travail salarié au cours des 12 mois civils précédant l'arrêt de travail ou la constatation médicale d'invalidité, dont 200 heures au cours des trois premiers mois. La durée minimum d'activité est également satisfaite si vous avez cotisé sur l'équivalent de 2 030 fois le SMIC brut horaire, au cours des 12 mois précédant l'arrêt de travail ou la constatation médicale de l'invalidité, dont 1 015 fois au cours des 6 premiers mois.

➤ Conditions tenant à votre état de santé

Enfin, votre problème de santé doit résulter d'une maladie ou d'un accident non professionnel et réduire votre capacité de travail ou de gain de 2/3. C'est le médecin-conseil de la caisse d'assurance maladie qui déterminera cette dernière en tenant compte non seulement de votre état général et de votre âge, mais également de la situation économique locale et en particulier de l'importance du chômage.

En pratique

L'invalidité : une notion de sécurité sociale

Vous pouvez, alors que vous êtes lié par un contrat de travail, faire un dossier de demande de pension d'invalidité du deuxième groupe et l'obtenir sans pour autant être dans l'obligation de cesser votre activité professionnelle. Pour la Sécurité sociale, être invalide dans le groupe 2 ou 3 ne veut pas dire être inapte au travail. Pour preuve, cet organisme a prévu un ensemble de règles permettant de cumuler la pension d'invalidité et un salaire. Une personne atteinte de cécité absolue relève du groupe d'invalidité 3, mais peut avoir une activité à temps plein de kinésithérapeute, par exemple. Cette profession lui procurera peut-être un revenu suffisant pour ne plus percevoir la pension, il n'en demeure pas moins qu'elle a un droit ouvert.

À partir de tous ces éléments, sera reconnu ou non votre droit à pension et déterminé, le cas échéant, votre groupe d'invalidité :
- classé dans la catégorie I, vous êtes considéré comme étant capable d'exercer une activité rémunérée réduite ;
- alors que dans la catégorie 2 et 3 non ;
- la catégorie 3 est caractérisée par la nécessité d'avoir recours à l'assistance d'un tierce personne pour effectuer les gestes quotidiens de la vie. Pour l'appréciation de cet élément, le médecin-conseil dispose d'une grille d'éléments (ne peut s'habiller, manger... seul).

De cette classification dépend le montant de la pension d'invalidité.

À noter

Si l'invalidité doit survenir après l'immatriculation à la Sécurité sociale, son origine peut être antérieure. Une maladie qui s'est déclarée alors que le patient était jeune, ne peut devenir invalidante, s'aggraver, que bien des années après.

En pratique

Devant le médecin-conseil de la Sécurité sociale

Entre le 4e et 6e mois d'arrêt de travail consécutif, vous serez sans doute convoqué par le médecin-conseil de la Sécurité sociale. Vers le 10e mois, une seconde visite a, en général, lieu : celle-ci permet au médecin de se faire une idée sur l'évolution de la pathologie. Avant une décision de mise en invalidité, les convocations peuvent naturellement être plus nombreuses.

LE MONTANT DE VOTRE PENSION

Le montant de la pension d'invalidité est exprimé en pourcentage, variant avec la catégorie d'invalidité, de vos anciennes rémunérations : le salaire annuel moyen. Ce dernier est établi à partir de vos gains sur lesquels étaient prélevées les cotisations d'assurance vieillesse, c'est-à-dire pris dans la limite du plafond de Sécurité sociale. Parmi ceux-ci, sont retenus les salaires des 10 années qui vous sont le plus favorables, comprises entre le 31 décembre 1947 et la date d'interruption du travail suivi de l'invalidité. Si vous ne réunissez pas 10 ans d'activité, tous vos salaires seront pris en compte.

➤ Un reflet de vos rémunérations

Sur le salaire moyen, on appliquera le taux de 30 % si vous relevez du groupe 1 d'invalidité, et 50 % pour les groupes 2 ou 3. Si vous relevez de la 3e catégorie, vous percevrez, en plus, la majoration pour tierce personne dont le montant mensuel est de 930,05 € au 1er janvier 2003. Elle n'est pas attribuée sur justificatif de l'emploi d'un auxiliaire de vie et les caisses primaires n'effectuent aucun contrôle sur son utilisation.

Sachez seulement que son versement est suspendu en cas d'hospitalisation, mais seulement lorsque le séjour dure un certain temps : il ne se passe rien le mois au cours duquel a lieu l'entrée à l'hôpital ni le mois civil suivant.

➤ Maximum et minimum

Par ailleurs, la pension d'invalidité ne peut être inférieure, au montant annuel de l'allocation aux vieux travailleurs salariés soit 2 849,84 € en 2003. Ce plancher, très bas, trouve à s'appliquer pour des pensions d'invalidité versées à des personnes qui ne justifie que d'une courte activité professionnelle. À l'inverse, elle ne peut être supérieure à 30 % du plafond annuel de la Sécurité sociale, soit 8 755,20 € par an en 2003 ; à 50 % de ce même plafond pour les invalides de 2e catégorie, soit 14 592 € par an en 2003, somme majorée de 11 160,71 € en 2003 pour les invalides de 3e catégorie.

UNE PENSION TEMPORAIRE

Rien n'est jamais acquis en matière d'invalidité : le montant de la pension peut monter, baisser, son versement peut être suspendu voire même supprimé et cela pour deux types de raisons : administrative ou médicale.

➤ Supprimée ou suspendue

La pension sera supprimée ou suspendue si votre capacité de gain ou de travail redevient supérieure à 50 % : l'appréciation n'est alors que médicale. Il en sera de même au 60e anniversaire, le passage à la retraite se faisant automatiquement.
La suspension peut résulter d'une reprise d'activité professionnelle ou d'un motif médical. Il en sera ainsi si le médecin-conseil estime que vous avez retrouvé, au moins pour un temps, une capacité de travail.
Et les effets de la suspension et de la suppression sont bien différents : dans le premier cas, le versement de la prestation est immédiatement rétabli si, par exemple, la reprise d'activité n'était que temporaire ou si l'état de santé se dégrade ; dans l'hypothèse de la suppression, toute la procédure est à recommencer de A jusqu'à Z.

➤ De la hausse à la baisse

Lors d'un contrôle médical, le médecin-conseil peut changer votre groupe d'invalidité. De même, le fait, par exemple, de suivre un stage de reclassement ou de réadaptation peut vous faire passer de l'incapacité totale de travailler à l'invalidité de catégorie 1. Vous disposez toujours de la faculté de contester la décision : voir encadré p. 119.
Si vous constatez vous-même une aggravation de votre état de santé, vous pouvez prendre l'initiative de la révision et en faire la demande auprès de la caisse par l'intermédiaire d'un certificat médical établi par votre médecin traitant.

SI VOUS REPRENEZ UNE ACTIVITÉ PROFESSIONNELLE

En fonction des gains que vous tirerez de votre activité nouvelle, la pension sera réduite ou son versement suspendu.

Vous ne pouvez, en principe, recevoir alors que vous êtes indemnisé au titre de l'invalidité, plus que ce que vous gagniez lorsque vous travailliez. Pendant 6 mois, aucune réduction de pension d'invalidité ne sera faite. Au-delà, si la somme du salaire et de la pension d'invalidité perçus pendant cette période est supérieure au salaire moyen des 4 derniers trimestres civils précédant l'arrêt de travail suivi d'invalidité, le montant de la pension d'invalidité est réduit de la hauteur du dépassement. Si vos revenus baissent, la pension sera rétablie.

Ces règles sont applicables lorsque l'activité reprise est salariée. Pour une activité indépendante, l'appréciation est plus difficile : il n'y a pas de bulletin de salaire et les revenus fluctuent beaucoup plus. La Sécurité sociale a donc eu recours au forfait : ainsi, n'est pas considérée comme une activité professionnelle non salariée celle qui vous procure un gain dont le montant ajouté à celui de la pension n'excède pas 5 628,32 € par an, en 2003, pour un célibataire et 7 793,08 € pour un ménage. Au-delà de ces limites, la pension d'invalidité est réduite en conséquence.

Avantage

Titulaire de la pension d'invalidité, vous avez droit à toutes les prestations en nature de l'assurance maladie et maternité et vos dépenses de santé seront prises en charge à 100 % sur la base des tarifs de la Sécurité sociale, sauf en ce qui concerne les médicaments à vignette bleue.

En pratique

Vous n'êtes pas d'accord avec la décision de la Sécurité sociale

• **Vous avez fait une demande de pension d'invalidité, elle vous a été refusée** car vous ne remplissez pas les conditions d'immatriculation ou d'activité minimales : pour contester ce refus, vous devez obligatoirement saisir la commission de recours amiable.

Vous disposez de 2 mois, à compter de la date de notification de la décision par la Sécurité sociale, pour engager cette procédure gratuite. Si la réponse de la commission ne vous satisfait pas, et que vous êtes sûr de vos droits, il vous faudra saisir le tribunal des affaires de la Sécurité sociale.

• **Si le rejet de votre demande de pension est d'ordre médical,** c'est le tribunal du contentieux de l'incapacité qu'il faut saisir par lettre recommandée avec avis de réception dans les deux mois qui suivent la notification de la décision. Dans le cadre du contentieux technique, le recours amiable n'existe pas.

▶

En pratique

• **La caisse primaire a pris l'initiative de vous faire indemniser au titre de l'invalidité** parce que le médecin-conseil a estimé que votre état de santé était stabilisé : pour contester, vous devez solliciter une expertise médicale dans le mois qui suit la notification de la décision. La demande est à adresser par lettre recommandée ou à déposer contre récépissé au guichet de votre centre de paiement.

FACE AU HANDICAP

Avoir un proche handicapé de naissance, à la suite d'une maladie ou d'un accident, représente pour les familles concernées une douloureuse épreuve, à laquelle s'ajoutent souvent des difficultés d'ordre matériel. Pour aider les familles touchées par le handicap d'un enfant à faire face aux dépenses supplémentaires liées à son éducation, les caisses d'allocations familiales accordent sans conditions de ressources mais sur critères médicaux, une allocation d'éducation spéciale.Cette prestation a été réformée en avril 2002 afin de mieux tenir compte de la multitude des situations rencontrées. La loi de financement de la Sécurité sociale pour 2001 a, par ailleurs, créé un congé qui permet au salarié de rester au chevet de son enfant, victime d'un accident ou d'une maladie grave ou d'un handicap. Ce nouveau congé a pour corollaire l'allocation de présence parentale, accordée sans condition de ressources. Les adultes handicapés peuvent également prétendre à des prestations spécifiques accordées sous condition de ressources. Le président de la République a annoncé pour 2003 « une réforme en profondeur » de la politique de prise en charge du handicap avec notamment la mise en place d'un véritable système d'aides personnalisées. L'action en faveur des personnes handicapées étant érigée au rang de grande cause nationale, le système d'aides devrait donc prochainement être revu. Les mêmes types de difficultés apparaissent avec le grand âge et la perte de dépendance. Pour faire face aux dépenses engendrées par la nécessité d'être assisté, les personnes âgées de plus de 60 ans peuvent bénéficier de la nouvelle allocation personnalisée d'autonomie (APA).

Pour trouver le thème qui vous intéresse, consultez la table des matières en début de volume ou l'index alphabétique en fin de volume.

L'ALLOCATION D'ÉDUCATION SPÉCIALE

Cette allocation dont le but est d'aider les familles à faire face aux frais supplémentaires qu'entraîne le handicap d'un enfant est composée d'un montant de base auquel s'ajoute éventuellement un complément d'un montant variant avec la nature et la gravité du handicap dont est atteint le jeune.

LES BÉNÉFICIAIRES

➤ L'allocation de base

Le handicap dont est atteint l'enfant peut être mental, physique, sensoriel ou concerner des troubles du comportement. En revanche, ne sont, en principe, pas pris en compte les handicaps sociaux ou les problèmes d'insertion. Dans tous les cas, le jeune doit présenter une incapacité permanente appréciée par la Commission départementale de l'éducation spéciale (CDES : voir ci-dessous). Est considéré comme permanent le handicap qui dure au moins 1 an.
Ainsi pour bénéficier de l'allocation d'éducation spéciale, la famille doit résider en France et l'enfant, à sa charge effective et permanente, doit présenter un taux d'incapacité permanente d'au moins 80 %.
Lorsque le taux est compris entre 50 et 80 %, il est possible de percevoir l'allocation si l'enfant fréquente un établissement d'éducation spéciale pour handicapés (classes spécialisées annexées à des établissements scolaires ordinaires, instituts médico-pédagogiques, instituts médico-professionnels, centres pour déficients visuels et sensoriels...) ou si son état exige le recours à des soins à domicile dans le cadre de mesures préconisées par la CDES (voir ci-dessous). En revanche, l'allocation ne peut pas être versée si l'enfant est placé en internat avec prise en charge intégrale des frais de séjour par l'assurance maladie, l'aide sociale ou l'État. L'allocation due au titre des périodes de congé pendant lesquels le jeune rentre au domicile de ses parents est versée annuellement et en une seule fois.

À noter
La notion de prise en charge intégrale des frais de séjour concerne les frais de soins, d'éducation et d'hébergement. Si, parmi ces frais, certains restent à la charge des parents (par exemple, les frais d'hébergement), l'enfant peut ouvrir droit à l'allocation d'éducation spéciale.

Rappel : l'enfant à charge doit être âgé de moins de 20 ans et ne pas bénéficier de ressources supérieures à 55 % du SMIC (voir page 10, la notion d'enfant à charge).

➤ Les compléments

Pour prendre en compte les besoins spécifiques de l'enfant, un complément peut être versé. En effet, les dépenses consécutives à son handicap peuvent être très variables et son état de santé peut nécessiter l'aide d'une tierce personne. Certains enfants ont besoin d'une assistance quotidienne légère pour se lever, se coucher, d'autres d'une assistance lourde et de soins d'une haute technicité.

Bon à savoir

Les enfants nés handicapés

La loi du 4 mars 2002 relative aux droits des malades en posant comme principe que « *nul ne peut se prévaloir d'un préjudice du seul fait de sa naissance* » met fin à la jurisprudence Perruche. Rappelons que dans cette affaire un enfant né handicapé avait obtenu une indemnisation au motif qu'à la suite d'une erreur de diagnostic pendant la grossesse son handicap n'avait pas été décelé. Sa mère avait, de ce fait, été privé de choisir une interruption volontaire de grossesse. Avec le nouveau dispositif légal, seul le recours des parents fondé sur le préjudice moral serait possible dans une affaire semblable.

Pour la détermination du montant du complément d'allocation d'éducation spéciale, l'enfant handicapé est classé par la commission départementale de l'éducation spéciale selon l'importance de la charge supplémentaire résultant de son état dans l'une des 6 catégories (au lieu de 3 précédemment) prévues ci-dessous :

- est classé, dans la première catégorie, l'enfant dont le handicap entraîne par sa nature ou sa gravité des dépenses mensuelles d'au moins 194,70 € en 2003 ;
- dans la deuxième catégorie, l'enfant qui présente un handicap : soit qui oblige l'un de ses parents à exercer une activité à temps partiel réduite d'au moins 20 % par rapport à un temps plein ; soit nécessite le recours à une tierce personne au moins 8 heures par semaine ; soit enfin entraîne des dépenses mensuelles d'au moins 337,25 € en 2003 ;
- dans la troisième catégorie, l'enfant dont le handicap induit l'une des trois situations suivantes :
  - oblige l'un des parents à travailler au plus à mi-temps ou nécessite la présence d'une tierce personne au moins 20 heures par semaine ;
  - oblige l'un des parents à réduire son temps de travail d'au moins 20 % par rapport à un temps plein ou nécessite le recours à une tierce personne pendant 8 heures par semaine et entraîne des dépenses mensuelles d'au moins 205,13 € en 2003 ;
  - ou enfin entraîne des dépenses mensuelles de 431,12 € en 2003 ;
- dans la quatrième catégorie, l'enfant dont le handicap induit l'une des 4 situations suivantes :
  - oblige l'un des parents à cesser toute activité ou nécessite la présence d'une tierce personne à temps plein ;
  - oblige l'un des parents à travailler au plus à mi-temps ou nécessite la présence d'une tierce personne au moins 20 heures par semaine et entraîne des dépenses mensuelles d'au moins 287,08 € en 2003 ;

• oblige l'un des parents à réduire son temps de travail d'au moins 20 % par rapport à un temps plein ou nécessite le recours à une tierce personne pendant 8 heures par semaine et entraîne des dépenses mensuelles d'au moins 380,95 € en 2003 ;
• ou enfin entraîne des dépenses mensuelles de 606,94 € en 2003 ;

- dans la cinquième catégorie, l'enfant dont le handicap oblige l'un des parents à cesser toute activité ou nécessite la présence d'une tierce personne à temps plein et entraîne des dépenses mensuelles d'au moins 249,08 € en 2003 ;
- dans la sixième catégorie, l'enfant dont le handicap oblige l'un des parents à cesser toute activité ou nécessite la présence d'une tierce personne à temps plein et dont l'état impose des contraintes permanentes de surveillance et de soins à la charge de la famille.

Pour apprécier le niveau de dépenses à engager, on tient compte des frais liés au handicap et non pris en charge par la Sécurité sociale. Le guide d'évaluation pour l'attribution d'un complément indique plusieurs catégories de frais et notamment : les aides techniques et les aménagements du logement, les frais de formation des membres de la famille à certaines techniques comme l'apprentissage de la langue des signes, le droit aux vacances et aux loisirs (surcoût d'une colonie spécialisée dans l'accueil de jeunes handicapés par exemple)...
Pour apprécier l'importance du besoin de tierce personne, la CDES utilise également le guide d'évaluation.

Attention

La caisse d'allocations familiales peut désormais contrôler l'effectivité de l'aide humaine notamment au regard des bulletins de paie de la tierce personne ou du constat de l'absence d'activité d'un parent.

À noter

Les jeunes handicapés âgés de moins de 20 ans, qui n'ouvrent pas droit aux prestations familiales, peuvent prétendre à l'allocation pour adulte handicapé (voir page 129). Sont dans cette situation les jeunes :
– dont la rémunération est supérieure à 55 % du Smic ;
– se mariant ou vivant maritalement en ayant ou non signé un PACS ;
– percevant une prestation familiale, l'aide personnalisée au logement ou l'allocation de logement social ;
– ou vivant seuls ou en foyer et ne pouvant être rattachés à un allocataire qui en assume la charge.

LES MONTANTS

L'allocation d'éducation spéciale est égale à 32 % de la base mensuelle de calcul des allocations familiales, soit 111,26 € par mois en 2003.
Le montant mensuel des compléments s'établit en 2003 à :
- pour la première catégorie : 24 % de la base mensuelle de calcul des prestations familiales, soit 83,44 € ;

- pour la deuxième catégorie : 65 % de la base mensuelle, soit 225,99 € ;
- pour la troisième catégorie : 92 % de la base mensuelle, soit 319,87 € ;
- pour la quatrième catégorie : 142,57 % de la base mensuelle, soit 495,69 € ;
- pour la cinquième catégorie : 182,21 % de la base mensuelle, soit 633,51 € ;
- pour la sixième catégorie (montant de la majoration pour tierce personne accordée aux invalides de la 3e catégorie) : 930,06 €.

LA DEMANDE

C'est la commission départementale de l'éducation spéciale (CDES) qui décide de l'attribution de l'allocation d'éducation spéciale et de son éventuel complément. Mais elle apprécie également l'état de santé de l'enfant handicapé de moins de 20 ans, définit le taux d'incapacité permanente (et de la catégorie), donne une orientation sur le type de placement et son avis sur l'attribution de la carte d'invalidité.
L'allocation et son éventuel complément sont versés par la caisse d'allocations familiales. La demande doit être faite auprès de la CAF qui transmet le dossier à la CDES compétente.

LA DURÉE DE VERSEMENT

Si elle est attribuée, l'allocation est versée à partir du mois suivant la demande. La CDES lorsqu'elle statue sur son attribution détermine également la durée de versement. En principe, celle-ci ne peut être inférieure à 1 an ni supérieure à 5 ans (2 ans lorsque la CDES a préconisé des mesures particulières). A l'issue de cette durée, il convient de présenter un dossier de renouvellement. Elle cesse d'être versée lorsque l'enfant atteint ses 20 ans. L'allocation aux adultes handicapés prend alors le relais (voir page 129).

Attention

Tout changement de situation concernant l'enfant, et pouvant entraîner une suppression du droit à l'AES, doit être signalé.

À noter

En cas d'hospitalisation de l'enfant handicapé, le versement de l'allocation et du complément est suspendu après le dernier jour du deuxième mois civil suivant l'hospitalisation.

Bon à savoir

Dépistage des troubles du langage

Lors de la visite médicale liée à l'entrée au cours préparatoire, les médecins de l'Éducation nationale effectuent un dépistage des troubles du langage. Ces médecins travaillent en lien avec l'équipe éducative et les professionnels de santé pour qu'une prise en charge et un suivi des enfants soient réalisés (Loi du 17 janvier 2002, JO du 18.1.2002).

L'ALLOCATION DE PRÉSENCE PARENTALE

Désormais, sans qu'aucune condition d'ancienneté dans l'entreprise ne soit exigée, tout salarié a droit de travailler à temps partiel ou de prendre un congé de présence parentale si son enfant est victime d'une maladie, d'un accident ou d'un handicap grave nécessitant la présence d'une personne à ses côtés.

LE CONGÉ DE PRÉSENCE PARENTALE

Le congé ou la période d'activité à temps partiel a une durée initiale de 4 mois tout au plus mais il peut être renouvelé 2 fois sans pouvoir excéder 12 mois.

Pour bénéficier de ce dispositif le salarié doit en faire la demande, par lettre recommandée avec avis de réception, à son employeur, dans un délai de 15 jours avant le début du congé ou de l'activité à temps partiel. Sa demande doit être accompagnée d'un certificat médical qui doit attester de la nécessité de la présence du salarié au côté de l'enfant malade. Il ne porte naturellement aucun élément qui serait couvert par le secret médical.

Pour renouveler le congé ou l'activité à temps partiel, le salarié doit avertir l'employeur dans les mêmes formes que pour la demande initiale et au moins 15 jours à l'avance. Il peut également transformer son activité à temps partiel en congé et réciproquement. Toutefois, en cas d'activité à temps partiel, la durée du travail initialement choisie ne peut être modifiée sauf accord de l'employeur.

Pendant le congé, le salarié ne reçoit aucune rémunération. Il peut néanmoins prétendre à l'allocation de présence parentale.

À l'issue du congé ou de l'activité à temps partiel, le salarié retrouve son précédent emploi ou un emploi similaire. Pour le calcul de l'ancienneté, la période de congé de présence parentale est prise en compte pour moitié.

Attention

N'ouvrent droit à ce congé que les enfants qui sont considérés comme étant à charge au sens des prestations familiales (voir page 10).

L'ALLOCATION DE PRÉSENCE PARENTALE

Cette allocation est attribuée à la personne qui interrompt ou réduit son activité professionnelle dans le cadre du congé de présence parentale. Pour l'obtenir, la nécessité d'assister l'enfant doit être attestée par un certificat médical soumis à l'avis du service de contrôle médical de la caisse de sécurité sociale. L'allocation n'est versée que si ce service émet un avis favorable. Le montant de l'allocation varie selon que le congé est pris à temps partiel ou à taux plein et selon la situation familiale du bénéficiaire de l'allocation (couple ou personne isolée). Le montant mensuel de l'allocation, en 2003, est de :

• Lorsque le demandeur vit en couple :
- et en cas de cessation complète d'activité à plein temps : 809,55 € ;
- et en cas d'activité au plus égale au mi-temps : 404,79 € ;
- et lorsque l'activité est comprise entre le mi-temps et le 4/5e de temps : 246,63 €.

• Lorsque le demandeur ne vit pas en couple :
- et en cas de cessation complète d'activité à plein temps : 961,34 € ;
- et en cas d'activité au plus égale au mi-temps : 505,98 € ;
- et lorsque l'activité est comprise entre le mi-temps et le 4/5e de temps : 326,13 €.

Lorsque les deux membres du couple réduisent leur activité professionnelle, chacun peut bénéficier d'une allocation à taux partiel même si le montant des deux allocations excède celui correspondant à un taux plein.
En revanche, cette allocation ne peut être cumulée avec notamment :
- les indemnités de repos pour maternité ou d'adoption ;
- l'allocation forfaitaire de repos maternel ;
- l'allocation parentale d'éducation ;
- le complément d'allocation d'éducation spéciale ;
- l'allocation aux adultes handicapés.

L'allocation de présence parentale est due à compter du premier jour du mois civil pendant lequel la demande est déposée si les conditions pour percevoir l'allocation sont remplies.

L'ALLOCATION POUR ADULTE HANDICAPÉ

Cette allocation est destinée aux personnes handicapées disposant de revenus modestes. Aussi est-elle accordée sous condition de ressources par la Cotorep (Commission technique d'orientation et de reclassement professionnel).

LES CONDITIONS À REMPLIR

L'allocation est accordée aux personnes handicapées dont le taux d'incapacité permanente est d'au moins 80 %. Pour une incapacité permanente comprise entre 50 et 80 %, il faut de surcroît que la Cotorep reconnaisse votre incapacité de travailler. Vous devez, par ailleurs, résider en France, ne plus pouvoir prétendre à l'allocation d'éducation spéciale, et ne pas pouvoir percevoir une pension de vieillesse, d'invalidité ou une rente d'accident du travail. Dernière condition et pas des moindres : vos ressources ne doivent pas dépasser un plafond qui varie en fonction de votre situation de famille.

Plafond annuel de ressources en vigueur pour la période de paiement allant du 1er juillet 2002 au 30 juin 2003		
Composition de la famille	**Handicapé seul**	**Handicapé marié ou en couple**
sans enfant	6 847,10 €	13 694,20 €
- 1 enfant	10 270,65 €	17 117,75 €
- 2 enfants	13 694,20 €	20 541,30 €
- par enfant en plus	3 423,55 €	3 423,55 €

Le droit à l'allocation est examiné pour chaque période de 12 mois commençant le 1er juillet, les ressources prises en compte étant celles de l'année civile précédant celle au cours de laquelle le droit est ouvert ou maintenu.

Exemple

Pour l'attribution de l'allocation pour la période allant du 1er juillet 2002 au 30 juin 2003, les ressources retenues sont celles de l'année 2001.
À ces ressources vous devez ajouter le montant de l'allocation pour adulte handicapé en vigueur au 1er juillet de l'année précédente, multipliée par 12, c'est-à-dire dans notre exemple le montant de l'allocation pour adulte handicapé applicable au 1er juillet 2001 :
557,12 x 12 = 6 685,44 €.
Si le montant total dépasse de peu le plafond de ressources, vous pouvez prétendre à l'allocation ; celle-ci sera alors réduite du montant du dépassement.

➤ L'appréciation de vos ressources

Elles sont retenues dans les mêmes conditions que pour l'attribution de l'allocation pour jeune enfant (voir page 38). Il s'agit schématiquement de votre revenu imposable. Ajoutons que ne sont pas prises en compte la retraite du combattant, les pensions attachées aux distinctions honorifiques, l'allocation de logement. N'entrent pas non plus en compte les rentes viagères lorsqu'elles ont été constituées en faveur de la personne handicapée, ni celles, dans la limite de 1 830 € par an, qui ont été constituées par la personne handicapée pour elle-même.
Lorsque, depuis 2 mois consécutifs, le bénéficiaire de l'allocation pour adulte handicapé a réduit son activité professionnelle en passant d'un emploi à temps complet à un emploi à mi-temps, le droit à l'AAH est examiné sans qu'il soit tenu compte des revenus d'activité professionnelle perçus pendant l'année civile de référence.

LE MONTANT DE L'ALLOCATION

Le montant de l'AAH est égal au montant mensuel du minimum vieillesse, soit 577,92 € par mois au 1er janvier 2003.
Si le total de l'allocation et de vos ressources dépassent le plafond, l'allocation est réduite du montant du dépassement.

Exemple

Une personne handicapée célibataire a un revenu net imposable de 5 500 € ; on ajoute à cette somme 6 685,44 €, ce qui correspond à 12 fois le montant de l'AAH au 1er juillet 2001. Le total est de 12 185,44 €. Le plafond applicable est de 6 847,10 €. Aussi le plafond est-il dépassé de :
12 185,44 – 6 847,10 = 5 338,34 €, soit pour un mois 444,86 €.
L'allocation versée est donc de : 577,92 – 444,86 = 133,06 € par mois.

➤ En cas d'hospitalisation

En cas d'hospitalisation dans un établissement de soins pendant plus de 60 jours, le montant de l'allocation sera réduit de 20 % si vous êtes marié, de 35 % si vous êtes célibataire, veuf ou divorcé. Toutefois, aucune réduction n'est opérée si vous avez un enfant ou un parent à charge. Vous devez, en principe, payer le forfait journalier hospitalier. Toutefois, s'il y a réduction de l'AAH, vous devez conserver au moins 17 % du montant maximal de l'allocation. Vous ne pouvez, cependant, percevoir plus que ce que vous perceviez avant d'être hospitalisé.

À noter

En cas de séjour dans une maison d'accueil spécialisée, et si le séjour dure plus de 45 jours, le montant de l'allocation est réduit de manière à ce que le bénéficiaire conserve 12 % du montant mensuel de l'allocation.

➤ Un complément possible

Vous pourrez prétendre au complément dont le montant est égal à 16 % du montant de l'AAH, soit 92,47 € par mois au 1er janvier 2003, si vous remplissez les conditions suivantes :

- vous disposez d'un logement indépendant pour lequel vous percevez une aide au logement ; cette condition est remplie même si c'est votre conjoint qui bénéficie de la prestation ; notez, par ailleurs, qu'est considéré comme indépendant le logement qui n'appartient pas à une structure dotée de locaux communs meublés ou de services collectifs ou fournissant divers services moyennant redevance ;
- vous êtes titulaire de l'AAH à taux plein ou vous la percevez en complément d'un avantage vieillesse ou d'invalidité ou d'une rente accident du travail.

LA DEMANDE

La demande doit être adressée à la caisse d'allocations familiales du lieu de résidence (ou à la MSA si vous relevez du régime agricole) ou à la Cotorep. Dans tous les cas, c'est la Cotorep qui décide de l'attribution.
Cette commission a pour mission de coordonner l'ensemble des mesures en faveur des personnes handicapées adultes : c'est un passage obligé pour toutes demandes d'aides ou de prestations. C'est ainsi qu'elle se prononce notamment sur l'attribution de la qualité de travailleur handicapé, le classement du travailleur handicapé dans une catégorie correspondant à ses capacités professionnelles, l'orientation du travailleur handicapé vers un établissement spécialisé, l'attribution de l'allocation pour adulte handicapé...
Il existe une commission dans chaque département.

LA DURÉE DE VERSEMENT

Si vous remplissez toutes les conditions nécessaires, l'AAH est versée à partir du premier jour du mois civil qui suit celui du dépôt de votre demande. La Cotorep, dans sa décision, fixe la durée de versement laquelle varie entre 1 et 5 ans. Avant la fin de la période d'attribution, le droit à l'allocation peut être révisé et même supprimé.
En tout état de cause, le versement de l'allocation prend fin à 60 ans pour les titulaires de l'AAH lorsqu'ils sont atteints d'une incapacité comprise entre 50 et 80 %. Ils peuvent demander la liquidation de leur retraite de Sécurité sociale au titre de l'inaptitude au travail et obtenir au moins le minimum vieillesse, soit 577,92 € par mois au 1er janvier 2002.
Lorsqu'ils ont une incapacité d'au moins 80 %, ils peuvent cumuler à partir de 60 ans un avantage vieillesse et l'AAH dans la limite du montant de cette dernière.

À noter

L'allocation pour adulte handicapé(AAH)est accordée de façon subsidiaire par rapport à la retraite, la pension d'invalidité ou une rente d'accident du travail. C'est à la caisse d'allocations familiales de vérifier que le demandeur d'AAH ne peut prétendre à aucune autre prestation et non pas à la personne handicapée de prouver qu'elle ne peut recevoir une prestation de vieillesse ou d'invalidité (Cour de cassation, Chambre sociale, 31 janvier 2002, Diawara c/ CAF de la Seine-Saint-Denis).

En bref

Affiliation à l'assurance vieillesse

• Vous serez affilié obligatoirement à l'assurance vieillesse du régime général de la Sécurité sociale, si vos ressources ou celles de votre ménage ne dépassent pas le plafond du complément familial (voir page 48), que cette affiliation ne soit pas acquise à un autre titre et si enfin vous vous trouvez dans l'une des deux situations suivantes :

- vous avez à charge un enfant handicapé, de moins de 20 ans, qui n'est pas admis dans un internat et dont l'incapacité permanente est au moins égale à 80 % ;
- vous assumez la charge d'un handicapé adulte dont l'incapacité permanente est au moins égale à 80 % et dont le maintien au foyer est reconnu souhaitable par la Cotorep.

• L'affiliation des personnes ayant la charge d'un enfant handicapé est faite, soit sur leur demande, soit à la diligence de l'organisme ou du service chargé de la liquidation de l'allocation d'éducation spéciale ; pour les adultes sur diligence du secrétariat de la Cotorep.
L'immatriculation prend effet à compter du premier jour du trimestre civil suivant le mois au cours duquel l'assujetti remplit les conditions d'affiliation.

• Les cotisations d'assurance vieillesse sont à la charge exclusive des caisses d'allocations familiales (ou de la MAS si vous dépendez du régime agricole).

Bon à savoir

Quelques avantages

• Priorité d'attribution des logements HLM
Elle est accordée aux personnes en situation de handicap ou aux familles ayant à leur charge une personne en situation de handicap (Loi du 21 décembre 2001, JO du 26.12.2001).

• Tarifs réduits sur le téléphone
Les bénéficiaires de l'allocation pour adulte handicapé peuvent sur leur demande obtenir une réduction de leur facture téléphonique. La demande est à adresser à la caisse d'allocations familiales qui la transmettra aux opérateurs téléphoniques concernés.

L'ALLOCATION COMPENSATRICE

C'est une prestation indépendante de l'allocation pour adulte handicapé qui diffère d'elle sur deux points importants :
- *elle est attribuée par l'aide sociale des départements, alors que l'AAH est financée par le budget de l'État et gérée par les caisses d'allocations familiales ;*
- *elle est destinée à compenser les charges liées au recours d'une tierce personne et les conséquences du handicap sur l'exercice d'une activité professionnelle.*

Attention : *ne confondez pas cette prestation avec la majoration pour tierce personne versée en complément d'une pension d'invalidité, d'une rente accident du travail ou d'une retraite.*

LES CONDITIONS À REMPLIR

Pour pouvoir prétendre à l'allocation compensatrice, vous devez :
- avoir un taux d'incapacité d'au moins 80 % ;
- être âgé d'au moins 16 ans (entre 16 et 20 ans cesser de remplir les conditions exigées pour donner droit aux prestations familiales) ;
- ne pas avoir dépassé l'âge de 60 ans, ceci afin de coordonner l'allocation compensatrice avec l'allocation personnalisée d'autonomie (voir page 136) ;
- ne pas recevoir un avantage analogue au titre d'un régime de Sécurité sociale (la majoration pour tierce personne) ;
- présenter un état de santé exigeant l'aide effective d'une tierce personne pour les actes essentiels de la vie ou justifier que l'activité professionnelle exercée impose des frais supplémentaires dus au handicap ;
- ne pas disposer de ressources supérieures à un plafond ; les ressources s'apprécient comme pour l'attribution de l'AAH mais si vous exercez une activité professionnelle, les ressources prises en compte pour l'évaluation du plafond n'englobent les revenus de cette activité que pour 1/4 de leur montant ; les plafonds de ressources sont ceux retenus pour l'attribution de l'allocation pour adulte handicapé, majorés du montant de l'allocation compensatrice accordé.

LE MONTANT

L'allocation est calculée par référence au montant de la majoration pour tierce personne versée par la Sécurité sociale à une personne invalide, classée en troisième catégorie, soit 930,05 € par mois au 1er janvier 2003. Le montant de l'allocation varie selon le cas entre 40 et 80 % du montant de cette majoration.

➤ Pour l'aide d'une tierce personne

Il faut distinguer deux cas :

- l'allocation compensatrice est égale à 80 % de la majoration si l'état de santé du demandeur nécessite l'aide d'une tierce personne pour la plupart des actes essentiels de la vie quotidienne. Cette aide doit être apportée, compte tenu des conditions dans lesquelles l'intéressé vit, par une ou plusieurs personnes rémunérées ou de son entourage subissant de ce fait un manque à gagner, ou par le personnel d'un établissement d'hébergement ;
- l'allocation compensatrice varie entre 40 et 70 % de la majoration si l'état de santé du demandeur nécessite l'aide d'une tierce personne soit pour un ou plusieurs actes essentiels de l'existence, soit pour la plupart des actes essentiels de l'existence mais sans que cela n'entraîne pour l'aide un manque à gagner appréciable ou enfin sans que l'état de santé justifie l'admission du demandeur dans un établissement d'hébergement.

➤ Pour les frais supplémentaires professionnels

L'allocation compensatrice est accordée en pourcentage de la majoration dans la limite de 80 %. Sont considérés comme frais supplémentaires ceux liés à l'exercice d'une activité professionnelle et que n'exposerait pas un travailleur valide exerçant la même activité.

➤ Cumul

Si vous avez besoin de l'aide effective d'une tierce personne pour les actes essentiels de la vie et d'un coup de pouce pour l'exercice d'une activité professionnelle, vous recevrez une allocation égale à la plus élevée des deux, augmentée de 20 % de la majoration accordée aux invalides du troisième groupe.

LA DEMANDE

La demande d'allocation compensatrice est à adresser à la Cotorep ou à votre mairie. Le montant de l'allocation compensatrice est fixé par le Président du conseil général de votre département compte tenu de la décision de la Cotorep en ce qui concerne le taux de l'allocation compensatrice accordée et de vos ressources.

LE VERSEMENT

L'allocation compensatrice est attribuée à compter du premier jour du mois du dépôt de la demande ou, le cas échéant, de la date fixée par la commission, si cette date est postérieure à celle du dépôt de la demande. Elle est versée mensuellement et à terme échu.

Vous aurez à justifier, sur demande du président du conseil général, de l'identité et de l'adresse de la ou des personnes qui vous apportent l'aide.
L'allocation se cumule, s'il y a lieu, avec l'allocation pour adulte handicapé, mais il n'en est pas tenu compte pour l'attribution de l'AAH.

Avantage

Il n'est exercé aucun recours en récupération de l'allocation compensatrice à l'encontre de la succession du bénéficiaire décédé, lorsque ses héritiers sont son conjoint, ses enfants, ou la personne qui a assumé, de façon constante et effective, la charge de la personne handicapée. De même, ces sommes ne font plus l'objet d'un recouvrement à l'encontre du bénéficiaire revenu à meilleure fortune (loi du 17 janvier 2002, JO du 18.1.2002).

En pratique

La carte d'invalidité

La carte d'invalidité est un document délivré par le préfet, selon un modèle national, qui a pour but de prouver l'état de la personne handicapée (adulte ou enfant).

• **Les conditions d'attribution :** pour l'obtenir, il faut être reconnu atteint d'une incapacité égale ou supérieure à 80 %. L'incapacité est évaluée selon l'âge du demandeur, soit par la commission départementale de l'éducation spéciale (CDES) (voir page 125), soit par la Cotorep (voir page 131).
Elle peut porter des mentions particulières comme « station debout pénible », « cécité » ou encore « canne blanche ».

• **Les avantages de la carte :** avec cette carte, mais en remplissant d'autres conditions, vous pouvez bénéficier d'avantages en matière d'impôt sur le revenu, de l'exonération de la redevance TV...
Elle donne également droit au transport gratuit (jusqu'à 40 kg) du fauteuil roulant par la SNCF et sur les vols de certaines compagnies aériennes.

• **La demande :** vous pouvez la déposer à la mairie de votre résidence. Elle sera transmise par le maire, dans le mois du dépôt, au préfet (DASS) qui fera procéder à une expertise médicale.

À savoir : si vous ne pouvez pas bénéficier de la carte d'invalidité (taux d'incapacité inférieure à 80 %), en vous adressant au préfet vous obtiendrez peut-être une carte « station debout pénible ». Elle ne procure pas les avantages attachés à la carte d'invalidité, mais donne cependant une priorité pour les places assises dans les transports en commun.

L'ALLOCATION PERSONNALISÉE D'AUTONOMIE

Après la prestation spécifique dépendance (PSD), la deuxième tentative de réponse aux problèmes de financement de la dépendance a vu le jour avec la création au 1er janvier 2002 de l'allocation personnalisée d'autonomie (APA). Victime de son succès, à peine née, la voilà soumise à une nécessaire réforme. Le quota de 800 000 bénéficiaires attendus pour fin 2004 était quasiment atteint fin 2002 entraînant un problème de financement de la mesure. Ce n'est, en principe, qu'au mois de mai ou juin 2003 qu'une nouvelle loi devrait redéfinir les conditions d'attribution de l'APA. En attendant, deux textes, à paraître très prochainement, devraient permettre d'assurer un rééquilibrage financier. Ce correctif se traduirait par une baisse de la prestation pour les bénéficiaires de l'APA vivant à domicile... Affaire à suivre de près.

Bon à savoir

Le sens de la réforme

Diverses mesures d'économie sont envisagées qui vont de l'augmentation du plafond de ressources, à la prise en compte élargie des revenus pour établir le montant de l'APA, au rétablissement du recours sur succession. Or l'une des causes de l'échec de la PSD était justement le fait qu'au décès du bénéficiaire, les prestations versées étaient récupérées sur la succession. Aussi ce retour en arrière ne fait-il pas l'unanimité au sein du gouvernement.

LES CONDITIONS À REMPLIR

L'allocation personnalisée d'autonomie est accordée à toute personne de plus de 60 ans présentant un certain degré de dépendance et résidant de façon stable et régulière en France. Si le demandeur ne doit pas satisfaire à une condition de ressources pour bénéficier de l'APA, le montant de la prestation dépend bel et bien de son niveau de revenus mais également de son degré de dépendance et de son lieu de vie (en maison de retraite ou à domicile).
Or, est considérée en perte d'autonomie la personne qui a besoin, en plus des soins qu'elle reçoit, d'une assistance pour accomplir les actes essentiels de la vie (se laver, se nourrir, se coucher...) ou d'une surveillance particulière. Le degré de perte d'autonomie est évalué par une équipe médico-sociale à l'aide d'une grille nationale dite « AGGIR » (autonomie-gérontologie-groupe iso-ressources) déjà utilisée pour l'attribution de la PSD. Cette grille comporte 6 niveaux de dépendance (voir encadré page 141). L'APA s'adresse aux personnes classées dans l'un des groupes 1 à 4 alors que la PSD n'était destinée qu'à ceux relevant des groupes 1 à 3.

Attention
Dans le projet de réforme de l'APA, figure une redéfinition du GIR 4 afin de limiter le nombre de personnes dépendantes relevant de ce groupe de dépendance.

Bon à savoir

Si l'équipe médico-sociale classe le demandeur en GIR 5 ou 6, l'APA ne sera pas accordée. En revanche, l'aide ménagère pourra être sollicitée. Pour le financement de cette aide à domicile et selon son niveau de ressources, le retraité pourra obtenir une participation financière soit de l'aide sociale, soit de sa caisse de retraite.

LE MONTANT

➤ En maison de retraite

Sachez tout d'abord que le tarif applicable par les établissements accueillant des personnes âgées dépendantes doit être décomposé en trois postes : l'hébergement, les soins, la dépendance.
Le premier est financé par la personne âgée elle-même, les soins sont pris en charge par l'assurance maladie. L'APA, enfin, a vocation à couvrir le tarif journalier dépendance pratiqué par l'établissement mais pas totalement car le bénéficiaire devra verser une participation financière variant avec son niveau de revenus et établi selon un barème national.
- Pour un revenu inférieur à 2 055,43 € par mois, l'intéressé paiera le tarif dépendance de l'établissement applicable aux personnes dépendantes classées dans le groupe GIR 5 et 6.
- Pour un revenu mensuel supérieur à 3 162,20 €, sa participation financière sera calculée selon la formule suivante :

$$TD\ 5/6 + [(A - TD\ 5/6) \times 80\ \%]$$

TD 5/6 étant le tarif dépendance de l'établissement applicable aux personnes relevant du groupe GIR 5 et 6 et A le tarif dépendance de l'établissement dans lequel est classé l'intéressé. Ainsi, le ticket modérateur ne pourra pas excéder 80 % du tarif dépendance de l'établissement applicable au bénéficiaire de l'APA.
- Avec un revenu mensuel compris entre 2 055,43 € et 3 162,20 €, la participation est progressive.

Bon à savoir

Si les ressources de la personne sont insuffisantes pour faire face au paiement des frais d'hébergement et à sa participation aux frais de dépendance, une demande d'aide sociale peut être faite.

➤ À domicile

L'équipe médico-sociale se déplace au domicile du demandeur, évalue le niveau de dépendance puis établit un plan d'aide individuel (voir page 139) et le coût qu'il représente. L'allocation personnalisée d'autonomie doit servir à couvrir ces dépenses définies sans pouvoir être supérieure à :
- pour un GIR 1 : 1 106,77 € par mois ;
- pour un GIR 2 : 948,66 € par mois ;
- pour un GIR 3 : 711,49 € par mois ;
- pour un GIR 4 : 474,33 € par mois.

Le bénéficiaire de l'allocation doit, en principe, garder à sa charge une partie des dépenses liées à la dépendance. Cette sorte de ticket modérateur varie en fonction de son niveau de revenus et ne peut dépasser 80 % du montant de l'APA pour des personnes ayant des ressources mensuelles supérieures à 3 162,20 €. Avec des revenus mensuels inférieurs à 948,66 €, la personne dépendante est dispensée de participation financière et peut prétendre au montant plafond de l'APA. Ainsi, pour une personne relevant du groupe GIR 1 et disposant d'un revenu mensuel inférieur à 948,66 €, l'APA sera de 1 106,77 € par mois. Lorsque les ressources mensuelles sont comprises entre 948,66 € et 3 162,20 €, le montant du ticket modérateur est progressif.

Attention
Le décret attendu devrait augmenter le montant de participation des personnes dépendantes.

➤ La prise en compte des ressources

La participation financière du bénéficiaire de l'APA est calculée à partir de l'ensemble des revenus perçus par l'intéressé, et le cas échéant par son conjoint ou son concubin. En outre, les biens ou capitaux ni exploités ni placés seront censés rapporter un revenu fictif égal à 50 % du loyer que l'on pourrait tirer de la location s'il s'agit d'un logement, à 80 % de la valeur locative pour un terrain non bâti et à 3 % de leur montant pour des capitaux.

En revanche, ne sont pas pris en considération la retraite du combattant et les pensions attachées aux distinctions honorifiques ; les rentes viagères souscrites par l'intéressé, ses enfants ou son conjoint pour se prémunir contre le risque de perte d'autonomie ; le concours financier apporté par les enfants (sous forme de pensions alimentaires par exemple) pour la prise en charge des dépenses engendrées par la perte d'autonomie ; les prestations en nature versées par l'assurance maladie, invalidité, accident du travail ; l'allocation logement.

UNE PRESTATION EN NATURE

Le but de l'APA est de couvrir des dépenses prédéfinies. Tout dépend donc du lieu de vie du bénéficiaire.

➤ En maison de retraite

L'APA ne peut couvrir que le tarif dépendance de l'établissement et correspondant au degré de perte d'autonomie (à l'exclusion des frais d'hébergement). Cette dernière est appréciée par l'équipe médico-sociale. Étant versée directement à l'établissement si le résidant en est d'accord ; il reste à celui-ci à acquitter sa participation financière du tarif de dépendance, les frais d'hébergement et, le cas échéant, les dépenses de santé non prises en charge.

➤ À domicile

L'APA sera affectée à la couverture des dépenses figurant dans le plan d'aide individualisé élaboré par l'équipe médico-sociale. Elle financera en premier lieu le coût de la tierce personne mais pourra également servir à rémunérer la personne accueillant le retraité moyennant finance dans le cadre de l'accueil familial ou encore couvrir des dépenses d'amélioration du domicile, d'aide à la personne pour se rendre à des activités extérieures, de soutien psychologique... Pour l'établir, l'équipe médico-sociale tient compte de l'aménagement et de l'équipement du logement, de l'entourage du demandeur. La personne dépendante peut demander que soit consulté le médecin de son choix.

L'intéressé peut employer directement l'aide à domicile. Il a même la possibilité de choisir un membre de sa famille, sauf son conjoint, son concubin ou la personne avec laquelle il a signé un pacte civil de solidarité (PACS). Il bénéficie, en tant qu'employeur, de l'exonération des cotisations patronales mais uniquement de Sécurité sociale. Les autres cotisations patronales, les cotisations salariales, la CSG et la CRDS restent dues. Il recevra, par ailleurs, directement le montant de l'APA, avant même qu'il ait à effectuer la dépense, pour lui éviter d'avancer les fonds.

Il a également la possibilité de s'adresser à un service prestataire d'aides à domicile (principalement association d'aide à domicile). Ce service reçoit alors directement les fonds du département si le bénéficiaire de l'allocation en est d'accord.

Si l'intéressé a une liberté de choix totale entre ces différentes solutions pour obtenir de l'aide au quotidien, une priorité est donnée aux services d'aide à domicile. C'est ainsi que l'APA sera affectée à la rémunération d'un tel service, sauf refus exprès du bénéficiaire si ce dernier nécessite une surveillance régulière du fait d'une détérioration intellectuelle ou est dépourvu d'entourage familial ou social ou, enfin, s'il est classé dans les groupes GIR 1 ou 2.

La participation du demandeur sera même majorée si l'aide appartient à un service d'aide à domicile non agréé ou est employé directement par le retraité et ne présente pas une expérience professionnelle suffisante.

Lorsque l'APA est accordée à une personne vivant à son domicile, dans le mois suivant la notification d'attribution de l'allocation, le bénéficiaire doit déclarer l'identité du salarié (et le cas échéant le lien de parenté qui les unit) ou du service d'aide à domicile au président du conseil général. Le non-respect de cette procédure entraîne la suspension du versement de l'allocation. Tout changement ultérieur de salarié devra également être déclaré dans le mois qui suit.

Bon à savoir

Avantage en impôt

Les dépenses liées à l'emploi d'une aide à domicile, pour la partie non couverte par l'APA, donne droit à une réduction d'impôt. Il en est de même pour la part de la facture du service prestataire qui reste à la charge du bénéficiaire de l'allocation personnalisée d'autonomie. Rappelons que cet avantage en impôt est égal à 50 % des dépenses d'aide à domicile effectivement à la charge du contribuable mais elles ne sont pas prises en compte que dans la limite de 7 400 € pour l'imposition des revenus de 2002 et de 10 000 € à compter des revenus de 2003.

➤ La demande

Le dossier de demande, à retirer au centre communal d'action sociale (CCAS), doit être adressé au président du conseil général du département de résidence une fois complété. Ce dernier dispose de 10 jours pour en accuser réception et pour informer de son dépôt le maire de la commune. Si le dossier est incomplet, l'avis de réception indique les pièces manquantes à fournir. La demande peut être déposée au plus tôt 2 mois avant l'âge de 60 ans.

Lorsque le demandeur vit à son domicile, l'équipe médico-sociale lui adresse une proposition d'aide dans les 30 jours à compter du dépôt de dossier de demande complet. Il dispose alors de 10 jours, à la date de réception de la proposition, pour refuser par écrit tout ou partie de ce plan d'aide. Lorsque le demandeur vit en maison de retraite, son degré de dépendance est évalué par l'équipe médico-sociale de l'établissement.

Les résultats de l'évaluation sont soumis à la commission départementale de l'attribution de l'APA qui est chargée de proposer un montant d'allocation personnalisée d'autonomie au président du conseil général, lequel prend la décision d'attribuer ou non l'APA. Ce dernier a 2 mois à compter du dépôt du dossier complet de demande pour rendre sa décision. À défaut de réponse, l'allocation est considérée comme accordée pour un montant forfaitaire égal à la moitié du maximum de l'APA accordée pour une personne dépendante relevant du groupe GIR 1. Une fois la décision notifiée, si ce montant s'avère plus élevé que l'APA auquel a droit le bénéficiaire, le trop-perçu s'impute progressivement sur les allocations versées ultérieurement.

La notification de la décision d'attribution doit mentionner le montant mensuel de l'allocation et celui de la participation financière du bénéficiaire. Si, dans un délai de 8 jours, le bénéficiaire ne manifeste pas son opposition, la proposition est considérée acceptée. L'APA ne sera pas attribuée pour une durée limitée, mais fait l'objet d'une révision périodique.
En cas d'urgence, le président du conseil général peut attribuer l'APA à titre provisoire et pour un montant forfaitaire égal à la moitié du maximum de l'APA accordée pour une personne dépendante relevant du groupe GIR 1. L'allocation est alors versée pendant 2 mois au maximum, ce délai permettant à l'équipe médico-sociale de venir examiner la situation de l'intéressé. Cette avance s'impute, le cas échéant, sur les montants de l'allocation versés ultérieurement.

Bon à savoir

La grille nationale AGGIR (autonomie-gérontologie-groupe iso-ressources)

La grille AGGIR classe les personnes en 6 groupes :
- Le premier (GIR 1) comprend les personnes confinées au lit ou au fauteuil et ayant perdu leur autonomie mentale, corporelle, locomotrice et sociale, qui nécessitent une présence indispensable et continue d'intervenants.
- Le GIR 2 est composé de deux sous-groupes : d'une part, les personnes confinées au lit dont les fonctions mentales ne sont pas complètement altérées et qui nécessitent une prise en charge pour la plupart des activités de la vie courante ; d'autre part, celles dont les fonctions mentales sont altérées mais qui ont conservé leurs capacités motrices. Le déplacement à l'intérieur est possible, mais la toilette et l'habillage ne sont pas faits ou partiellement.
- Le GIR 3 regroupe les personnes ayant conservé leur autonomie mentale, partiellement leur autonomie locomotrice, mais qui nécessitent quotidiennement et plusieurs fois par jour des aides pour leur autonomie corporelle. De plus, l'hygiène de l'élimination nécessite l'aide d'une tierce personne.
- Le GIR 4 comprend les personnes qui n'assument pas seules leur transfert mais qui, une fois levées, peuvent se déplacer à l'intérieur du logement. Elles doivent être aidées pour la toilette et l'habillage. La plupart s'alimentent seules ; ce groupe comprend aussi des personnes sans problème de locomotion mais qu'il faut aider pour les activités corporelles et les repas.
- Le GIR 5 est composé des personnes autonomes dans leurs déplacements chez elles, qui s'alimentent et s'habillent seules. Elles peuvent nécessiter une aide ponctuelle pour la toilette, la préparation des repas et le ménage.

▶

Bon à savoir

– Le GIR 6 regroupe les personnes qui n'ont pas perdu leur autonomie pour les actes discriminants de la vie quotidienne.

La PSD en 2003

Le montant de la PSD est fonction non seulement de l'état de dépendance du demandeur et de son besoin d'aide mais également du lieu de résidence (à domicile ou en établissement) et, enfin, du montant de ses ressources. De surcroît, le montant maximal de la prestation est variable d'un département à l'autre. Compte tenu de ces paramètres, le montant de la prestation varie entre 0 et 930,05 € par mois en 2003.
Les ressources mensuelles du demandeur, auxquelles il faut ajouter le montant de la PSD, ne doivent pas dépasser 1 940,03 € pour une personne seule par mois et 2 613,35 € pour un ménage par mois. Les personnes qui disposent de ressources mensuelles hors allocation supérieure à 1 009,98 € par mois (ou 1 683,30 € pour un couple) peuvent bénéficier de la PSD mais son montant est réduit (la prestation est dite dégressive).

En pratique

La nouvelle allocation et les anciennes prestations

Vous perceviez la PSD avant le 1er janvier 2002 : vous pouvez solliciter l'APA, elle prend alors le relais sans qu'il y ait d'interruption de versement. Si vous ne faites aucune demande, votre situation sera revue au plus tard le 1er janvier 2004. Sauf exception, l'APA ne peut être inférieure à la PSD versée antérieurement, diminuée, le cas échéant, du montant de la participation financière due par le bénéficiaire.
Vous percevez l'allocation compensatrice pour tierce personne (ACTP), le début de son attribution étant antérieur à vos 60 ans : si vous remplissez les conditions pour percevoir l'APA, vous pouvez choisir entre le maintien de l'ACTP ou le bénéfice de l'APA.
Vous bénéficiez de l'aide ménagère à domicile avant le 1er janvier 2002 : si vous remplissez les conditions pour percevoir l'APA, vous ne pourrez recevoir une allocation inférieure au montant de l'aide ménagère qui vous était accordé, diminué, le cas échéant, de votre participation financière à l'APA.

SE RETROUVER SEUL

Se retrouver seul s'accompagne pour beaucoup d'une baisse de revenus alors que les charges ne diminuent pas en conséquence. Des prestations sont versées, souvent temporairement, pour permettre de passer ce cap difficile.

Pour trouver le thème qui vous intéresse, consultez la table des matières en début de volume ou l'index alphabétique en fin de volume.

L'ALLOCATION DE PARENT ISOLÉ

Si vous vivez seul avec au moins un enfant ou si vous êtes enceinte, l'allocation de parent isolé (API) viendra compléter vos ressources pour vous assurer un revenu minimal. L'allocation est égale à la différence entre le montant du revenu garanti lequel varie avec le nombre d'enfants à charge et la totalité de vos ressources.

LES CONDITIONS À REMPLIR

L'allocation vous sera attribuée si vous résidez en France, vivez isolé et assumez seul la charge d'un ou plusieurs enfants résidant en France. Cette condition de charge effective et permanente de l'enfant ne cesse pas d'être remplie si vous vivez dans votre famille.

Plus précisément, vous devez être dans l'une des situations suivantes : vous venez de divorcer, de vous séparer de votre conjoint ou encore ce dernier vient de décéder. Si vous vivez en concubinage, en ayant ou non signé un PACS, vous ne pouvez y prétendre.

Les femmes seules enceintes peuvent également bénéficier de cette allocation si elles ont effectué la déclaration de grossesse et se soumettent aux examens prénataux.

LE MONTANT DE L'ALLOCATION

L'allocation est destinée à assurer un revenu familial minimum mensuel égal, en 2003, à :

- pour une femme enceinte sans personne à charge : 521,52 € ;
- pour un parent isolé avec un enfant : 695,36 € ;
- pour un parent avec deux enfants : 869,20 € ;
- par enfant à charge en plus, ajoutez : 173,84 €.

La prestation versée est égale à la différence entre ce revenu minimal et l'ensemble des ressources du demandeur.

LES RESSOURCES PRISES EN COMPTE

La condition de ressources ne s'apprécie pas pour l'allocation de parent isolé comme pour n'importe quelle autre prestation. En effet, pour l'attribution de l'API, entre dans le calcul des ressources tout ce que possède ou reçoit le parent isolé : la totalité des ressources, imposables ou non, y compris les prestations familiales et sociales.

Sont notamment pris en compte dans les ressources :

- les avantages en nature fournis par l'employeur (repas, logement) ;

- les revenus procurés par des biens mobiliers ou immobiliers et par des capitaux ; lorsque ces biens ou capitaux ne sont pas exploités ou placés, ils sont censés procurer à l'intéressé un revenu égal à 50 % de leur valeur locative s'il s'agit d'immeubles bâtis, à 80 % de cette valeur s'il s'agit de terrains non bâtis et à 3 % de leur valeur vénale dans les autres cas. Cette disposition n'est toutefois pas applicable aux locaux d'habitation effectivement occupés à titre de résidence principale de l'intéressé. En revanche, le logement est pris en compte pour une valeur forfaitaire mensuel si vous êtes hébergé gratuitement ou si vous percevez une aide au logement (APL, allocation de logement) ;
- les pensions alimentaires perçues par le demandeur.

En revanche, sont principalement exclues :
- l'allocation d'éducation spéciale et son complément éventuel ;
- l'allocation pour jeune enfant versée jusqu'au 3 mois de l'enfant ;
- l'allocation de rentrée scolaire ;
- les prestations en nature de l'assurance maladie, maternité, invalidité ou accident du travail ;
- le capital-décès servi par un régime de Sécurité sociale ;
- l'aide à la famille pour l'emploi d'une assistante maternelle agréée ;
- les rémunérations issues d'une activité professionnelle ou d'une formation lorsque, à la date de l'appréciation des ressources, la perception de celles-ci est interrompue de manière certaine ; vous ne devez, en outre, pouvoir prétendre à aucun revenu de substitution. Cette neutralisation est effectuée dans la limite mensuelle d'un montant égal à 150 % de la base mensuelle de calcul des allocations familiales (soit 521,52 € par mois en 2003) ;
- les bourses d'études attribuées aux lycéens ainsi que les primes de déménagement.

L'allocation est accordée par périodes successives de 3 mois sur la base des ressources effectivement perçues au cours des 3 mois précédents.

LE CUMUL AVEC DES REVENUS D'ACTIVITÉ

Afin de favoriser la reprise d'une activité professionnelle des bénéficiaires de l'API, la loi du 29 juillet 1998 (JO du 31.7.1998) dite « d'orientation relative à la lutte contre les exclusions », autorise le cumul de l'API et des revenus perçus au titre d'une activité professionnelle ou d'une formation rémunérée. Le dispositif a été amélioré à la fin de l'année 2001. Pour le trimestre au cours duquel débute l'emploi, vous percevez l'API et votre revenu d'activité sans aucun abattement. Pour le trimestre suivant, le cumul sera également intégral. Les 3 trimestres suivants, pour le calcul de l'API, n'est prise en compte que la moitié des revenus du trimestre précédent. Si vous travaillez sous contrat emploi-solidarité, votre revenu mensuel moyen est minoré d'une somme forfaitaire égale à 37,55 % de la base mensuelle des allocations familiales (soit 130,55 € depuis le 1.1.2003).

LES DÉMARCHES

La demande est à adresser à la caisse d'allocations familiales (ou à la MSA si vous dépendez du régime agricole).
L'allocation est due dès le mois de la demande. Si cette dernière est faite dans les 6 mois de l'événement créant l'isolement (divorce, séparation, décès), l'allocation est versée pendant 12 mois de suite ou jusqu'au mois précédant les 3 ans du plus jeune enfant si cela est plus favorable. Si elle n'est faite qu'après 6 mois, l'allocation n'est plus versée au-delà des 18 mois qui suivent l'événement créant l'isolement ou jusqu'au mois précédant les 3 ans du plus jeune enfant.

LA DURÉE DE VERSEMENT

La durée de versement est de 12 mois, dans la limite d'un délai de 18 mois à compter de la date d'ouverture du droit. Le versement est prolongé jusqu'à ce que le plus jeune enfant à charge ait atteint l'âge de 3 ans.
Lorsque vous ne remplirez plus les conditions nécessaires pour l'obtenir, l'allocation cessera de vous être due à compter du premier jour du mois civil au cours duquel ces conditions ont cessé d'être remplies. Toutefois, en cas de mariage ou de concubinage, l'allocation cesse d'être due à compter du premier jour du mois civil suivant celui au cours duquel survient le changement de situation.
Enfin, le versement de l'allocation est suspendu lorsque les ressources effectivement perçues au cours des 3 mois précédents dépassent les montants plafonds.

À noter

Si vous percevez l'allocation de parent isolé et ne bénéficiez pas de l'assurance maladie-maternité à un autre titre, vous serez affilié obligatoirement au régime général de la Sécurité sociale qui vous assurera les prestations en nature de l'assurance maladie-maternité. Les cotisations afférentes sont prises en charge par le régime des prestations familiales.

L'ALLOCATION DE SOUTIEN FAMILIAL

Vous vous retrouvez seul avec un enfant suite à un divorce, un veuvage, une séparation... Quel que soit le montant de vos revenus, la caisse d'allocation familiale peut vous verser l'allocation de soutien familial (ASF). Mais parfois, ce n'est qu'une avance qu'elle récupérera. En effet, l'allocation de soutien familiale constitue selon le cas :

– soit une prestation familiale accordée à la personne qui a la charge effective d'un enfant privé d'un ou de deux parents ;

– soit une avance sur pension alimentaire dans le cas où cette dernière ne serait pas payée.

Elle s'ajoute aux prestations familiales auxquelles ces enfants peuvent ouvrir droit.

LES CONDITIONS À REMPLIR

Bénéficie de l'allocation de soutien familial, quel que soit le montant de ses ressources, toute personne qui assume la charge effective et permanente d'un enfant se trouvant dans l'une des situations suivantes :

- orphelin de père ou de mère, ou de père et de mère. Est considéré comme tel l'enfant dont l'un au moins des parents légitimes, adoptifs (en cas d'adoption plénière) ou naturels (s'il a été reconnu) est décédé. Dans ce cas, l'allocation de soutien familial est une prestation à part entière et non pas une avance sur pension récupérable ;
- enfant dont la filiation n'est pas légalement établie à l'égard de l'un ou l'autre de ses parents ou à l'égard de l'un et l'autre de ses parents. Est considéré comme tel l'enfant non reconnu par l'un ou les deux parents ou l'enfant qui a fait l'objet d'une adoption plénière par une personne seule. Dans ce cas, l'allocation de soutien familial est une prestation à part entière et non pas une avance sur pension récupérable ;
- enfant dont le père ou la mère ou les père et mère se soustraient ou se trouvent hors d'état de faire face, depuis au moins 2 mois, à leurs obligations d'entretien ou au versement d'une pension alimentaire mise à leur charge par décision de justice. Le délai de 2 mois n'est cependant pas exigé lorsque, moins d'un an après que le parent a repris le paiement de son obligation alimentaire, il s'y soustrait de nouveau ou se trouve hors d'état d'y faire face.

➤ Parent hors d'état de faire face à son obligation alimentaire

Est considéré comme se trouvant hors d'état de faire face à son obligation d'entretien ou au versement d'une pension alimentaire le parent qui est insolvable parce qu'au chômage, malade ou invalide, incarcéré, ou encore le parent mineur ainsi que le parent déchu de l'autorité parentale pour sévices sur l'enfant.

L'allocation de soutien familial est attribuée, dans ces situations, en tant que prestation familiale. Elle ne constitue pas, par conséquent, une avance sur pension et n'est pas récupérable.

➤ Parent se soustrayant à son obligation d'entretien

Tout parent doit assurer les moyens d'existence à ses enfants légitimes, naturels ou adoptifs.

Lorsque l'un des parents se soustrait à son obligation d'entretien, en l'absence d'une décision de justice fixant le montant de cette obligation, l'allocation de soutien familial est versée pendant 4 mois. Ce délai doit permettre au parent d'engager une action en justice contre le parent défaillant afin qu'un montant de pension soit fixé. Toutefois, si le parent défaillant se retrouve hors d'état de faire face à son obligation d'entretien, c'est-à-dire insolvable (chômage non indemnisé, malade ou invalide sans revenu...), cette condition n'est pas exigée et l'ASF continue à être versé au-delà du 4e mois.

➤ Parent se soustrayant au versement de la pension alimentaire

Lorsque le parent défaillant ne verse plus ou partiellement, depuis au moins 2 mois, une pension alimentaire fixée par décision de justice, la CAF peut agir à la place de l'autre parent pour récupérer cette pension à condition que celui-ci lui donne mandat. La CAF verse alors l'ASF à titre d'avance sur pension et engage une action contre le parent débiteur. Elle se rembourse ensuite des sommes déjà versées au titre de l'ASF et reverse l'éventuel surplus.

LE MONTANT

Le montant mensuel de l'allocation est égal à 22,50 % de la base mensuelle de calcul des prestations familiales, soit 77,84 € net par mois en 2003 pour un enfant privé de l'aide de l'un de ses parents et 30 % de la même base, soit 103,78 € lorsque les deux parents manquent.

LA DURÉE DE VERSEMENT

Vous avez droit à l'allocation de soutien familial :

- pour un enfant dont un seul des parents est décédé : à compter du premier jour du mois civil suivant celui au cours duquel a eu lieu le décès ;
- pour un enfant orphelin de père et de mère ou dont la filiation n'est pas établie : à compter du premier jour du mois civil suivant celui au cours duquel il a été recueilli par la personne qui en assume la charge effective et permanente ;
- pour l'enfant dont la filiation n'est établie qu'à l'égard d'un seul des parents : à compter du premier jour du mois civil suivant celui au cours duquel la filiation a été établie ;
- pour l'enfant dont l'un au moins des parents se soustrait ou se trouve hors d'état de faire face à son obligation d'entretien ou au versement de la pension alimentaire mise à sa charge par décision de justice : à compter du premier jour du mois civil suivant la date à laquelle le parent défaillant a cessé de faire face à cette obligation ou d'effectuer ce versement.

Elle est versée tant que la situation qui la justifie perdure et au maximum jusqu'aux 20 ans de l'enfant. Il est alloué autant d'allocation que d'enfants concernés par cette situation.

Elle cesse d'être due à compter du premier jour du mois au cours duquel le père ou la mère de l'enfant se marie ou vit maritalement ou encore conclut un PACS. Le versement de l'allocation peut être néanmoins rétabli si le parent justifie vivre seul à nouveau de façon permanente et si la situation du parent défaillant reste inchangée. Dans ce cas, le paiement est repris à compter du 1er jour du mois civil suivant la production de cette justification.

En pratique

La cessation du versement de l'allocation de soutien familial

- Lorsqu'aucune pension n'a été fixée, le parent qui ne perçoit plus d'aide de l'autre et qui demande l'ASF doit engager une procédure en justice. S'il ne le fait pas, le versement de l'ASF cesse à partir de la cinquième mensualité.
- Une pension alimentaire a été fixée et n'est plus versée, mais le parent refuse de donner pouvoir à la CAF pour poursuivre celui qui est débiteur.
- Le parent qui a la charge de l'enfant ne vit plus seul : il se marie ou vit maritalement (cette condition ne s'applique pas à la personne qui a recueilli un enfant et en a la charge).

L'ALLOCATION DE VEUVAGE

Cette allocation est destinée à assurer, au début du veuvage, un minimum de ressources au conjoint survivant, lorsqu'il est trop jeune pour avoir droit à une pension de réversion (il faut avoir au moins 55 ans dans le régime général ou dans le régime agricole). Cette prestation est accordée sous condition de ressources.

LES CONDITIONS À REMPLIR

• Donne droit à l'allocation de veuvage, l'assuré décédé qui :
- était affilié au régime d'assurance vieillesse pendant 3 mois, consécutifs ou non, au cours des 12 mois précédant son décès, y compris l'assuré affilié au titre des prestations familiales (allocation pour jeune enfant, complément familial ou allocation parentale d'éducation : voir pages 38, 46 et 55) ;
- percevait l'allocation pour adulte handicapé ;
- était en congé individuel de formation ;
- était chômeur indemnisé ou non ; mais, dans ce dernier cas, n'est concerné que celui qui peut prétendre aux prestations de l'assurance maladie (voir page 85) ;
- percevait, du régime général ou agricole, des indemnités journalières de maladie, maternité, ou d'accident du travail ou une pension d'invalidité ou une retraite...

• Le conjoint survivant doit remplir un certain nombre de conditions :
- être âgé de moins de 55 ans ;
- résider en France ; mais cette condition n'est pas exigée notamment lorsque l'assuré décédé relevait du régime volontaire de vieillesse des expatriés ;
- ne pas être divorcé de l'assuré décédé ; en revanche, l'allocation peut être versée à un conjoint séparé de fait ou de corps, mais non au concubin ou à la concubine ni au partenaire lié par un PACS ;
- ne pas être remarié ni vivre en concubinage ni conclure un PACS.

Il faut enfin qu'il remplisse une condition de ressources : ne pas avoir disposé, au cours des 3 mois civils précédant la date de réception de la demande, de ressources supérieures à 3,75 fois le montant de l'allocation, soit 1 915,42 € au 1er janvier 2003.

À noter :

L'allocation de veuvage était auparavant réservée aux veuves ou veufs qui avaient élevé des enfants. La loi de financement de la Sécurité sociale pour 2000 a supprimé cette condition.

➤ Les ressources prises en compte

Sont retenues les ressources du bénéficiaire y compris l'allocation de veuvage susceptible de lui être attribuée. Plus précisément, sont pris en compte toutes les retraites, les pensions d'invalidité, les revenus professionnels, l'allocation aux adultes handicapés, les allocations de chômage, les capitaux décès autres que celui versé par le régime des salariés de la Sécurité social, les revenus des biens immobiliers et mobiliers. Les revenus des biens sont évalués de manière fictive à 3 % de leur valeur vénale (c'est-à-dire du prix que l'on aurait tiré de la vente). En revanche, les capitaux décès sont censés procurer le même revenu que le livret A de la Caisse d'Epargne (3 % au 1.1.2003).

On retient aussi le revenu des biens éventuellement donnés dans les 10 dernières années :

- si la donation a été faite à un descendant et remonte à moins de 5 ans, l'administration considère que ces biens procurent un revenu fictif égal à 3 % de leur valeur vénale ; si la donation remonte à plus de 10 ans, le revenu fictif est évalué à 1,50 % ;
- si les biens ont été donnés à d'autres personnes, ils sont supposés produire une rente viagère calculée selon le barème de la caisse nationale de prévoyance.

En revanche, il n'est pas tenu compte notamment :

- de l'aide apportée par les personnes tenues à l'obligation alimentaire (enfants et petits-enfants notamment) ;
- de la valeur des locaux d'habitation occupés à titre de résidence principale ;
- des prestations familiales ;
- des prestations en nature accordées au titre de l'assurance maladie, de la maternité ou de l'aide sociale ;
- de la majoration pour tierce personne ;
- de la retraite du combattant ;
- de l'allocation logement et de l'aide personnalisée au logement ;
- des pensions attachées aux distinctions honorifiques.

LE MONTANT

Depuis le 1er janvier 2003, le montant de l'allocation de veuvage est de 510,78 € par mois et la durée de son versement est de deux ans à partir du décès. Si le conjoint survivant a plus de 50 ans au moment du décès, il percevra l'allocation de veuvage jusqu'à 55 ans s'il remplit naturellement les conditions nécessaires jusque-là.

LA DEMANDE

La demande doit être adressée à la caisse régionale d'assurance maladie de l'assuré et vous avez tout intérêt à la déposer le plus vite possible après le décès. Si elle est présentée l'année du décès, l'allocation est versée à partir du premier jour du mois du décès. Si la demande est formulée au-delà d'un an ou si vous ne remplissiez pas les conditions requises au moment du décès, l'allocation est versée à partir du premier jour du mois au cours duquel la demande a été formulée.

Attention

Une demande déposée 2 ans après le décès ne vous ouvrira aucun droit !

En pratique

Le sort de la protection sociale

Si vous bénéficiez d'une couverture sociale par l'intermédiaire de votre conjoint ou concubin en ayant ou non signé un PACS, votre protection ne cessera pas à partir du divorce, du décès ou de la cessation de la vie commune. Vous bénéficierez pendant 4 ans d'un remboursement de vos frais de soin (voir page 88). Au-delà de cette période, si vous n'avez pas le statut d'assuré social ni celui d'ayant droit d'un assuré, vous pourrez, sous certaines conditions, recourir à la couverture maladie universelle.

PERDRE SON EMPLOI

Perdre son emploi, c'est perdre son salaire. L'assurance chômage prend alors le relais et assure, sur une période plus ou moins longue en fonction de la carrière passée, un revenu de remplacement. Les conditions d'attribution et les modalités de calcul des prestations sont fixées par la convention. Les conditions d'attribution et les modalités de calcul des prestations sont fixées par la convention du 1er janvier 2001 relative à l'aide au retour à l'emploi et à l'indemnisation du chômage. Elles ont été modifiées par le protocole d'accord du 20 décembre 2002 contenant des mesures de redressement des finances de l'Unedic. L'indemnisation du chômage s'en trouve singulièrement amputée même si le principe de la non-dégressivité des allocations n'a pas été remis en cause. Les salariés en situation précaire ainsi que les chômeurs âgés paient le prix fort de cette réforme.

Pour trouver le thème qui vous intéresse, consultez la table des matières en début de volume ou l'index alphabétique en fin de volume.

LES PREMIÈRES DÉMARCHES

Lorsque vous perdez votre emploi, un ensemble de démarches est à entreprendre rapidement. Afin que votre demande d'allocation soit instruite dans les meilleures conditions possibles et pour ne pas prendre le risque de perdre des droits, quelques précautions sont à prendre.
Tout salarié travaillant dans le secteur privé cotise à l'assurance chômage et doit s'adresser à l'ASSEDIC pour obtenir ses allocations.
Mais qu'en est-il pour les salariés non fonctionnaires du secteur public ? Ils ont droit aux allocations de chômage s'ils perdent leur emploi, mais l'organisme payeur sera, selon le cas, soit l'employeur public s'il pratique l'autoassurance, soit l'ASSEDIC si l'employeur a adhéré directement au régime d'assurance chômage ou encore s'il a signé une convention de gestion.

EXIGEZ L'ATTESTATION EMPLOYEUR

Dans tous les cas, sachez que, pour déterminer vos droits, l'ASSEDIC exige l'attestation employeur. Quel que soit le motif de la rupture du contrat, vous devez partir de l'entreprise avec ce document, un certificat de travail et le solde de tout compte.
L'attestation employeur est essentielle : des mentions portées et des cases cochées sur celui-ci dépend le versement des allocations. Aussi la vigilance est-elle de rigueur ! Vous devez être particulièrement attentif à la qualification de la rupture : s'agit-il d'une démission, d'un licenciement, d'une fin de contrat à durée déterminée, d'une rupture en période d'essai, d'un départ négocié... ? Toutes n'ont pas les mêmes conséquences sur vos droits.

Inconvénient

Ne peuvent prétendre à l'indemnisation du chômage ni les fonctionnaires ni les dirigeants de société, sauf s'ils peuvent cumuler leur mandat social avec un contrat de travail.

L'ASSEDIC GUICHET UNIQUE

C'est auprès de l'ASSEDIC que vous devez vous inscrire comme demandeur d'emploi et déposer votre demande d'allocations. Vous devez vous y rendre personnellement.
L'inscription prend effet à compter du jour de la demande de formulaire d'inscription à condition qu'il soit retourné, parfaitement complété, dans les 5 jours qui suivent (non compris les samedi, dimanche et jours fériés). Si ce délai n'est pas respecté, l'inscription comme demandeur d'emploi sera effective à la date de retour du document.
Si vous habitez une petite localité, trop éloignée d'une antenne ASSEDIC, vous pouvez vous adresser à la mairie. En effet, le maire est chargé de recevoir les déclarations des demandeurs d'emploi et de les transmettre à l'organisme compétent.

Attention
Pour ne perdre aucun droit, vous devez vous inscrire dans un certain délai (voir page 165).

LA SIGNATURE DU PARE

C'est au moment de l'inscription comme demandeur d'emploi auprès de l'ASSEDIC que vous signerez le plan d'aide au retour à l'emploi (PARE), en même temps que votre demande d'allocation. Par ce plan, l'ASSEDIC s'engage à verser l'allocation dite d'aide au retour à l'emploi (ARE), à faciliter, en partenariat avec l'ANPE, les démarches et le reclassement professionnel du demandeur d'emploi, à l'informer de ses droits. De votre côté, vous vous engagez à :
- rechercher un emploi conformément aux obligations prévues par le Code du travail ;
- donner suite ou opposer un refus légitime aux offres d'emploi proposées correspondant à vos capacités professionnelles et aux qualifications résultant de vos diplômes ;
- vous présenter aux entretiens ;
- renvoyer les pièces justificatives.

Le PARE déclenche la proposition par l'ANPE d'un entretien approfondi et l'élaboration du PAP (Plan d'action personnalisé). Régulièrement l'ASSEDIC veillera au respect des engagements pris avec les passages clés en cas de non-retour à l'emploi au 6e mois et au 12e mois.

L'ENTRETIEN À L'ANPE

Cet entretien doit se tenir au plus tard dans le mois suivant votre inscription sur la liste des demandeurs d'emploi. Son objet est de cerner « votre profil » et notamment votre degré d'autonomie dans la recherche d'emploi pour déterminer les actions à développer pour vous soutenir.

LA SIGNATURE DU PROJET D'ACTION PERSONNALISÉ (PAP)

Le PAP définit les mesures d'accompagnement individualisées à mettre en place pour favoriser un retour rapide à l'emploi. Ce plan d'aide personnalisé établi par le demandeur d'emploi et l'ANPE a pour objet de déterminer :
- les types d'emploi qui correspondent à la qualification et aux capacités professionnelles du demandeur, à un taux de salaire normalement pratiqué dans la profession et la région dans lesquelles il recherche un emploi ;
- les types d'emploi dans lesquels le demandeur souhaite éventuellement s'orienter ;
- les actions appropriées pour soutenir la recherche d'emploi et favoriser le retour au travail : examen des capacités professionnelles, bilan de compétences approfondi, actions de formation...

- les moyens susceptibles d'être accordés par l'ASSEDIC : aide à la formation (voir page 188), aide à la mobilité géographique, aide dégressive à l'employeur.
Dans le cadre du PAP vous vous engagez, en fonction de votre degré d'autonomie en matière de recherche d'emploi, à participer :
- à l'évaluation de vos capacités professionnelles ;
- aux entretiens réguliers réalisés en vue d'un accompagnement personnalisé ;
- aux actions définies avec l'ANPE dans le PAP.
Si vous arrivez à l'entretien en ayant mis sur pied un plan de recherche d'emploi viable, il constituera le PAP. Dans tous les cas vous devez rechercher un emploi et être en mesure de prouver vos démarches.

➤ Actualisation du PAP

Si, dans les 6 mois de la signature du PARE, le chômeur n'a pas trouvé un emploi ou si aucune proposition correspondant à ses capacités et qualifications ne lui a été faite, une actualisation du PAP est opérée. Celle-ci peut déboucher sur un bilan de compétences approfondi. Le chômeur doit également répondre aux propositions d'embauche rétribuées à un taux de salaire normalement pratiqué dans la région, et qui entrent dans le champ de ses capacités professionnelles. Il devra, en outre, participer aux actions de formation préconisées lors de l'actualisation du PAP. Au-delà de 12 mois (3 mois pour les allocataires de plus de 50 ans), l'ANPE doit accentuer ses efforts et veiller à lui faire acquérir l'expérience nécessaire à une embauche. Le reclassement du chômeur pourra intervenir dans le cadre du dispositif d'aide dégressive aux employeurs.

Attention

Les emplois offerts devront être compatibles avec la spécialité ou la formation antérieure du chômeur, ses possibilités de mobilité géographique compte tenu de sa situation personnelle et familiale, et rétribués à un taux de salaire normalement pratiqué dans la profession et la région.

➤ Suivi du PAP par l'ASSEDIC

L'ASSEDIC examine régulièrement, à partir des informations enregistrées par l'ANPE, les conditions de réalisation des engagements pris par le chômeur dans le cadre du PAP.
Vous pouvez être convoqué par l'ASSEDIC si cet organisme constate, à l'issu d'un examen des informations de l'ANPE :
- le non-accomplissement d'actions du PAP ;
- le refus de répondre à une ou plusieurs offres d'emploi ou de formation présentées par l'ANPE ;
- l'absence de régularité ou de cohérence des démarches entreprises en vue du reclassement...
Vous recevrez une convocation 10 jours avant la date de l'entretien. Si vous ne vous présentez pas mais motivez votre absence, une nouvelle convoca-

tion vous sera adressée. En revanche, si vous ne fournissez aucune explication à votre absence, un avis de suspension de versement des allocations avec une nouvelle convocation vous parviendra au moins 5 jours avant la date de l'entretien prévu. Sans nouvelle de votre part, le versement des allocations sera suspendu et votre dossier transmis à la direction départementale du travail, de l'emploi et de la formation professionnelle (DDTEFP). L'ASSEDIC peut également transmettre votre dossier à la DDTEFP en cas de doute sur la réalité de vos démarches pour retrouver un emploi ou sur votre volonté de suivre une formation. Le risque est dans ce dernier cas une exclusion du régime.

➤ Des aides à la clé

L'engagement dans un PAP donne droit à différents types d'aide au reclassement, hormis le financement de la formation (voir page 193) :

• **Les aides à la mobilité** : destinées à couvrir tout ou partie des frais de transport ou de double résidence engagés par le demandeur dans le cadre de sa reprise d'activité, elles sont réservées aux personnes bénéficiaires ou pouvant bénéficier de l'ARE embauchées sous contrat à durée indéterminée ou contrat à durée déterminée d'au moins 12 mois dans une localité éloignée du lieu habituel d'habitation. Cette condition d'éloignement est remplie lorsque le temps de trajet quotidien ou la distance entre le lieu d'exercice de l'emploi et la résidence habituelle est au moins égal aux seuils fixés par le bureau de l'ASSEDIC, lesquels ne peuvent être inférieurs à 2 heures aller et retour de trajet ou à 100 km aller et retour. Le montant global de l'aide est de 1 857 € depuis le 1er juillet 2002 lorsque le demandeur a été embauché sous contrat à durée indéterminée mais dans la limite de l'enveloppe financière affectée à ce type d'aide par le bureau de l'ASSEDIC. Pour les contrats à durée déterminée, l'aide correspond au montant des frais engagés et déclarés sur l'honneur par l'allocataire dans la limite de 1 857 €. Dans cette situation, l'ASSEDIC se réserve, à tout moment, la possibilité de demander les justificatifs des dépenses engagées par l'allocataire.

• **L'aide à une formation préalable à l'embauche** : un employeur se propose de vous embaucher à condition que vous suiviez, au préalable, une formation. L'ASSEDIC peut prendre en charge cette formation. Mais l'employeur doit vous embaucher sous contrat à durée indéterminée ou déterminée d'au moins 6 mois. Pendant cette formation l'ASSEDIC continue à vous verser les allocations de chômage. Pour obtenir cette aide vous devez vous adresser à l'ANPE.

• **Les aides au logement et accessoires au logement** : l'ASSEDIC peut participer aux actions du fonds de solidarité pour le logement mais également couvrir une partie des impayés d'eau, de gaz et d'électricité.

• **Les aides aux congés payés** : le chômeur qui reprend un emploi et qui n'a pas acquis de congés payés lors de la fermeture annuelle de son entreprise pourra obtenir une aide de l'ASSEDIC. Cette dernière ne pourra dépasser le montant des allocations qu'il aurait perçues au chômage.

- **L'aide dégressive à l'employeur** : pour les salariés privés d'emploi depuis plus de 12 mois (depuis plus de 3 mois pour les 50 ans et plus), une aide dégressive peut être attribuée à l'employeur qui l'embauche sous contrat à durée indéterminée ou déterminée de 12 à 18 mois. Cette aide est destinée à couvrir 40 %, 30 % puis 20 % du montant du salaire d'embauche sur une durée de 1 à 3 ans.

➤ Le PARE anticipé en cas de licenciement pour motif économique

Ce dispositif né de la loi de modernisation sociale du 17 janvier 2002 est destiné à étendre le bénéfice des prestations d'aide au retour à l'emploi aux salariés licenciés pour motif économique pendant leur préavis.

➤ Êtes-vous concerné ?

On vous proposera un Pare anticipé ou un « PréPARE » si vous êtes touché par un licenciement pour motif économique et que vous appartenez à une entreprise non soumise au congé de reclassement. Il s'agit plus précisément des entreprises de moins de 1 000 salariés et de celles en redressement ou liquidation judiciaire.
Vous pouvez également profiter de cette mesure si on vous a bel et bien proposé un congé de reclassement mais que vous l'avez refusé. L'employeur qui ne propose pas un PARE anticipé alors qu'il le devrait doit verser une contribution à l'ASSEDIC.
Pour accéder à ce dispositif, vous devez satisfaire à un certain nombre de conditions : vous devez être lié à l'entreprise par un contrat à durée indéterminée, être licencié pour motif économique ou à la suite d'une cessation totale d'activité de l'entreprise. Vous devez de surcroît être apte au travail et justifier de 122 jours ou 606 heures d'activité salariée dans la même entreprise ou non au cours des 18 mois qui précèdent la fin du contrat de travail.

◆ *Objectif*

Le PARE anticipé permet au salarié adhérant au dispositif d'accélérer son retour à l'emploi. Ainsi l'employeur est tenu de mettre à la disposition des agences locales pour l'emploi le salarié concerné afin qu'il bénéficie des prestations d'aide au retour à l'emploi (entretien professionnel, évaluation des compétences, bilan...). Pour autant le salarié n'est pas dispensé d'exécuter son contrat de travail le reste du temps. L'employeur doit le rémunérer intégralement et lui accorder, en plus, les heures de recherche d'emploi si elles sont prévues par la convention collective. Au terme du préavis, le salarié est admis à bénéficier de l'allocation au retour à l'emploi après application des délais de carence et du différé d'indemnisation (voir page 173).

◆ *Procédure*

C'est au cours de l'entretien préalable de licenciement que vous sera pro-

posé le PARE anticipé si la réduction de personnel concerne moins de 10 salariés sur une période de 30 jours. Dans les autres cas, à l'issue de la dernière réunion du comité d'entreprise (ou du comité d'établissement ou des délégués du personnel), il vous sera remis un document d'information et un dossier d'accès aux prestations.
Vous avez, à compter de la réception de la lettre de notification du licenciement, 8 jours pour déposer votre dossier d'acceptation à l'ASSEDIC et en informer votre employeur.

Bon à savoir

Le congé de reclassement

Dans les entreprises d'au moins 1 000 salariés, ceux-ci peuvent bénéficier d'un congé de reclassement dès lors qu'ils sont menacés de licenciement pour motif économique.
Pendant le congé de reclassement qui s'inscrit dans le préavis, le salarié a accès à des actions de formation et à des prestations d'une cellule d'accompagnement pour la recherche d'emploi. Ce dispositif est mis en œuvre par l'entreprise elle-même.

En pratique

Vos interlocuteurs

- **L'ASSEDIC** : Les agences inscrivent les demandeurs d'emploi, enregistrent le renouvellement de leur inscription et les modifications affectant leur situation. Elles gardent, néanmoins, leur mission originelle : verser les allocations de chômage. C'est donc à l'ASSEDIC que vous vous adresserez pour tout ce qui concerne le montant et le versement des prestations. Site Internet : www.assedic.fr
- **La commission paritaire de l'ASSEDIC :** composée d'un nombre égal de représentants des organisations d'employeurs et de salariés signataires de la convention d'assurance chômage, elle est saisie pour examiner certaines situations particulières telles que l'indemnisation après une démission, le maintien des allocations à partir de 59 ans et 6 mois après une démission, un départ volontaire d'une formation...
- **L'ANPE :** elle a pour mission d'enregistrer les offres d'emploi et de proposer un travail aux chômeurs. Elle organise une information générale sur les métiers et un entretien systématique et offre différents services pour accompagner le chômeur dans ses recherches (entraînement à la recherche d'emploi, évaluation des compétences...) et, enfin, elle contrôle la réalité des démarches effectuées pour trouver un emploi. Site Internet : www.anpe.fr
- **L'APEC :** c'est l'association pour l'emploi des cadres. Vous pourrez y adhérer si vous avez cotisé à une caisse de retraite des cadres. Elle aide les cadres dans leurs recherches d'emplois. Site Internet : www.apec.fr
- **La direction départementale du travail, de l'emploi et de la formation professionnelle (DDTEFP) :** elle contrôle la réalité des recherches d'emploi et informe sur les droits du travail.

QUELLES SONT LES CONDITIONS À REMPLIR ?

Six conditions sont à remplir pour pouvoir prétendre aux allocations de chômage avec quelques règles dérogatoires pour les chômeurs proches de l'âge de la retraite.

NE PAS PARTIR DE L'ENTREPRISE DE SA PROPRE INITIATIVE

L'ASSEDIC n'indemnise en principe que les salariés qui ont perdu involontairement leur emploi. Ainsi, le licenciement, quel qu'en soit le motif, donne droit aux allocations. La faute grave, pas plus que la faute lourde ne font obstacle au versement des prestations. De même, le chômage consécutif à une fin de contrat à durée déterminée est considéré comme involontaire ; tout comme l'est la rupture du contrat pour motif économique même s'il s'agit d'un départ négocié. Toute période de chômage consécutive à une rupture de contrat de travail pour cause économique, quelle que soit la nature de la rupture (rupture négociée, démission...), doit automatiquement être considérée comme du chômage involontaire. Enfin, certaines démissions sont considérées comme légitimes et emportent les mêmes conséquences que le licenciement.
Important : l'ASSEDIC analyse la rupture du dernier contrat de travail. Toutefois, si le dernier contrat a duré moins de 3 mois, c'est la rupture du précédent contrat qui sera pris en compte. Il existe, néanmoins, quelques atténuations à ce principe.

➤ La démission

Lorsque vous démissionnez, vous prenez l'initiative de rompre le contrat et ne pouvez pas, en principe, prétendre aux allocations. Toutefois, des exceptions tempèrent cette règle drastique. Différents motifs de démission sont, en effet, reconnus légitimes par l'assurance chômage et vous donnent droit aux allocations. Il en sera ainsi dans les situations suivantes :

• Âgé de moins de 18 ans, le jeune démissionne pour suivre ses parents ou la personne chargée de l'autorité parentale qui déménage.

• Vous démissionnez pour suivre votre conjoint (ou concubin avec lequel vous avez ou non signé un PACS) qui change de domicile pour exercer une nouvelle activité professionnelle : son entreprise le mute, il change d'employeur ou d'activité (création d'une entreprise, par exemple), il retrouve un emploi après une période de chômage, il crée ou reprend une entreprise ou se lance dans une activité indépendante.
Mais attention, le départ à la retraite de votre conjoint ne peut justifier votre démission.

• Vous démissionnez pour aller rejoindre ou pour suivre votre futur conjoint : le mariage doit intervenir au plus tard 2 mois après le départ de l'entreprise ; vous pouvez même vous marier avant la fin du contrat de travail. Mais là encore, 2 mois maximum doivent séparer les deux événements. Le même droit est accordé à la personne qui signe un PACS.

• Vous démissionnez parce que vous avez été victime d'un acte délictueux au sein de l'entreprise ; on entend par acte délictueux tout comportement antisocial tombant sous le coup de la loi (violence physique ou morale, dénonciations calomnieuses, harcèlement sexuel) : il faudra le prouver en produisant un récépissé de dépôt de plainte auprès du procureur de la République, d'un commissariat de police ou de la gendarmerie.

• Vous êtes journaliste et vous avez invoqué la clause de conscience en raison d'un changement notable dans le caractère ou l'orientation du journal. En outre, ce changement doit créer une situation de nature à porter atteinte à votre honneur, à votre réputation ou à vos intérêts moraux.

• Vous avez signé un contrat de travail dit de couple ou indivisible comportant une clause de résiliation automatique : le départ de l'un entraîne le départ de l'autre (ce type de contrat est parfois signé par des couples de gardiens d'immeuble) ; la rupture de tels contrats donne droit aux allocations de chômage en cas de licenciement ou de mise à la retraite de l'un des conjoints.

• Vous démissionnez parce que votre employeur cesse de vous verser des salaires : vous devez saisir le conseil de prud'hommes afin qu'il soit établi que le responsable de la rupture est bien l'employeur.

• Vous démissionnez pour effectuer une mission de volontariat pour la solidarité internationale, d'une durée minimale d'un an.

• Vous démissionnez pour créer ou reprendre une entreprise : l'activité créée ou reprise doit avoir donné lieu aux formalités de publicité requises par la loi (immatriculation au répertoire des métiers, déclaration au centre de formalités des entreprises...) ; en cas d'échec de votre projet dans les 36 mois, vous pourez vous inscrire comme demandeur d'emploi et faire valoir vos droits au chômage ;

Sont également réglés les cas des ruptures de contrats successifs ; ainsi donneront droit à indemnisation :

- la démission d'un contrat emploi-solidarité ou d'un contrat d'insertion par l'activité, d'un contrat emploi-jeunes ou d'un contrat d'orientation pour suivre une formation ou exercer un nouvel emploi ;
- la démission d'un précédent emploi pour en accepter un autre à durée indéterminée : lorsque votre dernier employeur rompt votre contrat au cours ou à la fin de la période d'essai laquelle n'excède pas 91 jours, vous pouvez bénéficier d'une indemnisation à la condition de justifier d'un travail sans interruption pendant les 3 années qui précèdent votre indemnisation ;

- la démission pendant la période d'essai (de 91 jours au maximum) d'un emploi repris immédiatement après un licenciement ou une fin de contrat à durée déterminée.

Avantage

Si vous avez démissionné pour un motif qui n'est pas considéré comme légitime par l'ASSEDIC et remplissez, par ailleurs, toutes les autres conditions pour obtenir les allocations de chômage, sachez que vous pouvez prétendre à une allocation si vous êtes en mesure de prouver que vous recherchez activement du travail. Pour cela, il vous faut saisir la commission paritaire de l'ASSEDIC 121 jours (soit 4 mois) après la fin de votre contrat de travail. Si la commission, au vu des pièces justificatives que vous lui fournirez, considère que vous avez recherché activement un emploi, l'allocation chômage vous sera attribuée. Pour ne pas perdre de temps, vous pouvez même saisir la commission 15 jours avant l'échéance.

➤ Le départ négocié d'un contrat à durée indéterminée

Le départ négocié est traité de manière différente par l'ASSEDIC selon la cause de la rupture du contrat. Lorsque les départs négociés sont fondés sur un motif économique, l'employeur doit respecter la procédure de licenciement économique et l'ASSEDIC indemnise la perte d'emploi.
En revanche, lorsqu'employeur et salarié se séparent pour des raisons personnelles (mésentente, par exemple), le chômage sera considéré, en principe, comme volontaire. Toutefois, si vous n'êtes pas d'accord avec la qualification de la rupture, vous pouvez engager une action en justice. Si vous démontrez que l'employeur a pris une part prépondérante dans la fin du contrat et si vous obtenez gain de cause, l'ASSEDIC prendront en compte la décision de justice et indemniseront la perte d'emploi.

➤ La fin d'un contrat à durée déterminée

Lorsque votre contrat à durée déterminée (CDD) arrive à son terme, vous avez droit, en principe, à l'indemnisation chômage. Mais s'il a duré moins de 91 jours, le chômage ne sera indemnisé que si le CDD a fait suite à un licenciement ou à une fin de contrat à durée déterminée.
En outre, lorsque le contrat à durée déterminée cesse avant le terme prévu du fait de l'employeur, vous pourrez prétendre à l'indemnisation du chômage qui s'ensuit si vous remplissez, par ailleurs, toutes les conditions d'ouverture de droit. En revanche, vous ne pourrez pas être indemnisé si c'est vous qui mettez, par anticipation, un terme au contrat.

➤ La rupture du contrat pendant la période d'essai

Tout contrat de travail, à durée déterminée ou indéterminée, peut prévoir une période d'essai. Employeur et salarié, pendant cette période, peuvent rompre le contrat sans préavis, ni indemnité et sans avoir à se justifier. Lorsque l'employeur prend l'initiative de rompre le contrat au-delà de 91 jours, le chômage qui suit est involontaire, donc indemnisable. Si la période d'essai a duré moins de 91 jours et que vous aviez démissionné de votre précédent contrat, vous n'aurez, en principe, pas droit, au moins pendant un premier temps (voir page 163), aux allocations de chômage. Toutefois, afin de ne pas décourager une reprise d'activité, vous obtiendrez une indemnisation si votre dernier contrat était à durée indéterminée et que vous pouvez justifier de 3 ans d'activité salariée continue ou plus. Si c'est vous qui rompez le contrat pendant la période d'essai, vous serez considéré comme démissionnaire. Toutefois, lorsque le dernier contrat suit un licenciement ou une fin de contrat à durée déterminée, et qu'entre les deux contrats vous ne vous êtes pas inscrit comme demandeur d'emploi, votre chômage sera indemnisé si la durée de la période d'essai n'est pas supérieure à 91 jours. Lorsque, en revanche, vous vous êtes inscrit comme demandeur d'emploi avant de reprendre la nouvelle activité, vous pourrez prétendre aux allocations si vous rompez votre dernier contrat dans les quatre premiers mois.

En pratique

Si vous avez signé une transaction

La transaction se greffe sur un licenciement, une démission ou un départ négocié. Par son intermédiaire, l'employeur et le salarié mettent fin à un litige présent ou futur, chacune des parties faisant des concessions. Lorsque la transaction est conclue dans le cadre d'un licenciement, les droits au chômage sont les mêmes que pour tout autre licenciement.

Avantage

Ont droit à indemnisation les salariés involontairement privés d'emploi ou ayant démissionné qui ont créé ou repris une entreprise dont l'activité a cessé dans les 36 mois.

S'INSCRIRE COMME DEMANDEUR D'EMPLOI

À compter de la fin de votre contrat de travail, vous avez 12 mois pour vous inscrire. Passé ce délai, dit de forclusion, vous perdez vos droits à indemnisation.

Exemple

M. a été licencié le 21 janvier 2003 ; il doit s'inscrire au plus tard le 20 janvier 2004.

Il existe néanmoins des situations exceptionnelles qui prolongent la limite des 12 mois.

Ainsi, ce délai est prolongé de la durée pendant laquelle :

- vous avez perçu des indemnités de maladie, maternité, accident du travail ou maladie professionnelle ;

- vous avez perçu une pension d'invalidité de 2e ou 3e catégorie de la Sécurité sociale ou une pension d'invalidité des régimes spéciaux ou autonomes de la Sécurité sociale ou encore d'un régime étranger ;
- vous avez effectué votre service national ;
- vous avez suivi un stage de formation professionnelle ;
- vous étiez en congé pour création d'entreprise ;
- vous avez bénéficié d'un congé parental d'éducation : si la rupture du contrat intervient pendant ce congé, le délai pour s'inscrire est alors égal à 12 mois allongé de la durée du congé qui reste à courir ;
- vous avez bénéficié d'une allocation parentale d'éducation à la suite d'une fin de contrat de travail ;
- vous avez démissionné après un congé de maternité ou d'adoption et vous n'avez pu bénéficier de la priorité de réembauche un an plus tard ;
- vous avez bénéficié d'un congé d'enseignement ou de recherche et l'emploi a été perdu au cours de ce congé ;
- vous avez effectué une mission au titre d'un mandat électif, politique ou syndical sans que le contrat de travail puisse se poursuivre ;
- vous avez effectué des missions de volontariat pour la solidarité nationale.

Il existe également 2 cas d'allongement du délai mais cette fois limité à 3 ans :
- vous avez assisté une personne handicapée qui percevait ou qui aurait pu percevoir l'allocation pour adulte handicapé (voir page 129) et dont l'état, nécessitant la présence d'une tierce personne, justifiait l'attribution de l'aide compensatrice ;
- vous avez démissionné pour suivre votre conjoint qui s'expatriait à l'étranger afin d'exercer une activité professionnelle. La durée totale d'expatriation ne doit pas dépasser 4 ans.

La période de 12 mois est allongée des périodes durant lesquelles vous avez créé ou repris une entreprise et des périodes de congé obtenues pour élever un enfant en application de disposition contractuelle.

Il existe une dernière situation pour les personnes qui ont été emprisonné : le délai de forclusion est allongé de la durée d'incarcération ; mais cette possibilité ne peut être mise en œuvre que si la rupture du contrat de travail intervient en cours d'incarcération et que cette dernière dure au maximum 3 ans.

Vous devez ensuite, chaque mois, actualiser votre situation, c'est-à-dire communiquer à l'ASSEDIC des renseignements sur une éventuelle reprise d'activité, une maladie... Vous satisferez à cette démarche en renvoyant la carte d'actualisation ou par téléphone (boîte vocale) ou Minitel.

À noter

Un chômeur qui est parvenu au terme de son indemnisation chômage doit pour continuer à bénéficier des remboursements de ses frais de soins pour lui et sa famille être inscrit comme demandeur d'emploi.

AVOIR TRAVAILLÉ SUFFISAMMENT

L'indemnisation de la perte d'emploi repose sur un système d'assurance. Ainsi, n'ont droit aux allocations que les salariés qui ont cotisé à l'assurance chômage suffisamment longtemps : c'est ce qu'on appelle la durée d'affiliation. Or le protocole d'accord du 20 décembre 2002 a supprimé la possibilité d'obtenir une indemnisation au bout de 4 mois d'affiliation. Depuis le 1er janvier 2003, vous devez avoir travaillé au moins pendant 6 mois (ou 910 heures) au cours des 22 derniers mois qui précèdent la fin du dernier contrat de travail pour être indemnisé. Ensuite, de votre durée d'affiliation dépendra la durée de votre indemnisation (voir ci-dessous). Pour déterminer la durée d'affiliation, sont retenues toutes les périodes d'appartenance à une entreprise, y compris les arrêts pour maladie. Schématiquement, retenez toute la période qui s'est écoulée entre la date d'embauche et celle de la rupture du contrat (c'est-à-dire la fin du préavis, peu importe que celui-ci soit ou non exécuté).

Attention

Une période d'affiliation ne peut être utilisée qu'une fois pour l'ouverture des droits. Si vous reprenez une activité et la perdez une nouvelle fois, l'ASSEDIC, pour calculer vos droits, n'additionnera pas la durée du dernier contrat de travail à celle du précédent.

RECHERCHER UN EMPLOI

Comme le rappelle le plan d'aide au retour à l'emploi (PARE), l'attribution comme le maintien des allocations sont subordonnés à la recherche effective d'un emploi (envoi de curriculum vitae, réponse à annonce). N'oubliez donc pas de garder toutes les traces de vos démarches (petites annonces, copies des lettres de candidature, réponses des entreprises...) et notez le nom des personnes que vous avez rencontrées ou simplement contactées par téléphone, vous en aurez besoin lorsque l'ASSEDIC contrôlera la réalité de vos recherches d'emploi. Vous devez également prendre en compte les emplois ou formations que l'ANPE vous proposera conformément au PAP signé.

➤ Sous contrôle de l'ASSEDIC

Le fait que vous soyez demandeur d'emploi est tout d'abord contrôler via la déclaration de situation mensuelle. L'ASSEDIC s'assure également de l'exécution des engagements pris dans le cadre du PAP. Si on constate que vous vous n'êtes pas présenté à un entretien ou n'avez pas fourni les pièces demandées pour la vérification de vos droits, le versement de l'allocation d'aide au retour à l'emploi (ARE) peut être suspendu.
L'avis de suspension du paiement des allocations est notifié au chômeur dans les trois jours qui suivent la décision. Mais s'il régularise sa situation, le paiement des allocations est repris. Il en sera ainsi lorsque la cause de

la suspension disparaît (le chômeur se présente au nouvel entretien fixé ou transmet les pièces demandées).
Il peut également dans les 15 jours suivant la notification de la suspension saisir la commission paritaire de l'ASSEDIC. Lorsque cette dernière annule la décision de suspension, le versement des allocations est repris. Si elle confirme la décision, l'ASSEDIC transmet le dossier à la direction départementale du travail.

Attention

L'ASSEDIC n'a pas compétence pour décider d'une exclusion du revenu de remplacement. Elle signale au directeur départemental du travail, seul compétent en la matière, les situations rencontrées notamment si elle a des doutes sur la réalité des recherches d'emploi.
La transmission du dossier doit dans tous les cas être précédée d'un entretien avec le chômeur.

➤ L'ANPE veille

L'ANPE effectue également des contrôles mais pas d'une manière systématique. Elle peut intervenir de sa propre initiative ou être saisi par l'ASSEDIC. L'ANPE peut prononcer des mesures d'exclusions.

➤ Les sanctions

L'ASSEDIC, en cas de doute sur la réalité de vos recherches, peut saisir la DDTEFP. Si, au regard des éléments de votre dossier, ce service considère que vous n'avez pas été suffisamment entreprenant, des sanctions seront prises à votre égard : la DDTEFP peut prononcer des mesures d'exclusion temporaires ou définitives.

À noter

L'article R 351-28 du Code du travail fixe les raisons pour lesquelles le chômeur indemnisé peut se voir priver d'allocations. Ainsi sont exclues, à titre temporaire ou définitif, du bénéfice de l'indemnisation du chômage, les personnes qui refusent sans motif légitime :
– un emploi compatible avec leur spécialité ou leur formation antérieure et rétribué à un taux de salaire normalement pratiqué dans la profession ou la région ;
– de suivre une action de formation ou une action d'insertion ;
– une proposition de contrat d'apprentissage ;
– de répondre à toutes convocations des agents chargés des services médicaux de main-d'œuvre destinée à vérifier leur aptitude au travail ou à certains type d'emplois.

De même sont exclues les personnes :
– qui ne peuvent justifier de l'accomplissement d'actes positifs de recherche d'emploi ;
– qui ont fait des déclarations inexactes ou présenté des attestations mensongères en vue de toucher indûment le revenu de remplacement ou ont perçu, en toute connaissance de cause, ledit revenu.

Attention

Sachez que vous pouvez être dispensé de rechercher un emploi sous certaines conditions à partir de 55 ans (voir encadré ci-dessous).

En pratique

Vous êtes dispensé de rechercher un emploi et de « pointer »

En effet, dans un certain nombre d'hypothèses, vous pouvez échapper à ces deux obligations liées au chômage indemnisé. Vous n'entrez plus alors dans les statistiques du chômage.

Il en sera ainsi :

– des chômeurs de 55 ans et plus non indemnisés ou bénéficiaires de l'allocation de solidarité spécifique (voir p. 199). Avec les nouvelles durées d'indemnisation prévues dans le protocole de décembre 2002, un chômeur de 55 ans ne peut parvenir à l'âge de la retraite en percevant les allocations chômage. Ce cas de dispense n'apparaît donc plus opportun ;

– des titulaires de l'allocation d'au moins 57 ans et 6 mois ; ils sont seulement tenus de remplir une déclaration annuelle de situation ;

– des personnes d'au moins 55 ans qui comptabilisent au moins 160 trimestres de cotisations à l'assurance vieillesse. Cette mesure concerne essentiellement les titulaires de l'allocation équivalent retraite.

Dès que vous remplirez la condition d'âge, l'ASSEDIC vous fera parvenir un formulaire de dispense de recherche d'emploi que vous renverrez complété si vous êtes intéressé par le dispositif.

À noter

• *Rechercher un emploi ne veut pas forcément dire un emploi salarié. Vous remplirez la condition, si vous effectuer des démarches en vue de la création d'une entreprise ou d'une activité indépendante.*

• *Le chômage saisonnier*

Auparavant, le chômage saisonnier n'était pas indemnisable. La règle est aujourd'hui assouplie et vous pouvez recevoir une indemnisation mais sous certaines conditions (voir page 185).

Sachez que pour la réglementation de l'assurance chômage, il existe deux types de chômage saisonnier :

– le chômage qui survient à la suite d'activités saisonnières exercées, à la même période, au moins pendant deux ans au cours des 3 années précédant la fin du contrat de travail ;

– et celui qui découle non pas de la branche d'activité mais du rythme de travail.

ÊTRE PHYSIQUEMENT APTE À L'EMPLOI

Un demandeur d'emploi est censé pouvoir accepter immédiatement l'emploi qu'on lui propose. Aussi doit-il être apte physiquement à effectuer un travail. Par exemple, en arrêt de travail pour maladie au moment de votre

licenciement, vous ne pourrez prétendre à l'indemnisation du chômage ; ce n'est qu'à l'issue du repos que l'allocation de chômage pourra prendre le relais des indemnités journalières de Sécurité sociale. Le même raisonnement est tenu si vous êtes indemnisé par la Sécurité sociale au titre d'un accident de travail ou d'une maladie professionnelle.
Si vous percevez une pension d'invalidité de 2e ou 3e catégorie vous avez droit aux allocations de chômage dès lors que vous êtes apte physiquement à exercer un emploi. Il en sera ainsi par exemple si vous cumulez un salaire pour l'exercice effectif d'une activité et la pension d'invalidité. En revanche, si vous avez obtenu une pension d'invalidité après la rupture de votre dernier contrat de travail, votre aptitude à exercer une activité devra être constatée par les services médicaux de la main-d'œuvre.
Mais **attention** : lorsque le cumul est possible, le montant de l'allocation sera réduit du montant de la pension (voir page 183).

NE PAS AVOIR ATTEINT L'ÂGE DE LA RETRAITE

Pour percevoir les allocations de chômage, vous ne devez pas avoir atteint l'âge fatidique à partir duquel vous avez droit à la retraite à taux plein (voir encadré page suivante). Si vous relevez du régime général de Sécurité social (régime des salariés), vous n'aurez pas droit à une pension de vieillesse avant 60 ans.
Au-delà de 60 ans, vous ne pourrez être indemnisé par l'ASSEDIC que si la caisse d'assurance vieillesse a procédé à la reconstitution de votre carrière. C'est ainsi que l'ASSEDIC signale les chômeurs indemnisés de 57 ans aux caisses d'assurance vieillesse. Chacune d'elle enverra aux intéressés une demande de reconstitution de carrière comportant une autorisation d'informer l'ASSEDIC. Ne négligez pas cette formalité ; car sans cette information, l'ASSEDIC cessera ses versements lorsque vous atteindrez 60 ans, même si vous ne pouvez pas prétendre à une retraite à taux plein.

À noter

Si vous avez 55 ans ou plus, faites le point sur vos droits à la retraite. Demandez un relevé de carrière à votre caisse régionale d'assurance maladie : grâce à ce document, vous connaîtrez le nombre de trimestres d'assurance vieillesse validés et déterminerez la date à partir de laquelle vous pourrez prétendre à une retraite à taux plein.

En pratique

Avez-vous droit à une retraite à taux plein ?

Si vous relevez du régime général de Sécurité sociale (régime des salariés), vous n'aurez pas droit à une pension de vieillesse avant 60 ans et seulement si vous avez cotisé au moins un trimestre à l'assurance vieillesse. La retraite est calculée à partir des meilleures années de rémunération : les 15 meilleures années pour les personnes nées en 1938, les 16 meilleures années pour celles nées en 1939, ainsi de suite pour parvenir progressivement à un calcul à partir des 25 meilleures années de salaire. C'est en 2008 que ce palier sera atteint ; il s'appliquera alors à tous, quelle que soit l'année de naissance.
Sur un salaire annuel moyen est appliqué un taux qui varie entre 25 et 50 %. Une pension liquidée à 50 % est dite à taux plein. Or, pour l'atteindre, il faut avoir accumulé suffisamment de trimestres d'assurance. Depuis le 1er janvier 2003 , il vous faut justifier d'au moins 160 trimestres d'assurance vieillesse, quelle que soit votre date de naissance. La durée d'assurance requise s'apprécie tous régimes confondus (régime général, agricole, des non-salariés, régimes spéciaux).
Sachez que le taux de 50 % vous est automatiquement accordé à 65 ans, même si vous n'avez pas le nombre de trimestres d'assurance requis. Il en sera également ainsi à partir de 60 ans si vous percevez une pension d'invalidité ou en cas d'inaptitude au travail ou encore sous certaines conditions si vous êtes ancien combattant, ancien prisonnier de guerre, ancien déporté ou interné.

Bon à savoir

Cumuler une allocation de chômage avec un revenu d'activité

Pour bénéficier des allocations, vous devez, en principe, être au chômage total, c'est-à-dire privé de tout emploi. Toutefois, si vous cumulez plusieurs emplois et perdez le principal, vous pourrez bénéficier d'une indemnisation sous réserve de remplir les deux conditions suivantes :

- le salaire de l'emploi conservé ne doit pas être supérieur à 70 % de l'ensemble de vos gains antérieurs ;
- et l'activité conservée ne doit pas excéder 136 heures par mois, tous employeurs confondus. Chaque mois, cette condition sera appréciée.
- Pour connaître l'allocation à laquelle vous avez droit : voir page 193.

Si vous aviez une activité indépendante et une activité salariée et que vous avez perdu cette dernière, vous pourrez peut-être cumuler des revenus d'activité avec les allocations de chômage : c'est à la commission paritaire de l'ASSEDIC de statuer sur cette opportunité.

COMBIEN PERCEVREZ-VOUS ?

L'allocation d'aide au retour à l'emploi (ARE) est le reflet de vos derniers salaires soumis à cotisations. Elle est versée pendant une période maximale au cours de laquelle son montant ne diminue plus.

UN REFLET DE VOS DERNIERS SALAIRES

L'allocation d'aide au retour à l'emploi est calculée à partir de vos dernières rémunérations, et plus précisément à partir des salaires bruts, des avantages en nature, des primes et indemnités ayant servi de base de calcul aux cotisations. Sont retenues les rémunérations que vous avez perçues au titre des 12 derniers mois civils précédant le dernier jour de travail payé lequel ne correspond pas nécessairement à la date de la rupture du contrat de travail. Il y aura un décalage si, par exemple, vous n'effectuez pas votre préavis.

En tout état de cause, vos revenus ne seront pris en compte que dans la limite de 4 fois le plafond mensuel de la Sécurité sociale, soit 9 728 € par mois en 2003.

Attention

Ne sont jamais prises en compte dans le calcul du salaire de référence, les sommes liées à la rupture du contrat de travail telles que les indemnités de licenciement, compensatrices de congés payés ou de préavis lorsque ce dernier n'est pas effectué.

À noter

L'ASSEDIC établit le salaire de référence à partir de vos rémunérations habituelles. En conséquence, les rémunérations mensuelles anormalement faibles par rapport aux salaires habituels ne seront pas retenues. Vous pouvez vous trouver dans cette situation si vous aviez interrompu momentanément votre activité en raison d'une maladie ou si vous étiez en préretraite progressive, par exemple. Mais la réciproque est également vraie : une rémunération trop élevée par rapport à « l'ordinaire » ne sera pas prise en compte !

LE SALAIRE JOURNALIER DE RÉFÉRENCE (SJR)

Il faut, ensuite, déterminer le salaire journalier de référence à partir duquel sera fixé le montant de votre allocation d'aide au retour à l'emploi. Le salaire de référence est divisé par le nombre de jours d'appartenance au régime d'assurance chômage. Pour un salarié ayant travaillé pendant 1 an, sans période de baisse anormale de revenus pour maladie par exemple ou chômage partiel, le salaire de référence sera divisé par 365 (366 pour les années bissextiles). Sinon les jours d'absences non payées ou n'ayant pas donné lieu à une rémunération normale, sont déduits du nombre de jours d'appartenance.

AU DÉBUT DE L'INDEMNISATION

L'allocation journalière est égale à 40,40 % du salaire journalier de référence plus une partie fixe de 9,94 € (valeur au 1.7.2002). Si la somme obtenue n'atteint pas 57,40 % du salaire journalier de référence, c'est ce dernier pourcentage qui sera retenu pour calculer votre allocation. Le montant de votre allocation ne peut être inférieur à un plancher fixé depuis le 1er juillet 2002 à 24,24 €. Toutefois, l'allocation minimale ne peut excéder 75 % du SJR ; si tel était le cas, c'est 75 % du SJR qui vous serait versé.

Pour un salaire brut mensuel	Allocation brute journalière	Retenues sociales
Inférieur à 970 €	75 % du SJR	
Compris entre 969,60 € et 1 061,88 €	24,24 €	
Compris entre 1 061,88 € et 1 754,12 €	40,4 % du SJR + 9,94 €	0,475 % de l'allocation (CRDS) + 3 % du salaire de référence (RC)
Compris entre 1 754,12 € et 9 728 €	57,4 % du SJR	0,475 % de l'allocation (CRDS) + 5,89 % de l'allocation (CSG) + 3 % du salaire de référence (RC)(1)

(1) Le prélèvement des retenues ne peut conduire à verser une allocation inférieure à 36 €.
SJR = Salaire journalier de référence.
CRDS = Contribution au remboursement de la dette sociale.
RC = Retraite complémentaire.

Pour connaître le montant mensuel de l'ARE que vous versera l'ASSEDIC, il vous suffit de multiplier le montant journalier de l'allocation par le nombre de jours dans le mois. Avec un tel système, le montant de l'allocation versé en février sera moins important que celui versé en décembre.

Exemples

- *Le salaire mensuel brut de L. est de 1 830 €. Il reçoit sur une année 13 mois de salaire. Il travaillait depuis 10 ans dans la même entreprise quand il a été licencié. Pour calculer son salaire de référence, l'ASSEDIC a retenu les 12 derniers mois de salaire avant le dernier jour travaillé. Son salaire brut au cours de cette période a été de 23 790 € (son salaire moyen mensuel est donc de 1 982,50 €). Son salaire journalier de référence est égal à 65,18 €. Son allocation d'aide au retrour à l'emploi brute sera de : 57,4 % de 65,18 € soit 37,41 €. Cette allocation pourra lui être versée puisqu'elle n'est pas supérieure à 75 % de 65,18 € (soit 48,88 €).*
- *Le salaire brut de P. est de 1 154,27 € (le SMIC). Il reçoit sur une année 12 mois de salaire. Pour calculer son salaire de référence, l'Assedic a retenu les 12 derniers mois de salaire avant le dernier jour travaillé. Son salaire brut au cours de cette période a été de 13 851,24 €. Son salaire journalier de référence est de 37,95 €.*

L'allocation d'aide au retour à l'emploi brute est de : 40,4 % de 37,95 € + 9,94 €, soit 25,27 €.
C'est ce montant brut qui sera retenu puisqu'il est inférieur à 75 % de 37,95 € (28,46 €) et plus favorable que le montant minimal.

Inconvénient

La partie fixe de la formule de calcul de l'allocation ainsi que le minimum de 24,24 € jusqu'au 1er juillet 2003 sont établis pour un travail à temps plein. Si vous exerciez votre dernier emploi à temps partiel, ces deux éléments seront réduits en proportion de votre temps de travail. Ainsi pour un travail à mi-temps, le montant minimal de l'allocation est de 12,12 € .

LES COTISATIONS SOCIALES DUES

L'allocation de chômage subie plusieurs prélèvements :
- première de la liste, la cotisation de retraite complémentaire dont le taux est passé, au 1er janvier 2003, de 1,2 % à 3 % du salaire journalier de référence. Elle ne sera déduite de votre allocation que si son prélèvement n'a pas pour effet de porter votre allocation en dessous de la valeur du SMIC journalier soit 38 € depuis le 1er juillet 2002 ;
- puis la contribution au remboursement de la dette sociale (CRDS) : 0,5 % calculé sur 95 % du montant de l'allocation ;
- et enfin la contribution sociale généralisée (CSG) : 6,2 % calculé également sur 95 % du montant de l'allocation.

La CSG et la CRDS ne sont pas prélevées sur l'allocation chômage lorsque ce prélèvement aurait pour effet de porter le montant net de l'allocation de 36 € depuis le 1er juillet 2002 (SMIC journalier - la retenue faite au titre de la retraite complémentaire).

Vous serez également exonéré de CSG et de CRDS, en 2003, si vous n'êtes pas redevable de l'impôt sur le revenu et que votre revenu fiscal de référence de 2001 ne dépasse pas le montant maximal fixé pour avoir droit à l'allègement de la taxe d'habitation, soit 6 928 € pour une part de quotient familial majoré de 1 851 € pour chaque demi-part supplémentaire.

Exemples

- *P. disposait, avant son licenciement, d'un revenu brut annuel de 30 604 €. Le salaire journalier de référence est de 83,85 € et le montant brut journalier de son allocation de 48,13 €. Il sera prélevé sur le montant de son allocation :*

– la retraite complémentaire : 3 % de 83,85 €, soit 2,51 € ;
– la CRDS : (95 % de 48,13 €) x 0,5 %, soit 0,23 € ;
– la CSG : (95 % de 48,13 €) x 6,2 %, soit 6,83 €.

le montant de l'allocation après déduction de la cotisation de retraite complémentaire, de la CRDS et de la CSG est de 38,56 € ; ce montant est supérieur à 36 €. Tous les prélèvements sont opérés.

- *J. disposait avant son licenciement d'un revenu brut annuel de 15 854 €. Le salaire journalier de référence est de 43,44 € et le montant brut journalier de son allocation de 27,49 €. Il ne sera prélevé sur l'allocation aucune contribution.*

En pratique

Cumuler l'allocation de remplacement (ARE) avec d'autres prestations

- **Avec une pension militaire**

Si vous percevez une pension militaire et que vous avez moins de 60 ans, vous allez pouvoir la cumuler avec les allocations de chômage sans restriction. En revanche, à partir de 60 ans, le montant de l'allocation de retour à l'emploi sera diminué de 75 % de la valeur de l'avantage de vieillesse.

- **Avec une pension d'invalidité**

Si vous recevez de la Sécurité sociale une pension pour une invalidité de première catégorie, vous pouvez la cumuler intégralement avec une allocation de chômage. Mais pour une pension correspondant à une invalidité de deuxième ou troisième catégorie, le montant de l'allocation de chômage sera réduit du montant de la pension d'invalidité.

LA REVALORISATION DES ALLOCATIONS

Une fois par an, au 1er juillet, vos allocations de chômage sont revalorisées. Si, à cette date, le salaire à partir duquel ont été calculées vos allocations est vieux d'au moins 6 mois, il fait l'objet d'une revalorisation. Ainsi, lors de la dernière revalorisation au 1er juillet 2002, les salaires de référence calculés à partir de rémunérations versées antérieurement au 1er janvier 2002 ont été augmentés de 1,5 %. À cette même date, sont également revalorisées les valeurs minimales et maximales des allocations ainsi que la partie fixe des allocations quelle que soit l'ancienneté des salaires.

PENDANT COMBIEN DE TEMPS ?

Le temps durant lequel vous percevrez l'allocation de chômage est fonction de la durée de votre dernier emploi. Pour redresser les finances de l'Unedic, la réforme de l'indemnisation du chômage intervenue à la fin de l'année 2002 a réduit considérablement les durées d'indemnisation. Ce nouveau régime s'applique depuis le 1er janvier 2003 aux chômeurs dont le contrat de travail a pris fin après le 31 décembre 2002. Mais, les chômeurs en cours d'indemnisation au 1er janvier 2003 seront également touchés à partir du 1er janvier 2004 (voir encadré page 178).

LA DURÉE DE L'INDEMNISATION

Durée de l'activité professionnelle et âge du salarié se combinent pour donner une durée d'indemnisation maximale. Pour fixer vos droits, est retenu votre âge au moment de la rupture du contrat de travail. Ainsi, une personne qui a 50 ans en cours d'indemnisation ne se verra pas appliquer le dispositif réservé aux plus de 50 ans.

Exemple

T. a été licencié au 1er février 2003 ; il est âgé de 50 ans. Il travaille depuis l'âge de 22 ans et a 12 ans d'ancienneté dans la dernière entreprise. Il a donc droit à 23 mois d'allocation d'aide au retour à l'emploi. Selon l'ancienne réglementation, il aurait pu prétendre à 45 mois d'allocations de chômage.

Durée d'indemnisation de l'allocation d'aide au retour à l'emploi		
Durée du travail	**Âge**	**Durée maximale d'indemnisation**
Ancienne réglementation		
4 mois dans les 18 derniers mois	Sans incidence	4 mois
6 mois dans les 12 derniers mois	Sans incidence	7 mois
8 mois dans les 12 derniers mois	Moins de 50 ans	15 mois
	50 ans et plus	21 mois
14 mois dans les 24 derniers mois	Moins de 50 ans	30 mois
	50 ans et plus	45 mois
27 mois dans les 36 derniers mois (2)	De 50 à 54 ans	45 mois
	55 ans et plus	60 mois
(2) Pour un licenciement prononcé entre le 1er juillet et le 31 décembre 2002, le chômeur âgé de 55 ans ou plus devait justifier de 100 trimestres d'assurance vieillesse pour bénéficier des 60 mois d'indemnisation.		

Durée d'indemnisation de l'allocation d'aide au retour à l'emploi		
Durée du travail	**Âge**	**Durée maximale d'indemnisation**
Nouvelle réglementation		
4 mois dans les 18 derniers mois	Sans incidence	0 mois
6 mois dans les 22 derniers mois	Sans incidence	7 mois
(1)	Moins de 50 ans	
(1)	50 ans et plus	
14 mois dans les 24 derniers mois	Sans incidence	23 mois
27 mois dans les 36 derniers mois	50 ans et plus	36 mois
27 mois dans les 36 derniers mois et 100 trimestres d'assurance vieillesse	57 ans et plus	42 mois

(1) Cette durée d'indemnisation a disparu ; une activité salariée perdue d'au moins 6 mois et de moins de 14 mois donne droit au maximum à 7 mois d'indemnisation.

Bon à savoir

Chômeurs en cours d'indemnisation au 1er janvier 2003

Certains de ces chômeurs vont avoir la mauvaise surprise de voir leurs droits, tels qu'on leur avait notifié, grignotés. En effet, le nouveau dispositif s'applique aux chômeurs en cours d'indemnisation au 1er janvier 2003 mais seulement à partir du 1er janvier 2004.

- **Les salariés en situation précaire sacrifiés**

Les salariés justifiant de 8 mois de travail au cours des 12 mois précédant la fin de leur dernier contrat de travail sont les grands perdants de la réforme. Les moins de 50 ans bénéficiaient d'une durée maximum d'indemnisation de 15 mois et les personnes de 50 ans et plus de 21 mois. Cette filière disparaissant, ils seront à partir du 1er janvier 2004 traités comme ceux justifiant de 6 mois d'activité lesquels reçoivent une allocation pendant 7 mois au maximum. Le versement de leurs allocations cessera donc en tout état de cause au 1er janvier 2004.

Les salariés qui se sont ouverts des droits à l'assurance chômage avec une activité plus courte (de 4 mois ou de 6 mois) pourront bénéficier de la durée maximum d'indemnisation dont le terme surviendra obligatoirement avant le 1er janvier 2004.

Bon à savoir

- **Les salariés de plus de 50 ans épargnés**

Ne se voient pas appliquer les nouvelles durées d'indemnisation :
- les demandeurs d'emploi de 50 ans et plus justifiant d'au moins 14 mois d'activité au cours des 24 derniers mois : leur droit à 45 mois d'indemnisation au maximum selon l'ancienne convention leur est maintenu ;
- les demandeurs d'emploi justifiant de 27 mois d'activité salarié au cours des 36 derniers mois : en cas de rupture de contrat de travail entre 50 et 55, ils ont droit à 45 mois d'indemnisation maximum et après 55 ans : 60 mois.

Bénéficient de cette règle favorable les salariés pour lesquels la procédure de licenciement a été engagée avant le 1er janvier 2003.

DES DISPOSITIONS SPÉCIFIQUES POUR LES CHÔMEURS ÂGÉS

Les chômeurs dont l'âge approche celui de la retraite ou qui ont une longue carrière professionnelle derrière eux bénéficiaient jusque-là d'un régime plus avantageux. Le nouveau dispositif a largement écorné ces avantages.

➤ Le maintien des allocations jusqu'à la retraite

Si vous percevez une allocation de chômage à 60 ans (au lieu de 59 ans et 6 mois auparavant), vous allez pouvoir continuer à la recevoir, sous certaines conditions, jusqu'à ce que vous puissiez prétendre à une retraite à taux plein. Ce dispositif permet de passer par-dessus les durées maximales d'indemnisation en prolongeant le versement des indemnités jusqu'à la liquidation de la retraite à taux plein et au plus tard jusqu'à 65 ans.

◆ *Condition à remplir*

Pour bénéficier du dispositif, vous devez avoir exercé une activité salariée pendant 1 année continue ou 2 années discontinues dans les 5 dernières années ; certaines périodes sont assimilables à du travail soit totalement, soit dans la limite de 5 ans (voir ci-dessous). Par ailleurs, vous devez être indemnisé au moins depuis 1 an, être âgé de 60 ans et justifier d'au moins 100 trimestres d'assurance vieillesse dont 12 années validées au titre d'activités salariées.

Attention

Pour les personnes qui ont démissionné ou qui ont renoncé à une préretraite du FNE, la commission paritaire de l'ASSEDIC doit donner son accord.

La durée maximale d'indemnisation ne vous sera plus opposée ; vous recevrez alors l'allocation de chômage jusqu'à ce que vous perceviez votre retraite à taux plein (voir encadré page 172). Cette mesure est favorable aux salariés qui ont eu une carrière professionnelle incomplète et qui ne peuvent pas prétendre à une retraite à taux plein à 60 ans.

En pratique

Les périodes assimilées

Pour apprécier les 12 années d'activité salariée pour obtenir le mainitien de droit, certaines périodes d'interruption de travail sont dites assimilées.
Il s'agit, pour leur durée réelle, des périodes :
– de travail pour le compte d'un employeur relevant du secteur public ;
– de travail dans les départements d'outre-mer avant le 1.9.1980 ;
– de travail salarié en Algérie avant le 3.7.1962, au Maroc ou en Tunisie avant le 31.12.1956 ;
– de travail à l'étranger, si vous étiez affilié au régime de Sécurité sociale des Français de l'étranger ;
– de maladie si celles-ci sont intervenues durant le contrat de travail.
Ne sont pris dans la limite de 5 années que :
– les périodes de formation rémunérées par l'État ou la région ;
– les majorations de la durée d'assurance vieillesse accordées aux mères de famille qui ont élevé des enfants (2 ans pour chaque enfant) ;
– la majoration de la durée d'assurance vieillesse pour congé parentale d'éducation ;
– les périodes d'assurance obligatoire des mères de famille ou des femmes chargées de famille ;
– les périodes d'assurance volontaire contractée par les mères chargées de famille ou les personnes expatriées ;
- les périodes ayant fait l'objet de validation par le biais de rachat de cotisations notamment pour les années accomplies hors métropole par des salariés expatriés.

• *Les démarches*

Si vous remplissez les conditions pour conserver vos allocations jusqu'à la retraite, l'ASSEDIC vous notifie, en principe spontanément, la décision vous informant de vos droits. Si vous ne recevez rien, manifestez-vous auprès de l'ASSEDIC.

En pratique

Dernière piste

Si vous n'atteignez pas les 60 ans en cours d'indemnisation ni ne pouvez prétendre à l'allocation de chômeur âgé parce que votre carrière professionnelle est trop courte, vous pourrez prétendre à l'allocation de solidarité spécifique... si naturellement vous remplissez les conditions nécessaires (voir page 199). Si vous justifiez de 160 trimestres de cotisations à l'assurance vieillesse et n'avez pas encore 60 ans, cette allocation sera remplacée par l'allocation équivalent retraite (voir page 203). Renseignez-vous à l'ASSEDIC.

L'allocation de chômeurs âgés (ACA)

L'allocation de chômeur âgé permettait aux chômeurs justifiant de 160 trimestres d'assurance vieillesse de percevoir jusqu'à 60 ans le montant de l'allocation de chômage qui leur était versé en début d'indemnisation. Le chômeur bénéficiait en fait d'un système de préretraite mis en place par les partenaires sociaux dans la convention du 1er janvier 1997.
Il n'est en principe plus admis de nouveaux bénéficiaires à l'ACA depuis le 1er janvier 2002. Toutefois, à titre dérogatoire, la possibilité d'entrer dans le dispositif de l'ACA au-delà du 31 décembre 2001 est offerte aux personnes dont la rupture du contrat de travail était antérieure au 1er janvier 2001. Cette mesure vous avantagera si vous réunissez les 160 trimestres d'assurance vieillesse au-delà du 31 décembre 2001.

LE DÉBUT DE L'INDEMNISATION

Les allocations sont payées chaque début de mois pour le mois de chômage qui vient de s'écouler. Mais l'ASSEDIC ne commencera pas à vous indemniser dès le lendemain de la fin de votre contrat de travail, loin s'en faut ! Divers délais repoussent le premier jour de chômage indemnisé.

Point de départ des délais

Votre contrat de travail cesse au terme d'un préavis, qu'il soit ou non effectué. Si votre employeur vous a dispensé d'exécuter ce préavis, la date du début d'indemnisation ne sera pas avancée pour autant. Si vous êtes licencié pour faute grave ou lourde et privé de préavis et d'indemnité compensatrice, la fin de votre contrat de travail correspond à la présentation de la lettre recommandée vous notifiant votre licenciement. Par ailleurs, les indemnités versées par l'employeur au titre de la rupture du contrat (indemnités de licenciement, indemnité compensatrice de congés payés, indemnité transactionnelle...) déterminent un délai de carence particulier (voir ci-après).

Les indemnités compensatrices de congés payés

Au moment de la rupture de votre contrat, il vous reste, en principe, des jours de vacances non pris : votre employeur vous verse pour ceux-ci une indemnité compensatrice de congés payés. À partir de ces informations, l'ASSEDIC calculera un délai de carence. Le nombre de jours de congé est, en général, exprimé en jours ouvrables (du lundi au samedi). Pour déterminer le nombre de jours de carence, c'est-à-dire de report de versement, le nombre de jours ouvrables de congés est multiplié par 7/6. Ainsi, un salarié licencié qui reçoit une allocation compensatrice équivalente à 20 jours de congé, se verra appliquer un délai de carence de 20 x 7/6, soit 23,33. L'arrondi se faisant toujours au nombre inférieur, le délai de carence sera de 23 jours.
Ce délai part du lendemain de la fin de votre contrat de travail et non pas de la date d'inscription comme demandeur d'emploi.

Reprenons notre exemple : si le salarié a été licencié le 30 avril, le délai de carence correspondant aux 23 jours de congés payés commence le 1er mai et se termine le 23 mai, quelle que soit la date d'inscription comme demandeur d'emploi.

En pratique

Rupture du contrat abusive

• Vous avez engagé un recours devant les prud'hommes pour licenciement abusif. Votre employeur peut être condamné à verser des dommages et intérêts dont le montant peut atteindre 6 mois de salaire, voir plus. L'ASSEDIC tiendra-t-elle compte de ces sommes ?
Ces sommes correspondant aux dommages et intérêts sont sans incidence sur votre indemnisation. Mais attention : votre employeur peut être condamné à verser une indemnité compensatrice de préavis si, par exemple, il vous en a privé, en l'absence de faute grave. L'ASSEDIC vous demandera alors de restituer les allocations qu'elle vous a indûment versées pendant le préavis.

• En cas de rupture anticipée d'un contrat à durée déterminée à l'initiative de l'employeur, ce dernier doit verser (sauf faute grave du salarié ou force majeure) des dommages et intérêts correspondant au montant des salaires restant à verser jusqu'au terme du contrat initialement prévu. Les allocations ne pouvant être cumulées avec ces indemnités, le point de départ des allocation est repoussé au-delà du terme initial du contrat.

➤ Les indemnités de rupture

Le licenciement donne droit à des indemnités. Si votre employeur vous verse des indemnités de rupture supérieures à celles prévues par le Code du travail, par exemple l'indemnité fixée par la convention collective, il vous sera appliqué un délai de carence dit spécifique. Il est calculé, à partir de la somme qui dépasse le montant minimal légal, selon la formule suivante : le surplus d'indemnités est divisé par le salaire journalier de référence. Mais le délai de carence ne peut jamais excéder 75 jours. En cas de transaction, le montant total de l'indemnité transactionnelle est pris en compte pour le calcul de la carence.
Dans tous les cas, le délai court à compter de la fin du contrat ou du lendemain de la fin du délai de carence issu de l'indemnité compensatrice de congés payés et non pas à partir de l'inscription comme demandeur d'emploi.

Exemple

S. perçoit 2 000 € de plus que l'indemnité de licenciement prévue par le Code du travail ; son salaire de référence est de 50 €. Le délai de carence spécifique sera calculé de la façon suivante : 2 000/ 50 €, soit 40 jours.

➤ Un différé systématique

À ces délais de carence s'ajoute systématiquement un différé d'indemnisation de 7 jours (il est passé à 8 jours entre le 1er juillet et le 31 décembre 2002) : nul n'y échappe ! Il ne peut s'appliquer, en outre, qu'après l'inscription comme demandeur d'emploi. Ainsi il commencera à courir :

- au lendemain des délais de carence pour congés payés et indemnités de rupture si, à cette date, vous êtes inscrit comme demandeur d'emploi ;
- ou au jour de votre inscription comme demandeur d'emploi si au terme des deux délais de carence vous n'êtes toujours pas inscrit.

Attention

Pour ne pas repousser le début de votre indemnisation, vous devez vous inscrire comme demandeur d'emploi au plus tard le dernier jour des délais de carence calculés à partir des indemnités compensatrices de congés payés et de rupture. Sachez, par ailleurs, que la prise en charge est immédiate en cas de faute ou de force majeure.

En pratique

Que faire si l'ASSEDIC a commis une erreur ?

Le premier réflexe à avoir en cas de doute sur le montant de l'allocation, la durée d'indemnisation... est d'aller demander des explications à l'ASSEDIC dont vous dépendez. S'il y a eu erreur, elle sera réparée.
Si vous êtes convaincu de votre bon droit et que l'agent de l'ASSEDIC ne veut rien entendre, exposez votre situation, par courrier, au directeur de l'ASSEDIC. Si le problème posé relève de la commission paritaire de l'ASSEDIC, votre question lui sera transmise. Si vous n'êtes pas d'accord avec la position prise, vous pouvez demander un réexamen de votre dossier. Si la commission paritaire confirme sa décision, vos moyens de riposte sont excessivement limités : les juges civils se déclarent, en général, incompétents pour statuer sur une décision de la commission paritaire.
Lorsque, en revanche, la commission paritaire n'est pas saisie et que votre contestation porte purement et simplement sur les modalités d'application du règlement, vous pouvez, si vous n'obtenez pas gain de cause auprès de l'ASSEDIC, saisir le tribunal. Si votre demande porte sur 7 600 € tout au plus, c'est le tribunal d'instance qui doit être saisi. Au-delà de cette barre, c'est le tribunal de grande instance qui est compétent.
Sachez que vous pouvez consulter les textes de l'assurance chômage dans les locaux de l'ASSEDIC ; cette institution tient à disposition du public : le recueil des textes, les circulaires et les directives.

LA FIN DE L'INDEMNISATION

L'ARE cessera de vous être versée :
- si vous retrouvez un emploi ou exercez une activité sous réserve de mesures particulières : voir page 192 ;
- si vous cessez d'être inscrit comme demandeur d'emploi ;
- si vous percevez des indemnités de la part de la Sécurité sociale ;
- si vous parvenez au terme de votre indemnisation au titre de l'assurance chômage ;
- si vous avez atteint l'âge auquel vous pouvez prétendre à la retraite à taux plein.

À noter

La loi de finances pour 2002 a créé « l'allocation équivalent retraite » : ce dispositif garantit un minimum de ressources aux demandeurs d'emploi âgés de moins de 60 ans qui ont cotisé 160 trimestres à l'assurance vieillesse (voir page 203).

L'INDEMNISATION DU CHÔMAGE SAISONNIER

Selon la réglementation actuellement en vigueur, il existe deux types de chômage saisonnier. Le premier fait suite à des activités saisonnières exercées, à la même période, au moins pendant deux ans au cours des trois années précédant la fin du contrat de travail. Sont considérées comme telles les activités exercées dans les secteurs suivants : les exploitations forestières, les centres de loisirs et vacances, le sport professionnel, les activités saisonnières liées au tourisme, les activités saisonnières agricoles et notamment les récoltes, les activités concernant les casinos et cercles de jeux. Ainsi, à la fin de votre dernier contrat, l'ASSEDIC recherchera si vous avez exercé une même activité répétée sur deux années distinctes au cours des trois dernières années.

Toutefois, vous échapperez à l'application du chômage saisonnier si :
- vous n'avez jamais été indemnisé au titre de l'assurance chômage ;
- votre activité saisonnière est liée à des circonstances fortuites ;
- il vous reste des allocations à percevoir sur un droit précédent pour lequel le chômage saisonnier n'a pas été appliqué.

Dans sa deuxième définition, le chômage saisonnier ne découle pas de la branche d'activité mais d'un rythme de travail. Vous vous retrouverez dans cette situation si au cours des trois dernières années précédant la fin du contrat de travail, vous avez connu des périodes d'inactivité chaque année à la même époque. Toutefois, cette règle ne vous sera pas appliquée si :
- vous êtes âgé d'au moins 50 ans et justifiez avoir appartenu au moins pendant 3 ans à une ou plusieurs entreprises au cours des 5 ans précédant la fin du contrat de travail ;
- vous n'avez jamais été indemnisé au titre de l'assurance chômage ;
- vous avez droit à des allocations sur un droit précédent pour lequel le chômage saisonnier n'a pas été appliqué ;
- votre inactivité se reproduisant chaque année à la même période résulte de circonstances fortuites.

Lorsqu'au regard de ces définitions, votre chômage est saisonnier, vous allez certes être indemnisé, mais le montant de votre allocation risque d'être symbolique par rapport à la rémunération que vous avez perçue. En effet, sur votre salaire de référence, établi à partir de la moyenne de vos derniers gains bruts, est appliqué un coefficient réducteur calculé de la façon suivante :
- nombre de jours de travail ou assimilés dans les 12 mois précédant la fin du contrat de travail/365.

Pour le calcul de l'allocation, le coefficient réducteur est également applicable au minimum de l'allocation et à la partie fixe de la formule.

Exemple

N. a travaillé pendant 5 mois d'été, soit 152 jours au cours des 12 derniers mois ; le coefficient réducteur est égal à 152/365 = 0,42.
Si le salaire journalier de référence est 46 €, l'allocation de chômage sera calculée sur la base suivante : 46 € x 0,42 = 19,32 €. Ainsi l'allocation de chômage sera de 11,91 € et le minimum de l'allocation sera de 10,18 € au lieu de 24,24 €.

LA PROTECTION SOCIALE DES CHÔMEURS

VOS FRAIS DE MALADIE

Vous êtes couverts ainsi que les membres de votre famille rattachés à vous pour la protection sociale tant que vous serez indemnisé au chômage à un titre ou à un autre (allocation unique dégressive, allocation d'aide au retour à l'emploi, allocation de solidarité, allocation de formation-reclassement).

LA RETRAITE DE SÉCURITÉ SOCIALE

Les périodes de chômage indemnisé comptent dans le nombre de trimestres d'assurance vieillesse pour le calcul de votre retraite.
En revanche, si vous n'êtes plus indemnisé parce que vous avez épuisé vos droits au chômage, ces périodes de chômage sans allocation sont assimilées à des trimestres d'assurance dans la limite de 5 ans sous réserve de remplir deux conditions :
- être âgé d'au moins 55 ans à la date de cessation de l'indemnisation ;
- justifier d'au moins 20 ans de cotisations au régime général.

Si cette double condition n'est pas respectée, la période de chômage non indemnisé donnera droit au maximum à une année d'assurance.
Sachez que 50 jours de chômage valident un trimestre d'assurance vieillesse, dans la limite de 4 trimestres par an.

LES RETRAITES COMPLÉMENTAIRES ARRCO ET AGIRC (RETRAITE DES CADRES)

Des points de retraite complémentaire vous seront attribués pour les périodes de chômage indemnisé postérieures au 1er octobre 1967 à condition qu'elles interrompent des périodes validables par les caisses de retraites complémentaires.

LE CHÔMAGE, UN TEMPS POUR LA FORMATION

Actualiser ses connaissances est un moyen pour doper vos possibilités de reclassement. La période de chômage peut donc se transformer en un temps de formation. C'est d'autant plus facile que la convention d'assurance chômage comporte des mesures destinées à accélérer la réinsertion professionnelle avec notamment des aides à la formation.

LES ACTIONS EN FORMATION DANS LE CADRE DU PLAN D'AIDE AU RETOUR À L'EMPLOI (PARE)

L'entrée en formation ne constitue pas une cause d'interruption du versement de l'aide à l'emploi. L'ARE est versée, sous certaines conditions, pendant toute la durée de la formation mais dans la limite des droits à indemnisation du bénéficiaire. Pour en bénéficier le stage doit être prescrit dans le cadre du PAP par l'ANPE. Pendant le temps de la formation, l'allocation dite d'aide au retour à l'emploi formation (AREF) est du même montant que l'ARE versée antérieurement avec cependant une nuance : l'AREF ne peut être inférieur à un montant plancher de 17,37 € au 1er juillet 2002. Ce seuil est appliqué même si avant le stage l'allocation était minorée du fait d'un travail à temps partiel ou d'un chômage saisonnier. Enfin, elle n'est soumise ni à la CSG, ni à la CRDS. En revanche, elle subit le prélèvement des cotisations de retraites complémentaires.

À noter

Si vous suivez une formation d'une durée de 40 heures au maximum, vous conserverez votre statut de demandeur d'emploi et devrez à ce titre être en mesure d'apporter la preuve que vous recherchez un emploi. Lorsque la formation dure plus de 40 heures, vous n'êtes plus immédiatement disponible pour un emploi.

Bon à savoir

Le temps de la formation

La convention du 1er janvier 2001 prévoit que l'AREF n'est versée que dans la limite de la durée d'indemnisation. Que se passe-t-il donc lorsque la formation nécessaire est plus longue ?

Une allocation de fin de formation, prise en charge par l'État, prend le relais dans la limite de 4 mois. Elle est réservée aux chômeurs en formation qui ont droit à l'allocation d'aide au retour à l'emploi pendant 7 mois au maximum. Par dérogation, et sous certaines conditions strictes, les directeurs délégués de l'ANPE peuvent accorder l'allocation de fin de formation à des personnes ne remplissant pas cette condition. Le montant de l'allocation de fin de formation est, dans tous les cas, égal au dernier montant journalier de l'ARE perçu par l'intéressé à la date de l'expiration de ses droits.

➤ Des aides en plus

Une aide peut être accordée pour financer les coûts de formation restant à la charge du bénéficiaire. Il s'agit des frais de participation au coût pédagogique, des frais de dossier et d'inscription, de transport et d'hébergement. Donnent droit à ces aides :
- les actions de formation sélectionnées en fonction des débouchés qu'elles offrent sur le marché de l'emploi : ces formations sont homologuées par les ASSEDIC (elles font alors l'objet d'une liste publiée et mise à jour sur un fichier national) ou font l'objet d'une convention entre l'ASSEDIC et l'organisme de formation ;
- les actions de formation dont la réalisation constitue un préalable à l'embauche.

L'aide, versée en début de stage à l'organisme de formation ou au stagiaire, peut couvrir les frais de dossier et d'inscription.
En ce qui concerne les frais de transport, l'aide correspond à 0,5 € par tranche de 10 km avec un plafond de 65 € par mois civil. Une franchise de 10 km aller-retour par journée de stage est appliquée.
Un repas est pris en charge dans la limite de 5 € et une nuitée de 20 €.
Au total, le remboursement ne peut excéder 600 € par mois civil.
La prise en charge des frais de transport est cumulable avec celle des frais d'hébergement et de repas mais dans la limite des plafonds respectifs.

Bon à savoir

Vos droits sont épuisés avant l'entrée en stage

Vous avez encore la possibilité de vous faire prendre en charge par l'État ou la région, si votre stage est toutefois agréé au titre de la rémunération des stagiaires publics. Vous obtiendrez les informations concernant la prise en charge auprès de l'ANPE.
Ont également droit à ce type d'actions : les personnes handicapées, les parents isolés, les mères de famille ayant eu au moins trois enfants, les femmes divorcées, veuves ou séparées depuis moins de 3 ans et qui ont besoin d'une qualification.

VOUS RETROUVEZ UN TRAVAIL

Une reprise d'activité ne vous fait pas perdre vos droits au chômage si vous veniez à perdre ce nouvel emploi. Par ailleurs, vous pouvez cumuler dans certaines proportions un salaire pour un travail réduit et une allocation. Dans tous les cas, en travaillant, vous repoussez la date de fin d'indemnisation.

VOUS REPRENEZ UNE ACTIVITÉ À TEMPS COMPLET

Si vous avez signé un contrat à durée déterminé ou indéterminée à temps complet, votre indemnisation au titre du chômage va s'interrompre. À la fin du contrat à durée déterminée ou en cas de rupture du contrat à durée indéterminée, sachez que l'ASSEDIC tient compte des droits à indemnisation restant au moment de la reprise du travail pour établir le nouveau montant de l'allocation chômage. Mais tout dépend de la durée du dernier contrat de travail.

➤ Vous avez travaillé moins de 6 mois

L'indemnisation du chômage reprend là où vous l'avez laissée avant de prendre votre dernier travail : l'ASSEDIC vous verse alors le reliquat de droits. On parle alors de reprise de droits. Pour bénéficier à nouveau de l'allocation, vous devez être à nouveau inscrit comme demandeur d'emploi.

➤ Votre contrat a duré plus de 6 mois

Une activité professionnelle d'au moins 6 mois vous donne des droits : une allocation calculée à partir de vos derniers salaires pendant une certaine durée (voir tableau page 178), si par ailleurs toutes les conditions d'indemnisation sont remplies (voir page 163).
Dans tous les autres cas, l'ASSEDIC va comparer vos nouveaux droits à allocation avec les anciens. Seront, d'une part, additionnées toutes les allocations journalières auxquelles vous avez droit grâce à votre dernier contrat. D'autre part, il est opéré de la même manière pour le reliquat de droit. C'est la solution correspondant au montant le plus élevé qui sera retenue.

Attention

Cette solution ne sera peut-être pas, à vos yeux, la plus favorable, car vous pouvez recevoir une allocation de très faible montant pendant une longue période au lieu d'une allocation plus forte pendant peu de temps. Malheureusement, vous n'avez pas le choix.

Avantage

Vous avez perdu un emploi alors que vous aviez 57 ans ou plus et percevez des allocations de chômage. Si vous reprenez un travail et que vous le perdez, ce sont auto-

matiquement vos anciens droits qui vous seront versés. Ils sont souvent plus avantageux que les droits nouvellement acquis. Cependant, si vous voulez bénéficier d'une allocation calculée à partir de vos nouveaux droits, vous pouvez en faire la demande.

➤ Pendant combien de temps pouvez-vous retrouver vos droits ?

Après une période de chômage indemnisé, vous retrouvez un travail que vous perdez à nouveau : une reprise de vos anciens droits est possible à condition qu'un délai pas trop long se soit écoulé entre la première indemnisation de l'assurance chômage et la date de réadmission : ce délai est dit de déchéance. Il ne doit pas s'être écoulé, à compter de la date d'admission à l'assurance chômage, plus de la durée des droits ouverts majoré de 3 ans.

Exemple

Vous êtes indemnisé depuis le 1er février 2003 et pour une période maximale de 3 ans, c'est-à-dire jusqu'au 1er février 2006. En cas de reprise d'activité, vos anciens droits pourront être repris jusqu'au 1er février 2009.

VOUS REPRENEZ UN EMPLOI SALARIÉ RÉDUIT

Avoir une activité salariée réduite et recevoir une partie des allocations de chômage est possible, mais sous certaines conditions.

➤ Les conditions à remplir

- Vous ne travaillez pas plus de 136 heures par mois. Au-delà de cette barre fatidique, vous ne recevez pas d'allocations de chômage pour le mois considéré ;
- vous reprenez, après la perte d'emploi, une activité réduite salariée vous procurant une rémunération n'excédant pas 70 % des rémunérations brutes mensuelles prises en compte pour le calcul de votre indemnisation ;
- la reprise d'activité ne doit pas se faire chez votre ancien employeur ; toutefois, dans un nombre limité de cas, le versement de l'allocation de chômage n'est pas incompatible avec une reprise d'activité chez votre ex-employeur. Il en sera ainsi lorsque la collaboration est ponctuelle, exceptionnelle et de courte durée. C'est toujours la commission paritaire de l'ASSEDIC qui aura à en décider ;
- vous êtes inscrit à l'ANPE et continuez à rechercher effectivement du travail ; si vous êtes âgé de 57 ans et 6 mois ou plus, vous pouvez être dispensé de recherche d'emploi ; vous avez néanmoins l'obligation de signaler tout changement de situation et notamment la reprise d'un emploi.

➤ Quel est le montant de l'allocation ?

En cas de reprise d'activité et lorsque les conditions de seuil exposées ci-dessus sont respectées, le versement de l'allocation de chômage est maintenu, mais après application d'un décalage. Le décalage correspond à un nombre de jours non indemnisables au cours du mois civil, calculé en fonction des rémunérations procurées par l'activité professionnelle reprise ; il a pour effet de reporter d'autant le versement des prestations chômage dans le temps. Une reprise d'activité réduite ne change en rien la durée maximale d'indemnisation. Pour établir le nombre de jours de décalage, l'ASSEDIC va convertir le salaire perçu en nombre de jours non indemnisables selon la formule suivante : salaire brut mensuel de l'activité reprise/salaire journalier de référence.

Le nombre obtenu par application de la formule est multiplié par 0,8, ce qui revient à réduire le nombre de jours non indemnisables. Attention ! Le coefficient n'est applicable qu'aux allocataires de plus de 50 ans.
Le nombre de jours de décalage retenu pour le mois civil considéré est égal au nombre entier immédiatement inférieur issu de l'opération.

Exemple

Un demandeur d'emploi perçoit une allocation calculée sur la base d'un salaire journalier de référence de 53,36 €. Il reprend une activité à temps partiel pour laquelle il perçoit un salaire brut mensuel de 1 068 €. Le nombre de jours non indemnisables dans le mois est égal à : 1 068 : 53,36 = 20 jours.
Si le salarié a 51 ans, le nombre de jours non indemnisables sera de 16, soit (20 x 0,8).

Avantage

Vous pouvez, en principe, cumuler des allocations de chômage avec un salaire pour une activité réduite pendant au maximum 18 mois. Toutefois, cette limite ne vous sera pas applicable si vous bénéficiez d'un contrat emploi-solidarité ou encore si vous êtes âgé de 50 ans ou plus.

VOUS EXERCEZ UNE ACTIVITÉ BÉNÉVOLE

Même si l'article L 351-17-1 du Code du travail prévoit que tout demandeur d'emploi peut exercer une activité bénévole, quelques précautions sont à prendre avant de vous lancer dans des activités associatives. L'ASSEDIC suspendra le versement des allocations si elle considère que l'activité exercée dans le cadre de mouvements associatifs a un caractère professionnel ou si elle est incompatible avec la recherche d'un emploi. Il peut en être ainsi par exemple si votre action a pour conséquence de remplacer du personnel administratif ou encore si vous êtes un ancien salarié de l'association. En revanche, l'exercice d'une activité bénévole, caractérisée par l'absence de rémunération et la faible importance du temps consacré,

est compatible avec le versement des allocations de chômage En cas de doute sur le caractère bénévole de votre activité, votre dossier sera soumis à la commission paritaire.
Ne remettent jamais en cause le versement des allocations de chômage l'exécution d'un mandat syndical de représentation dans un organisme paritaire (la Sécurité sociale, par exemple), l'exécution d'un mandat électif auprès, par exemple, des conseils de prud'hommes, des organismes sociaux, des collectivités locales...

En bref

Des métiers particuliers

Certains salariés dont les conditions de travail sont particulières par le rythme, le lieu, la rémunération ou tout autre élément, relèvent de règles spécifiques pour l'indemnisation du chômage. Treize annexes au règlement général de l'assurance chômage complètent ou modifient certaines dispositions du règlement général pour l'adapter aux particularités des professions suivantes :
- salariés à rémunération variable comme les VRP, les journalistes, le personnel navigant de l'aviation civile, les assistantes maternelles dont l'employeur est une personne morale de droit privé, les bûcherons-tâcherons, les agents rémunérés à la commission (annexe 1) ;
- marins de commerce et marins pêcheurs (annexe 2) ;
- dockers (annexe 3) ;
- travailleurs intermittents, travailleurs intérimaires des entreprises de travail temporaire (annexe 4) ;
- travailleurs à domicile (annexe 5) ;
- concierges d'immeubles d'habitation (annexe 6) ;
- handicapés des ateliers protégés (annexe 7) ;
- personnel de la production cinématographique et télévisuelle (annexe 8) ;
- salariés travaillant hors de France (annexe 9) ;
- personnels intermittents du spectacle (annexe 10) ;
- employés de maison, assistantes maternelles au service des particuliers, employés au pair (annexe 11) ;
- demandeur d'emploi qui, après un CDD, ont suivi une formation dans le cadre d'un congé individuel de formation (annexe 12) ;
- employés temporaires des associations de vacances ou de loisirs ; formateurs occasionnels ; porteurs de presse (annexe 13).

VOUS RETROUVEZ UNE ACTIVITÉ INDÉPENDANTE

L'exercice d'une activité non salariée est compatible avec l'attribution ou le maintien des allocations si vous remplissez les conditions suivantes :
- vous êtes inscrit sur la liste des demandeurs d'emploi et recherchez de façon effective et permanente un emploi ;

- les revenus tirés de l'activité indépendante n'excèdent pas 70 % des revenus antérieurs.
Le cumul, possible sans que le dossier soit soumis à la commission paritaire, est partiel : le nombre de jours non indemnisables est égal au montant des rémunérations déclaré au titre des assurances sociales divisé par le salaire journalier de référence. Pour les allocataires de 50 ans et plus, le résultat est affecté d'un coefficient de minoration égal à 0,8.

Par ailleurs, le cumul est limité dans le temps : il est possible pendant 18 mois au maximum (cette limite n'est pas applicable aux plus de 50 ans).

SITUATION PRÉCAIRE

Une insertion dans la vie professionnelle difficile, une fin de carrière chaotique, et la situation financière de la famille peut devenir précaire. Il existe des prestations qui assurent un minimum pour vivre. Les jeunes de moins de 25 ans en difficulté ne doivent compter, quant à eux, que sur la solidarité familiale !

Pour trouver le thème qui vous intéresse, consultez la table des matières en début de volume ou l'index alphabétique en fin de volume.

L'ALLOCATION D'INSERTION

D'une manière générale, ne peuvent prétendre à l'allocation d'insertion que les personnes à la recherche d'un emploi, apte à travailler et qui n'ont pas droit aux allocations de chômage.

LES BÉNÉFICIAIRES

Le droit à l'allocation d'insertion concerne les personnes qui, au moment de leur inscription comme demandeur d'emploi, entrent dans l'une des catégories suivantes :

- les détenus libérés : leur détention doit avoir durée au moins 2 mois ; certains détenus libérés sont exclus du bénéfice de cette allocation en raison de la nature de l'infraction commise (drogue...) ; leur inscription comme demandeur d'emploi doit, par ailleurs, avoir lieu dans les 12 mois qui suivent leur libération ;
- les personnes rapatriées si elles s'inscrivent comme demandeur d'emploi dans les 12 mois qui suivent leur rapatriement ;
- les apatrides ou étrangers réfugiés ou ayant sollicité l'asile en France sous certaines conditions ; leur inscription comme demandeur d'emploi doit avoir lieu dans les 12 mois qui suivent la délivrance de la carte de réfugié ou de la demande d'asile (un récépissé de la demande d'asile est délivré par l'Office français pour la protection des réfugiés et des apatrides) ;
- les salariés victimes d'un accident du travail ou d'une maladie professionnelle, si leur contrat de travail est suspendu après déclaration de consolidation par la caisse d'assurance maladie et s'ils sont en attente de stage de réadaptation, de rééducation ou de formation professionnelle. L'inscription comme demandeur d'emploi doit intervenir dans les 12 mois à compter de la déclaration de consolidation ;
- les salariés expatriés, lors de leur retour en France s'ils ne sont pas couverts par le régime d'assurance chômage et justifient d'une durée de travail de 182 jours au cours des 12 mois précédant la fin de leur contrat de travail. L'inscription comme demandeur d'emploi doit intervenir dans les 12 mois qui suivent la fin du contrat de travail.

LES CONDITIONS À REMPLIR

Pour bénéficier de l'allocation d'insertion, vous devez :

- être inscrit sur la liste des demandeurs d'emploi et vous trouver dans l'une des situations décrites ci-dessus ;
- être apte au travail et avoir moins de 60 ans ou ne pas avoir atteint l'âge auquel vous pouvez prétendre à une retraite à taux plein (voir page 171) ;

- satisfaire à une condition de ressources. Ainsi, à la date de la demande de l'allocation d'insertion et pour percevoir l'allocation à taux plein, vos ressources mensuelles ne doivent pas dépasser un plafond qui est de :
• pour une personne seule : 60 fois le montant journalier de l'allocation d'insertion, soit 573 € par mois en 2003 ;
• pour un couple : 150 fois ce même montant, soit 1 432,50 € par mois en 2003.

Il convient de retenir, pour l'application de ce plafond, les revenus de la personne seule ou du couple entrant dans la base de calcul de l'impôt (les prestations familiales sont exclues). Les ressources sont appréciées de la même façon que pour l'attribution de l'allocation de solidarité (voir page ci-contre). Lorsque les ressources excèdent le plafond, l'allocation est réduite (voir tableau ci-dessous).

LE MONTANT JOURNALIER DE L'ALLOCATION D'INSERTION

Il est fixé à 9,55 € par jour depuis le 1er janvier 2003. L'allocation est versée au maximum pendant 365 jours.

Allocation d'insertion		
Composition de la famille	**Ressources mensuelles**	**Allocation mensuelle (mois de 30 jours)**
Couple	- inférieures à 1 432,50 €	286,50 €
	- comprises entre 1 432,50 et 1 719 €	1 719 € - ressources
	- supérieures à 1 719 €	0 €
Personne seule	- inférieures à 573 €	286,50 €
	- comprises entre 573 et 859,50 €	859,50 € - ressources
	- supérieures à 859,50 €	0 €

LA DEMANDE

Elle est à déposer auprès de l'ASSEDIC.

L'ALLOCATION DE SOLIDARITÉ SPÉCIFIQUE

Lorsque vous avez épuisé vos droits à l'assurance chômage, l'allocation de solidarité peut prendre le relais, mais son montant est faible et ses conditions d'attribution drastiques.

LES CONDITIONS À REMPLIR

L'allocation de solidarité spécifique, financée par l'État, est attribuée aux chômeurs de longue durée ayant été jusqu'au bout de leurs droits à l'allocation de chômage (allocation unique dégressive et allocation d'aide au retour à l'emploi) et aux chômeurs de 50 ans et plus qui optent pour l'allocation de solidarité si celle-ci est plus avantageuse que l'allocation de chômage.

Pour pouvoir y prétendre, vous devez remplir un ensemble de conditions :

• **Avoir travaillé pendant 5 ans au cours des 10 années qui précèdent la fin de votre contrat de travail ayant ouvert droit à une indemnisation au titre de l'assurance chômage**. Pour apprécier cette condition, sont prises en compte les périodes d'activité salariée en France et à l'étranger ainsi que les périodes de travail à temps partiel. Les périodes indemnisées par la Sécurité sociale et les périodes de formation professionnelle sont assimilées à de l'activité. Attention ! Les périodes de chômage indemnisé ne sont plus assimilées à de l'activité depuis le 1er janvier 1997.

En cas d'interruption d'activité pour élever un ou plusieurs enfants, la condition de 5 ans de travail peut être réduite d'un an par enfant à charge ou élevé pendant au moins 9 ans avant son 16e anniversaire ; en tout état de cause, au moins 3 ans d'activité devront être justifiés.

• **Être à la recherche d'un emploi** : vous devez être inscrit comme demandeur d'emploi et faire toutes les démarches pour retrouver un emploi.

• **Être physiquement apte au travail**.

• **Ne pas avoir atteint l'âge pour obtenir la retraite à taux plein** (voir page 171).

• **Disposer d'un revenu ne dépassant pas un certain montant**. Pour percevoir l'intégralité de l'allocation, vos revenus mensuels, à la date de la demande, ne doivent pas dépasser 40 fois le montant journalier de l'allocation de solidarité spécifique pour une personne seule, soit 542,40 € et 80 fois la même somme pour un couple, soit 1 084,80 € (110 fois pour ceux qui percevaient l'ASS avant le 1er janvier 1997, soit 1 491,60 €).

Si vos ressources excèdent le plafond, vous pouvez bénéficier d'une allocation différentielle (voir ci-dessous).
Toutes vos ressources seront prises en compte pour apprécier cette condition : les vôtres mais également celles de votre conjoint (ou concubin que vous ayez ou non signé un PACS) telles que vous les avez déclarées à l'administration fiscale pour le calcul de l'impôt sur le revenu avant déduction des divers abattements. En revanche, sont notamment exclues :
- l'allocation d'assurance chômage perçue au moment où vous présentez votre demande ;
- la majoration de l'allocation de solidarité ;
- les prestations familiales ;
- les allocations de solidarité précédemment perçues par le conjoint ou concubin s'il a épuisé ses droits ;
- les rémunérations de stage si le stage est terminé, les revenus d'activité si celle-ci est interrompue de manière certaine et en l'absence de revenus de substitution tels qu'une allocation de chômage, de préretraite ou une pension de vieillesse (si le bénéficiaire perçoit un revenu de substitution, les revenus d'activité précédemment perçus sont pris en compte après application d'un abattement de 30 %).

LE MONTANT

Le montant journalier de l'allocation de solidarité spécifique est, au 1er janvier 2003 de 13,56 €, soit 406,80 € pour un mois de 30 jours.
Vous percevrez ce montant maximum si vos ressources mensuelles ne dépassent pas :
- 542,40 € pour une personne seule ;
- 1 084,80 € pour un couple (1 491,60 € pour un couple qui avait droit à l'ASS avant le 1.1.1997).

Si vous vivez seul et que vos revenus sont compris entre 542,40 € et un plafond fixé à 946,80 €, vous aurez droit à une allocation différentielle dont le montant est égal à la différence entre vos ressources et ce plafond.
Si vous vivez en couple et que vos revenus sont compris entre 1 084,80 et 1 491,60 €, vous aurez également droit à une allocation différentielle dont le montant est égal à la différence entre vos ressources et ce montant plafond (le plafond est de 1 898,40 € pour ceux qui bénéficiaient de l'ASS avant le 1.1.1997).
Le montant de l'allocation est majoré de 5,91 €, ce qui conduit à une allocation journalière de 19,47 € pour :
- les chômeurs âgés de 55 ans et plus qui justifient de 20 ans de travail salarié ;
- les chômeurs de 57 ans et 6 mois qui justifient de 10 ans d'activité salariée ;
- les personnes justifiant de 160 trimestres validés au titre de l'assurance vieillesse.

Exemples

• T., 54 ans, vit avec son conjoint ; le ménage dispose d'un revenu de 1 220 €. Il aura droit à une allocation différentielle journalière de : (1 491,60 € – 1 220 €) : 30, soit 9,05 €.

• Reprenons l'exemple de T., mais cette fois-ci il est âgé de 58 ans. Il a travaillé sans discontinuité de 21 à 49 ans. Il a droit à 9,05 € majoré de 19,47 €, soit 28,52 €.

Avantage

Pour les femmes assurées sociales, la durée d'activité salariée exigée est réduite de 2 ans par enfant élevé pendant au moins 9 ans avant son 16e anniversaire (cette condition est assouplie par la loi de financement de la Sécurité sociale un décret est attendu) ; elles doivent néanmoins justifier d'au moins 12 ans d'activité lorsque il est demandé 20 ans d'activité et de 6 ans lorsqu'il est demandé 10 ans d'activité.

LA DURÉE DE VERSEMENT

L'allocation de solidarité spécifique est attribuée par période de 6 mois renouvelable. Au bout de chacune de ces périodes, l'ASSEDIC vérifie si vous remplissez toujours les conditions nécessaires pour en bénéficier. Des justificatifs seront systématiquement demandés : avis d'imposition, bulletin de salaire...

Elle cessera de vous être versée si vos ressources dépassent le plafond, si vous atteignez l'âge auquel vous pouvez prétendre à la retraite à taux plein (voir page 171) ou si vous n'êtes plus considéré comme étant à la recherche d'un emploi par la direction départementale du travail.

LES DÉMARCHES

L'ASSEDIC adresse à l'intéressé un mois avant l'expiration de ses droits aux allocations d'assurance chômage, un dossier de demande d'allocation de solidarité spécifique. Cette demande doit être renvoyée dans les meilleurs délais (avant la cessation de l'indemnisation) accompagnée des pièces justificatives (certificat de travail...).

EN CAS DE REPRISE D'ACTIVITÉ

Si vous reprenez une activité professionnelle, vous pouvez cumuler un salaire avec l'allocation de solidarité dans la limite de 12 mois. Toutefois, pour les personnes de 50 ans et plus, le cumul n'est pas limité dans le temps. Mais l'allocation n'est pas, pour autant, toujours intégralement maintenue.

L'allocation de solidarité spécifique est intégralement cumulable avec le salaire procuré par la nouvelle activité pendant 6 mois, à condition toutefois que la rémunération brute mensuelle perçue n'excède pas 577,14 € depuis le 1er juillet 2002. Sinon, le nombre des allocations journalières est réduit selon la formule suivante :

$$40\ \% \times \frac{\text{Partie de la rémunération qui excède 577,14 €}}{\text{montant journalier de l'allocation}}$$

Le résultat obtenu correspond donc au nombre de jours dans le mois pendant lesquels vous ne recevrez pas d'allocation.

Au cours du 7e mois jusqu'au 12e, le nombre d'allocations est réduit selon la formule suivante :

$$40\ \% \times \frac{\text{rémunération brute perçue}}{\text{montant de l'allocation journalière}}$$

À noter

Si vous percevez une allocation du régime de solidarité, vous ne pouvez pas, en principe, cumuler un revenu d'activité et une prestation plus de 12 mois. Toutefois, si vous avez travaillé moins de 750 heures de travail, vous pouvez, avant la fin des 12 mois, demander l'application de la règle de cumul jusqu'à ce que vous atteigniez le plafond des 750 heures. C'est le préfet qui prend la décision de prorogation laquelle ne vous sera accordée que si vous êtes engagé dans un processus d'insertion professionnelle.

L'ALLOCATION ÉQUIVALENT RETRAITE

Créée par la loi de finances pour 2002, l'allocation équivalent retraite (AER) a pour but de garantir un revenu minimal aux demandeurs d'emploi de moins de 60 ans qui justifient d'au moins 160 trimestres de cotisation à l'assurance vieillesse. De deux choses l'une, soit elle prend la suite de l'allocation de solidarité spécifique (ASS), de l'allocation spécifique d'attente (ASA) ou du revenu minimum d'insertion(RMI) et se nomme l'AER de remplacement, soit elle complète une allocation et on parle alors d'AER de complément.

LE PUBLIC VISÉ

L'AER de remplacement est destinée aux chômeurs qui ont épuisé leurs droits aux allocations d'assurance chômage ainsi qu'aux titulaires de l'allocation de solidarité spécifique (ASS), de l'allocation spécifique d'attente (ASA) ou du RMI. Peuvent également y prétendre les demandeurs d'emploi qui ne perçoivent d'allocation à aucun titre que ce soit mais qui ont perdu involontairement leur emploi.
En revanche, l'AER de complément est réservée aux bénéficiaires de l'aide au retour à l'emploi (ARE), de l'allocation unique dégressive (AUD) ou de l'allocation chômeurs âgés.

LES CONDITIONS À REMPLIR

Il faut non seulement avoir moins de 60 ans, justifier de 160 trimestres d'assurance tous régimes confondus et être inscrit comme demandeur d'emploi, mais en plus satisfaire à une condition de ressources laquelle varie en fonction de la nature de l'AER.

➤ L'AER de remplacement

À la date de la demande, les intéressés doivent justifier de ressources inférieures à un plafond correspondant à :
- pour une personne seule : 48 fois le montant journalier de l'AER, soit 1 404,48 € par mois depuis le 1er janvier 2003 ;
- pour un couple : 69 fois le montant journalier de l'AER, soit 2 018,94 € par mois depuis le 1er janvier 2003.

L'ASSEDIC prend en compte le douzième :
- des ressources perçues par l'intéressé pendant les 12 mois précédant la demande ;
- des ressources de son conjoint, concubin ou partenaire lié par un PACS telles qu'elles sont déclarées au fisc pour le calcul sur l'impôt de revenu.
Si le conjoint a cessé de percevoir un revenu d'activité et que celui-ci est remplacé par un revenu de substitution (retraite, allocation de chômage,

prestation de sécurité sociale...) lors de la demande d'AER, un abattement de 30 % est appliqué sur le revenu professionnel disparu.
Ne sont pas pris en compte dans les ressources :
- les prestations familiales ;
- l'allocation logement ;
- les allocations d'assurance ou de solidarité, les rémunérations de stage.

➤ L'AER de complément

Le plafond de ressources applicable à une personne seule est limité à 877 € par mois et à 2 018,94 € pour un couple en 2003 (mais les ressources propres du demandeur doivent être inférieures à 877 €).

LE MONTANT

Il est de 29,26 € par jour en 2003. Mais son mode de calcul diffère selon qu'il s'agit de l'AER de complément ou de l'AER de remplacement.

➤ L'AER de remplacement

Elle est versée au taux plein lorsque le total des ressources plus le montant de l'AER est inférieur à 1 404,48 € par mois pour une personne seule et à 2 018,94 € pour un couple en 2003. Si le plafond est dépassé, le montant de l'AER est réduit du montant du dépassement. Cependant si les revenus propres du bénéficiaire de l'AER sont inférieurs à 877 € par mois, le montant de l'allocation est majoré à due concurrence. Ainsi le bénéficiaire a la certitude de percevoir un revenu minimum.

➤ L'AER de complément

Son montant mensuel est égal à la différence entre 877 € et le montant mensuel de ressources de l'intéressé.

LA DURÉE DE VERSEMENT

L'AER est versée par période de 12 mois renouvelable si les conditions sont toujours remplies et au plus tard jusqu'à 60 ans. Puis la retraite à taux plein prend le relais.

COMMENT EN FAIRE LA DEMANDE ?

Un dossier doit être retiré auprès de l'ASSEDIC ou auprès des caisses d'allocations familiales pour les bénéficiaires du RMI.

Bon à savoir

L'AER est soumise aux mêmes régimes fiscal et social que les salaires. Cependant du fait du seuil d'exonération (SMIC journalier) de la CSG et de la CRDS, elle échappe à ces deux ponctions.

LE REVENU MINIMUM D'INSERTION

Le revenu minimum d'insertion, instauré par la loi du 1er décembre 1988, a pour objectif de garantir, à toute personne remplissant certaines conditions, un minimum de ressources. En contrepartie, le bénéficiaire s'engage à participer à des actions en vue de son insertion sociale ou professionnelle. L'allocation versée ne correspond pas à une prestation familiale proprement dite, bien qu'elle soit versée par les organismes débiteurs des prestations familiales.

LES CONDITIONS À REMPLIR

Le demandeur doit remplir un ensemble de conditions. Il doit avoir 25 ans au moins sauf s'il assume la charge d'un ou plusieurs enfants, résider en France, peu importe sa nationalité. Les personnes de nationalité étrangère doivent, en outre, justifier d'une certaine stabilité dans leur installation en France, condition appréciée au vu de leur titre de séjour.

LE MONTANT

Le bénéficiaire du RMI perçoit une allocation égale à la différence entre le RMI et ses ressources.
Le montant du RMI varie en fonction de la composition de la famille.

Montant mensuel du revenu minimum d'insertion au 1.1.2003					
	Nombre de personnes à charge de moins de 25 ans				
Bénéficiaires	**Aucune**	**1**	**2**	**3**	**Par pers. sup.**
Pers. seule	411,70 €	617,55 €	741,06 €	905,74 €	164,68 €
Couple	617,55 €	741,06 €	864,57 €	1 029,25 €	164,68 €

➤ L'appréciation de vos charges de famille

Pour déterminer le montant du revenu minimum d'insertion applicable à la famille, sont retenus le demandeur et, s'ils résident ensemble, son conjoint ou concubin signataire ou non d'un PACS, ses enfants de moins de 25 ans, non chargés de famille. Ces derniers, pour être pris en compte, doivent être à la charge continue et réelle du bénéficiaire, peu importe le lien de filiation. Il faut noter cependant que lorsque l'enfant est arrivé dans le foyer du bénéficiaire après son 17e anniversaire, il devra avoir un lien de parenté avec ce dernier pour donner droit à une majoration du RMI. Aussi, le lien de parenté ne doit pas, en outre, remonter au-delà du 4e degré ; il peut s'agir au maximum du cousin germain du bénéficiaire, ou de celui de son conjoint ou concubin.

Enfin, les enfants de 16 à 25 ans ne doivent pas disposer de ressources supérieures ou égales à la majoration du RMI qu'ils procurent à la famille.

➤ Les ressources prises en compte

La totalité des ressources est prise en compte dans la détermination du montant de l'allocation attribuée, y compris les revenus procurés par les biens mobiliers et immobiliers et les capitaux. Il existe cependant un grand nombre d'atténuations à ce principe.

Pour le calcul du RMI, les ressources prises en compte sont celles qui ont été perçues au cours des 3 mois précédant la demande. Toutefois, on ne retient pas certains revenus qui perçus au cours des 3 mois précédents, ne le sont plus au moment de la demande si aucun revenu de substitution n'est versé. Il s'agit :

- des allocations d'insertion (du régime de solidarité) ;
- des allocations d'assurance chômage ;
- des allocations de veuvage ;
- des rémunérations servies dans le cadre des contrats emploi-solidarité et des programmes d'insertion en faveur des femmes ;
- des rémunérations servies aux personnes suivant les stages de formation agréés.

• *Évaluation forfaitaire de certaines ressources*

Il s'agit notamment des avantages en nature dont bénéficie le demandeur. Si ce dernier est propriétaire de son habitation, dispose d'un logement à titre gratuit, est hébergé ou encore reçoit une aide personnelle au logement (allocation de logement familiale ou sociale, aide personnalisée au logement), l'avantage procuré est évalué à 12 % du RMI de base, si le bénéficiaire n'a ni conjoint ni concubin, ni personne à charge ; 16 % du RMI fixé pour 2 personnes si le foyer est composé de 2 personnes, 16,5 % du RMI fixé pour 3 personnes si le foyer est composé de 3 personnes ou plus.

Si vous percevez une aide au logement, le montant forfaitaire ne s'applique que dans la limite de l'aide au logement due.

Si les biens et capitaux ne sont pas exploités ou placés, ils sont censés rapporter annuellement à leur propriétaire 50 % de leur valeur locative pour des immeubles bâtis, 80 % pour des terrains non bâtis et 3 % du total des capitaux.

• *Ressources totalement exclues*

Pour le calcul des ressources, ne sont pas pris en compte notamment :

- l'allocation d'éducation spéciale ;
- l'allocation de rentrée scolaire ;
- les primes de déménagement ;

- la majoration pour tierce personne ainsi que l'allocation compensatrice, lorsqu'elles sont destinées à rémunérer une tierce personne ne faisant pas partie du foyer du bénéficiaire ;
- les prestations en nature de l'assurance maladie, maternité, invalidité ou accident du travail ;
- l'allocation de remplacement pour maternité versée aux exploitantes agricoles ou aux travailleuses indépendantes (voir page 35 et suivantes) ;
- les frais funéraires payés par les caisses d'assurance maladie en cas d'accident du travail mortel ;
- l'indemnité en capital attribuée à la victime d'un accident du travail ;
- la prime de rééducation et prêt d'honneur ;
- l'aide à la famille pour l'emploi d'une assistante maternelle agréée et l'AGED ;
- les aides et secours ponctuels ;
- les bourses d'études des enfants à charge sauf les bourses d'enseignement supérieur ;
- le capital décès servi par un régime de Sécurité sociale ;
- l'allocation du fonds de solidarité en faveur des anciens combattants de l'Afrique du Nord ;
- l'allocation pour jeune enfant due pendant la période de grossesse et jusqu'au mois de naissance inclus ;
- les majorations pour âge dues au titre des allocations familiales.

◆ ***Ressources partiellement exclues***

Sont partiellement exclues les rémunérations liées à une activité. Ainsi, lorsqu'en cours de versement de l'allocation, vous, votre conjoint ou concubin signataire ou non d'un PACS ou l'une des personnes que vous avez à votre charge commence à exercer une activité salariée ou non salariée ou à suivre une formation rémunérée, les revenus procurés sont intégralement cumulables avec l'allocation jusqu'à la première révision trimestrielle qui suit le début d'activité. Lors de la première révision trimestrielle, un abattement de 100 % est appliqué sur la moyenne mensuelle des revenus du trimestre précédent ; enfin, un nouvel abattement de 50 % est opéré pour la liquidation de l'allocation des 3 trimestres suivants.

Toutefois, lorsqu'au terme de cette période, le total des heures travaillées à compter du début d'activité n'atteint pas 750 heures, le préfet peut décider le maintien de l'abattement en votre faveur si votre parcours d'insertion le nécessite.

Si l'activité est exercée dans le cadre d'un contrat emploi-solidarité, les rémunérations procurées sont affectées d'un abattement égal à 33 % du montant du RMI fixé pour un allocataire. Cet abattement s'applique à compter de la première révision trimestrielle suivant la prise d'effet du contrat et continue de s'appliquer jusqu'au dernier jour du trimestre suivant celui au cours duquel survient la fin du contrat.

À noter

Les sommes attribuées dans le cadre du RMI sont récupérables sur la succession du bénéficiaire. Le RMI est exonéré d'impôt sur le revenu et il n'est soumis ni à la CSG (contribution sociale généralisée) ni à la CRDS (contribution au remboursement de la dette sociale).

L'ACTION D'INSERTION OBLIGATOIRE

Dans les 3 mois qui suivent la demande, le bénéficiaire doit signer un contrat l'engageant dans des démarches en vue de favoriser son insertion laquelle peut prendre plusieurs dimensions : activités d'intérêt général, stages à dominance professionnelle en entreprise, stages destinés à obtenir ou améliorer une qualification, action d'autonomie sociale.

Lors de la demande d'allocation de RMI, celle-ci est attribuée pour 3 mois pendant lesquels un contrat d'insertion doit être établi. Si au terme des 3 mois un contrat est signé, l'allocataire bénéficie du droit au RMI pendant la durée du contrat. En cas de dépassement du plafond de ressources, le versement de l'allocation est suspendu mais l'intéressé reste bénéficiaire de son droit au RMI et peut donc à ce titre bénéficier des droits connexes comme l'allocation logement, l'accès au dispositif emploi-formation...

Si aucun contrat n'est signé le droit au RMI peut être suspendu, par décision du préfet, si l'absence de contrat est imputable à l'allocataire (retard ou refus abusif).

En bref

Allocation pour les anciens combattants

Le fonds de solidarité en faveur des anciens combattants d'Afrique du Nord et d'Indochine a mis en place deux allocations pour les chômeurs de longue durée de moins de 65 ans, de nationalité française ou étrangère mais ayant leur résidence habituelle en France, et disposant de revenus modestes.

- **Les conditions à remplir**

Pour prétendre à l'une des deux allocations, vous devez :

- avoir participé aux opérations effectuées en Afrique du Nord entre le 1er janvier 1952 et le 2 juillet 1962 ou en Indochine entre le 16 septembre 1945 et le 11 août 1954 ;
- être titulaire de la carte d'ancien combattant ou du titre de la reconnaissance de la nation pour l'une ou l'autre opération ;
- être sans emploi depuis plus d'un an ou en situation de travail précaire ; une reprise d'activité temporaire qui n'ouvre pas des nouveaux droits à l'assurance chômage est sans incidence ;
- ne pas pouvoir bénéficier de la retraite à taux plein.

▶

En bref

Ces deux aides, qui ne sont pas cumulables, sont l'allocation différentielle et l'allocation de préparation à la retraite.

• **Allocation différentielle**

Elle est versée pour garantir au bénéficiaire un revenu de 752,72 € par mois en 2003 ; montant porté à 913,52 € pour ceux qui justifient de 160 trimestres de cotisations. L'allocation versée est égale à la différence entre ces montants plafonds et la somme de vos revenus et de ceux de votre conjoint ou concubin. Pour apprécier la valeur de ces derniers sont pris en compte principalement : vos revenus d'activité, les pensions civiles d'invalidité et l'allocation supplémentaire du fonds spécial d'invalidité, les rentes d'accident du travail, l'allocation pour adultes handicapés, les prestations de chômage, le RMI, les revenus fonciers et de capitaux mobiliers imposables, les pensions de réversion. En revanche, ne sont pas retenues les prestations familiales, les pensions militaires d'invalidité et de victime de guerre.

La demande est à adresser au service départemental de l'Office national des anciens combattants et victimes de guerre.

Elle cessera de vous êtes versée si vous ne remplissez plus les conditions nécessaires et notamment la condition de ressources et en tout état de cause dès que vous pourrez faire liquider votre retraite.

• **Allocation de préparation à la retraite**

Elle est attribuée aux personnes qui n'exercent aucune activité professionnelle et qui ont bénéficié pendant 6 mois consécutifs de l'allocation différentielle.

Son montant est égal à 65 % des revenus mensuels d'activité ; il ne peut être inférieur au montant plafond de l'allocation différentielle, soit 752,70 € par mois ou 913,52 € par mois en fonction du nombre de trimestres de cotisation, ni supérieur à 1 170,76 € en 2003.

Attention : cette allocation ne peut pas être cumulée avec l'allocation différentielle, le RMI et les allocations de chômage et de solidarité. La reprise d'une activité professionnelle ou la liquidation de la retraite met immédiatement fin au versement de l'allocation de préparation à la retraite.

La demande est à adresser au service départemental de l'Office national des anciens combattants et victimes de guerre.

LA COUVERTURE MALADIE UNIVERSELLE

La couverture maladie universelle (CMU), créée par la loi du 27 juillet 1999 (JO du 28.7.1999), s'inscrit dans le cadre de la lutte contre les exclusions et vise à faire disparaître les obstacles et les difficultés que rencontrent de nombreuses personnes dans l'accès aux soins qui était très inégalement assuré par le dispositif de l'aide médicale des départements.

LA CMU DE BASE

Grâce à la CMU de base, toute personne bénéficie d'une couverture maladie, gratuite ou payante selon les ressources du demandeur.

➤ Les bénéficiaires

Toute personne résidant en France peut, si elle n'est pas couverte à quelque titre que ce soit par un régime obligatoire de Sécurité sociale, être affiliée au régime général de la Sécurité sociale. Grâce à cela, elle bénéficie pour elle-même et ses ayants droit des prestations en nature de l'assurance maladie-maternité comme les salariés.

➤ Les conditions à remplir

Une condition est à remplir : le demandeur doit résider en France de manière ininterrompue depuis plus de 3 mois. Les personnes de nationalité étrangère doivent, en outre, être en situation régulière au regard de la législation sur le séjour des étrangers en France.

Les bénéficiaires de la CMU de base dont le revenu fiscal annuel de référence de 2001 est inférieure à un plafond annuel fixé, depuis le 1er janvier 2003, à 6 609 € sont exonérés de cotisation pour la période allant du 1er octobre 2002 au 30 septembre 2003. En revanche, les bénéficiaires de la CMU de base dont les ressources sont supérieures à ce plafond sont redevables d'une cotisation annuelle de 8 % calculée sur le montant des ressources dépassant le plafond.

Les cotisations sont calculées annuellement pour une période allant du 1er octobre au 30 septembre. Le montant des ressources prises en compte est le revenu fiscal de référence de l'année civile précédente. Il s'agit de l'ensemble des revenus nets catégoriels retenus pour l'établissement de l'impôt sur le revenu (notamment les salaires après abattements de 10 et 20 %) auxquels s'ajoutent les revenus perçus hors de France.

Exemple

- *M. A. a un revenu fiscal de référence de 6 100 € : il est exonéré de cotisations ;*
- *M. B. a un revenu fiscal de référence de 7 500 € : il doit une cotisation de 8 % sur la part de revenu fiscal dépassant 6 609 €, soit sur 891 € ; il devra acquitter une cotisation annuelle de 71,28 €.*

Demande

Si vous désirez bénéficier du dispositif, adressez-vous à la caisse d'assurance maladie de votre lieu de résidence. La demande peut également être faite auprès des centres communaux d'action sociale (CCAS), des services sociaux, des associations agréées ou des établissements de santé. Ces organismes sont en effet habilités à accompagner les personnes dans leurs démarches et, avec leur accord, à transmettre leur demande à la caisse primaire concernée.
Si vous êtes redevable d'une cotisation, la caisse primaire vous en informera ; mais c'est l'URSSAF qui procédera trimestriellement à l'appel des cotisations.

Avantage

La cotisation ne sera pas exigée si son montant annuel est inférieur à 60,98 €.
Par ailleurs, le non-paiement de la cotisation due par le bénéficiaire de la CMU de base ne peut entraîner la suspension ou la rupture du versement des prestations en dehors des cas de mauvaise foi.

LA CMU COMPLÉMENTAIRE

C'est un droit à bénéficier gratuitement d'une couverture maladie complémentaire avec dispense d'avance des frais, ouvert sous condition de ressources.

Les bénéficiaires

Toute personne résidant en France de façon stable et régulière peut bénéficier gratuitement de la CMU complémentaire si ses ressources sont inférieures à un plafond mensuel fixé à :
- 562 € pour un foyer d'une personne ;
- 843 € pour un foyer de 2 personnes ;
- 1 011,60 € pour un foyer de 3 personnes ;
- 1 180,20 € pour un foyer de 4 personnes ;
- > 224,80 € par personne supplémentaire.

Les personnes entrant dans la composition du foyer sont le demandeur de la CMU complémentaire, son conjoint ou son concubin ou encore son partenaire avec lequel il est lié par un pacte civil de solidarité et ses enfants à charge âgés de moins de 25 ans (ou ceux de sont conjoint, concubin ou partenaire PACS).

Appréciation des ressources

Les ressources prises en compte pour l'attribution de la CMU complémentaire sont l'ensemble des ressources (nettes de prélèvements sociaux obligatoires) des personnes composant le foyer, déduction faite des pensions et obligations alimentaires et perçues au cours des 12 mois civils pré-

cédant la demande. Sont même retenus les avantages en nature et les revenus procurés par les biens immobiliers, mobiliers et les capitaux.
Cependant, il n'est pas tenu compte :
- des rémunérations de stage de formation professionnelle perçues au cours de l'année de référence lorsque l'intéressé a cessé de les percevoir ;
- de certaines prestations sociales comme : l'allocation d'éducation spéciale et ses compléments, l'allocation de rentrée scolaire, l'allocation pour jeune enfant, l'aide à la famille pour l'emploi d'une assistante maternelle, l'allocation de garde d'enfant à domicile, les primes de déménagement ;
- les bourses d'étude des enfants sauf celles de l'enseignement supérieur ;
- les majorations pour tierce personne des pensions d'invalidité et de vieillesse ;
- la prestation spécifique dépendance ;
- l'allocation personnalisée d'autonomie ;
- l'allocation spécifique d'attente.

◆ *Évaluation forfaitaire*

Comme pour le RMI, certaines ressources font l'objet d'une évaluation forfaitaire, mais le calcul n'en est pas identique. Ainsi, si vous occupez un logement à titre gratuit ou si vous en êtes le propriétaire et que vous ne bénéficiez pas d'aide au logement, l'avantage tiré est évalué à :
- 12 % du montant du RMI pour une personne lorsque le foyer est composé d'une personne ;
- 14 % du montant du RMI pour deux personnes lorsque le foyer est composé de deux personnes ;
- 14 % du montant du RMI pour trois personnes lorsque le foyer est composé de trois personnes ou plus.

Les aides au logement (APL ou allocation logement) ne sont prises en compte dans vos ressources qu'à hauteur de :
- 12 % du montant du RMI pour une personne lorsque le foyer et composé d'une personne ;
- 14 % du montant du RMI pour deux personnes lorsque le foyer est composé de deux personnes ;
- 14 % du montant du RMI pour trois personnes lorsque le foyer est composé de trois personnes ou plus.

Les biens mobiliers et immobiliers lorsqu'ils ne sont pas exploités sont censés procurer un revenu annuel de :
- 50 % de la valeur locative pour un immeuble ;
- 80 % de la valeur locative pour un terrain non bâti ;
- 3 % s'il s'agit de capitaux.

◆ *Abattement*

Si vous avez dû interrompre votre travail pendant plus de 6 mois en raison d'une longue maladie, ou si vous êtes au chômage et percevez une allocation de chômage ou l'allocation d'insertion ou de solidarité spécifique

ou enfin une rémunération pour un stage de formation professionnelle, vos rémunérations perçues pendant la période de référence ne seront retenues qu'après un abattement de 30 %.
Si les conditions de ressources sont remplies, le bénéfice de la CMU complémentaire est accordé à toutes les personnes composant le foyer.

➤ Les prestations garanties

La CMU complémentaire ouvre droit :
- à la prise en charge intégrale du ticket modérateur pour les soins et produits médicaux pris en charge par la couverture maladie de base,
- à la prise en charge intégrale du forfait hospitalier sans limitation de durée,
- à la prise en charge, au-delà du ticket modérateur, des dépenses concernant l'optique, les prothèses dentaires, l'orthopédie dento-faciale, les audioprothèses et certains dispositifs médicaux à usage individuel, dans certaines limites,
- à la dispense d'avance des frais.

Les médecins conventionnés à honoraires libres (voir page 98) ne peuvent pas pratiquer de dépassements d'honoraires sur les tarifs de Sécurité sociale à l'égard des bénéficiaires de la CMU complémentaire.

➤ Demande

Vous devez vous adresser à la caisse primaire d'assurance maladie dont vous dépendez pour les prestations maladie et maternité du régime de base, ou au centre communal d'action sociale ou à un organisme agréé à cet effet ou à un établissement de santé.
Les droits sont ouverts au premier jour du mois qui suit la date de décision pour une période d'1 an renouvelable par tranche d'1 an tant que les conditions sont remplies.
La CMU complémentaire est attribuée le premier jour du mois de dépôt de la demande « *lorsque la situation de l'intéressé l'exige* ».

➤ Le libre choix de l'organisme chargé de gérer la CMU complémentaire

Chaque bénéficiaire de la CMU complémentaire a le libre choix de l'organisme qui assurera sa couverture maladie complémentaire (mutuelle, institution de prévoyance ou société d'assurances).
Quel que soit l'organisme choisi, les prestations accordées dans la cadre de la CMU complémentaire sont les mêmes.
Une liste des organismes assurant la CMU complémentaire sera constituée au sein de chaque région. Cette liste sera mise à la disposition des demandeurs de la CMU complémentaire afin que ceux-ci puissent faire le choix.
Le choix de l'organisme doit être effectué au moment de la demande de CMU complémentaire.

➤ Une aide au paiement d'une complémentaire

Afin d'alléger le coût d'une complémentaire santé, une aide est attribuée aux personnes dont les ressources ne dépassent pas de plus de 10 % le plafond d'attribution de la CMU complémentaire.

• *Montant de l'aide*

L'aide varie en fonction de la composition du foyer : 115 € pour la première personne, 103,5 € pour la deuxième âgée de 18 ans ou plus (57,5 € pour les moins de 18 ans), 57,5 € par personne supplémentaire. Néanmoins, la caisse a la possibilité de moduler l'aide selon l'âge des bénéficiaires et notamment de la majorer de 10 % pour les 40-59 ans, et de 40 % pour les personnes de 60 ans et plus.

• *Prestations offertes*

Il s'agit des mêmes prestations que celles proposées dans le cadre des contrats de CMU complémentaire. De même, grâce à une attestation qui lui sera remise par la caisse et qu'il devra présenter aux professionnels de santé consultés, le bénéficiaire de l'aide obtiendra une dispense d'avance des frais. Mais attention ! À l'égard des titulaires de cette aide les praticiens peuvent pratiquer des dépassements d'honoraires qui resteront en principe à la charge du patient !

• *Démarche*

L'intéressé choisit librement l'organisme auprès duquel il souscrit le contrat dans une liste élaborée par la caisse. Il acquitte auprès de lui la part de cotisation qui reste à sa charge. Un justificatif d'adhésion sera alors transmis par l'assureur à la caisse, laquelle versera l'aide directement à ce dernier.

ADRESSES UTILES

ADRESSES UTILES

POUR OBTENIR DES RENSEIGNEMENTS ADMINISTRATIFS

- **CIRA PARIS** : 01 40 01 11 01
- **CIRA de Bordeaux** : 05 56 11 56 56
- **CIRA de Lille** : 03 20 49 49 49
- **CIRA de Lyon, Limoges, Toulouse** : 08 36 68 16 26. Ce numéro peut être également utilisé lorsque les autres CIRA sont saturés.
- **CIRA de Marseille** : 04 91 26 25 25
- **CIRA de Metz** : 03 87 31 91 91
- **CIRA de Rennes** : 02 99 87 00 00
  Site Internet : www.service-public.fr

PRESTATIONS FAMILIALES

- Caisse nationale des allocations familiales (CNAF) : 23, rue Daviel, 75 634 Paris Cedex 13. Tél. : 01 45 65 52 52.
  Minitel : 3615 CAF.
  Site Internet : www.caf.fr

PARENTS/ENFANTS

- **Inter Service Parents (ISP),** tél. : 01 44 93 44 93. C'est un service téléphonique qui répond aux question des parents touchant à l'éducation, aux relations familiales, à la scolarité, aux droits de la famille. ISP dépend de l'école des parents et des éducateurs de Paris Île-de-France (5, impasse Bon-Secours, 75011 Paris) qui propose des consultations scolaires, psychologiques, de médiation mais également des formations.

- **Association nationale des assistantes maternelles agréées de jour (ANAMAJ)** : 42, avenue du Général Eisenhower, 69005 Lyon. Tél. : 04 78 59 36 39.

- **Association des collectifs enfants-parents-professionnels (ACEP)** : 15, rue Charolais, 75012 Paris, pour tout savoir sur les crèches parentales. Tél. : 01 44 73 85 20.

- **Allô Dépann'famille** : 01 42 96 58 32. Cette association de garde d'enfants que vous ne pouvez contacter qu'en cas d'urgence s'adresse aux Parisiens. Elle est financée en grande partie par la CAF.

Minitel et Internet

- 3615 CAF ou www.caf.fr pour obtenir des informations sur les prestations accordées pour les différents modes de garde des enfants.
- 3615 FEPEM ou www.institut-fepem.org pour savoir comment embaucher une garde d'enfant à domicile.
- 3615 CROUS ou www.cnous.fr pour trouver un étudiant pour garder vos enfants.

INFO FEMME

- **Confédération nationale du mouvement français pour le planning familial** : 4, square Saint-Irénée, 75011 Paris. Tél. : 01 48 07 29 10.
- **Centre national d'informations et de documentation des femmes et des familles (CNIDFF)** : 7, rue du Jura, 75013 Paris. Tél. : 01 42 17 12 34. Minitel : 3615 CNIDFF. Site Internet : www.infofemmes.com

EMPLOI D'UNE AIDE À DOMICILE

- **Familles rurales** : 7, cité d'Antin, 75009 Paris. Tél. : 01 44 91 88 88. Site Internet : www.famillesrurales.org
- **Fédération nationale des aides à domicile en activité regroupées (FNADAR)** : 68, rue d'Hauteville, 75010 Paris. Tél. : 01 55 33 14 30. Site Internet : www.fnadar.org
- **Fédération nationales des associations de l'aide familiale populaire (FNAAFP-CSF)** : 53, rue Riquet, 75019 Paris. Tél. : 01 44 89 86 86.
- **L'union nationale ADMR (aide à domicile en milieu rural)** : 184 A, rue du Faubourg Saint-Denis, 75010 Paris. Tél. : 01 44 65 55 55. Site Internet : www.admr.org
- **Union nationale des associations de soins et de services à domicile (UNASSAD)** : 108-110, rue Saint-Maur, 75011 Paris. Tél. : 01 49 23 82 52. Site Internet : www.unassad.net
- **Fédération nationale des associations pour l'aide aux mères et aux familles à domicile** : 80, rue de la Roquette, 75011 Paris. Tél. : 01 49 23 75 50.

- **Fédération nationale des groupements de particuliers employeur (FEPEM)** : 123, rue La Fayette, 75010 Paris.
Tél. : 01 42 81 38 75.
Site Internet : www.institut-fepem.org
- **Institution de prévoyance et de retraite complémentaire des employés de maison (IRCEM)** : 261, avenue des Nations-Unies, 59672 Roubaix Cedex. Tél. : 03 20 45 57 00.
Site Internet : www.ircem.fr
- **Centre national de traitement du chèque emploi service** : 3, avenue Emile-Loubet, 42 961 Saint-Etienne Cedex 9.
Tél. : 04 77 43 23 50.
- **COORACE (Coordination des organismes d'aide aux chômeurs par l'emploi)** : 17, rue Froment, 75011 Paris. Tél. : 01 49 23 70 50.
Site Internet : www.coorace.org

CHÔMAGE/EMPLOI

- **Agence nationale pour l'emploi (ANPE)** : 4, rue Galilée, 93198 Noisy-le-Grand. Tél. : 01 49 31 74 00.
Minitel : 3614 ANPE.
Site Internet : www.anpe.fr
- **Association pour l'emploi des cadres (APEC)** : 51, bd Brune, 75014 Paris. Tél. : 01 40 52 20 00.
Minitel : 3615 Apec.
Site Internet : www.apec.asso.fr
- **Avenir, promotion, emploi des jeunes (APEJ)** : 101, quai Branly, 75015 Paris. Tél. : 01 44 49 13 36. C'est un service du Centre d'information et de documentation jeunesse (CIDJ : voir ci-dessous).
- **Association pour l'emploi des cadres ingénieurs et techniciens de l'agriculture (APECITA)** : 1, rue du Cardinal Mercier, 75009 Paris. Tél. : 01 44 53 20 20.
Site Internet : www.apecita.com
- **Union nationale interprofessionnelle pour l'emploi dans l'industrie et le commerce (UNEDIC)** : 80, rue de Reuilly, 75605 Paris Cedex 12. Tél. : 01 53 17 20 00.
Minitel : 3614 ASSEDIC.
Site Internet : www.assedic.fr
- **Coordination des organismes d'aide aux chômeurs par l'emploi (COORACE)** : 17, rue Froment, 75011 Paris.
Tél. : 01 49 23 70 50.
Site Internet : www.coorace.fr
- **Minitel** : 3615 EMPLOI : informations générales, présentations des mesures pour l'emploi et des différentes aides mais pas d'offres.

SCOLARITÉ/ÉTUDES

- **Centre national des œuvres universitaires et scolaires (CNOUS)** : 69, quai d'Orsay, 75 340 Paris Cedex 07.
Tél. : 01 44 18 53 00. Chaque académie possède un Crous, Centre régional des œuvres universitaires.
Site Internet : www.cnous.fr
- **Centre d'information et de documentation pour la jeunesse (CIDJ)** : 101, quai Branly, 75015 Paris. Tél. : 01 44 49 12 00.
Site Internet : www.cidj.asso.fr
- **Office national d'information sur les enseignements et les professions (ONISEP)** : BP 86, Lognes, 77 423 Marne-la-Vallée Cedex 2. Tél. : 01 64 80 35 00.
Minitel : 3615 ONISEP.
Site Internet : www.onisep.fr
- **Centre national d'enseignement à distance (CNED)** : 60, bd du Lycée, 92171 Vanves Cedex. Tél. : 01 46 48 23 00.
Minitel : 3614 CNED.
Site Internet : www.cned.fr
- **Association nationale d'entraide (ANEF)** : 8, rue du Mail, 75002 Paris. Tél. : 01 42 86 58 40. Cette association s'adresse aux personnes (notamment aux jeunes) en grande difficulté (isolement, absence de ressources).

Minitel :

- 3615 OSE : points sur le logement, les jobs, les stages et les avantages réservés aux étudiants.
- 3615 LETUDIANT : orientation, petits boulots (baby-sitting, soutien scolaire...), stages.
- 3615 STAG'ETUD : aide à l'insertion professionnelle des étudiants (emploi, jobs, stages).

INDEX ALPHABÉTIQUE

A

B

C

D

E

F

Achevé d'imprimer en février 2003
sur les presses de la SEPEC
Rue de Prony - ZAC des Bruyères - 01960 PERONNAS
Dépot légal 1er trimestre 2003
Imprimé en France